Duden

ABI IM GRIFF GESCHICHTE

Dudenverlag
Berlin

Bildquellenverzeichnis:
Bibliothek für Zeitgeschichte in der Württembergischen Landesbibliothek: 101; bpk – Bildagentur für Kunst, Kultur und Geschichte: 31, 50, 99/1, 99/2; Bundesarchiv, Plak 005-004-006: 110; Walter Hanel (Künstler), Haus der Geschichte, Bonn: 81; picture-alliance/akg-images: 16, 20, 71; picture-alliance/dpa: 61

Hinweis zu verwendeten Texten:
Es wurde größte Sorgfalt darauf verwendet, entsprechende Genehmigungen der Rechteinhaber für die verwendeten Textbeiträge zu bekommen. Trotzdem gibt es Fälle, in denen sämtliche Anfragen zur Lizenzvergabe unbeantwortet blieben.

Bibliografische Information der Deutschen Nationalbibliothek

Die Deutsche Nationalbibliothek verzeichnet diese Publikation in der Deutschen Nationalbibliografie; detaillierte bibliografische Daten sind im Internet über http://dnb.dnb.de abrufbar.

D C B A
Bibliographisches Institut GmbH, Mecklenburgische Straße 53, 14197 Berlin

Redaktionelle Leitung David Harvie
Redaktion Dr. Birgit Scholz
Autoren Steffen Antes, Asmut Brückmann, Lydia Hagemann, Mathias Kögler, Henning Kratsch, Stephan Mund, Thomas Nothers, Frank Tegeler

Herstellung Maike Häßler
Layout und Satz Sigrid Hecker, Mannheim
Umschlaggestaltung sauerhöfer design, Neustadt an der Weinstraße
Druck und Bindung Heenemann GmbH & Co. KG, Bessemerstraße 83–91, 12103 Berlin
Printed in Germany

ISBN 978-3-411-77003-8
Auch als E-Book erhältlich unter: ISBN 978-3-411-91201-8
www.duden.de

Inhalt

Vorwort

Liebe Schülerin, lieber Schüler,

dieses Buch aus der Reihe „Abi im Griff“ unterstützt Sie optimal während der gesamten Oberstufe, insbesondere bei der gezielten Abiturvorbereitung im Fach Geschichte.
Alle relevanten Prüfungsthemen sind verständlich erklärt bzw. für das wiederholende Lernen aufbereitet und auf das Wesentliche konzentriert.

Jedes Prüfungsthema beinhaltet prägnante Kurzdarstellungen bestehend aus Begriffen, Fakten und grundlegenden Methoden. Anhand von gut strukturierten und nachvollziehbaren Schritt-für-Schritt-Anleitungen wird Ihnen so der zur Abiturprüfung nötige, meistens komplexe, Lernstoff verständlich.

Zu jedem Teilgebiet gibt es einzelne Aufgaben aus allen drei Anforderungsbereichen, mit deren Hilfe Sie selbstständig arbeiten und zuvor Gelerntes anwenden können.

Die ausführlichen Lösungen finden Sie am Ende des Buches.

Viel Erfolg bei der bevorstehenden Abiturprüfung!

Die Abiturprüfung Geschichte

Tipps zur Vorbereitung und zum Umgang mit diesem Buch

Inhalt und Aufbau einer Klausur

Im Fach Geschichte bestehen die Klausuren und die schriftliche Abiturprüfung aus einer Quelleninterpretation, die eine Analyse, ein Sachurteil und eine Bewertung umfasst. Man unterscheidet im Allgemeinen

- Quellen aus dem zu behandelnden Zeitraum und
- Darstellungen (z. B. wissenschaftliche Literatur, journalistische Texte, Reden) aus späterer Zeit über den behandelten Zeitraum.

Die Teilaufgaben entsprechen meist drei unterschiedlichen Anforderungsbereichen (AFB). Manchmal können sie nicht eindeutig einem Anforderungsbereich zugeordnet werden. Im Allgemeinen soll z. B. eine Quelle

- im AFB I sprachlich analysiert werden,
- im AFB II historisch eingeordnet werden und
- im AFB III schließlich beurteilt und bewertet werden.

Der Schwerpunkt der Aufgabe liegt im AFB II, in dem die Reorganisation und der Transfer geschichtlichen Wissens erbracht werden müssen. Ausschließlich im AFB I erbrachte Leistungen reichen kaum aus, um die Prüfung zu bestehen. Mit Leistungen im AFB I und AFB II kann ein befriedigendes Gesamtergebnis erzielt werden. Für gute und bessere Bewertungen müssen zusätzlich Leistungen im AFB III erbracht werden..

Bereich	Bedeutung	Anteil an der Bewertung
AFB I: Wiedergabe (Reproduktion) von gelerntem Wissen	u. a. wiedergeben, beschreiben, aufzählen	20–30 %
AFB II: Reorganisation und Transfer	u. a. selbstständiges Anwenden von Wissen in neuen Zusammenhängen	40–65 %
AFB III: Reflexion und Problemlösung	u. a. Verarbeitung komplexer Aufgaben, wobei die eigene Urteilsfähigkeit wesentlich ist	15–30 %

Die Operatoren

Für die Lösung einer Aufgabe ist es wichtig, schnell den Schwierigkeitsgrad beurteilen zu können. Dies gelingt, wenn man die genauen Formulierungen der Arbeitsanweisungen, die sogenannten Operatoren, beachtet. An den Operatoren lässt sich in vielen Fällen mehr oder weniger eindeutig erkennen, welchem der drei unterschiedlichen Anforderungsbereiche die Aufgabe zuzuordnen ist.
Bei einer ganzen Reihe von Operatoren ist diese Zuordnung allerdings nicht eindeutig und hängt von der Gesamtformulierung der Aufgabe ab.

vorwiegend AFB I	
Operator	**Bedeutung**
Nennen Sie … Zählen Sie … auf Bezeichnen Sie … Geben Sie an … Geben Sie … wieder	Informationen aus dem Material oder dem eigenen Wissen ohne weiter gehende Erläuterungen, aber unter Verwendung der Fachsprache strukturiert wiedergeben
Beschreiben Sie … Schildern Sie … Skizzieren Sie … Stellen Sie … zusammen Fassen Sie … zusammen Zeigen Sie … auf	Sachverhalte, Probleme, Aussagen benennen bzw. wiedergeben
vorwiegend AFB II	
Analysieren Sie … Untersuchen Sie …	Quellen oder Sachverhalte nach Kriterien erschließen
Begründen Sie … Weisen Sie … nach	Aussagen, Urteile, Thesen, Wertungen mit Beispielen und Belegen argumentativ stützen
Zeichnen Sie … Stellen Sie grafisch dar …	Sachverhalte, Beobachtungen, Ergebnisse, Messwerte u. Ä. übersichtlich darstellen
Charakterisieren Sie …	das Kennzeichnende eines Sachverhalts beschreiben und erklären
Ordnen Sie … ein	einen Sachverhalt in einen historischen Zusammenhang stellen
Erklären Sie …	einen Sachverhalt oder Zusammenhänge darlegen und einer Theorie (einem Modell) zuordnen
Erläutern Sie …	einen Sachverhalt oder Zusammenhang darlegen, einer Theorie (einem Modell) zuordnen und mit zusätzlichen Informationen/Beispielen verdeutlichen
Arbeiten Sie … heraus	nicht explizit genannte Sachverhalte darlegen und erklären
Stellen Sie … gegenüber	Sachverhalte, Probleme, Aussagen knapp wiedergeben und argumentierend gewichten
Widerlegen Sie …	einen Sachverhalt darlegen und Argumente gegen eine These anführen
vorwiegend AFB III	
Beurteilen Sie …	den Stellenwert von Sachverhalten in einem Zusammenhang bestimmen und ohne persönlichen Wertebezug zu einem begründeten Sachurteil gelangen
Bewerten Sie … Nehmen Sie … Stellung	den Stellenwert von Sachverhalten auf der Basis von Pluralität und mit persönlichem Wertebezug in einem größeren Zusammenhang bestimmen
Entwickeln Sie …	Analyseergebnisse synthetisieren und zu einer eigenen Deutung gelangen
Setzen Sie sich … auseinander Diskutieren Sie …	zu einer Problemstellung oder These eine Argumentation entwickeln, die zu einer begründeten Bewertung führt
Überprüfen Sie … Prüfen Sie …	die Richtigkeit von Aussagen (Hypothesen, Thesen, Urteilen) über Sachverhalte untersuchen
Vergleichen Sie …	auf der Basis von Kriterien Sachverhalte gegenüberstellen und Gemeinsamkeiten bzw. Unterschiede herausarbeiten und beurteilen

Interpretieren Sie ...	Sinnzusammenhänge erschließen und dazu auf der Basis von Analyse, Sachurteil und Bewertung Stellung nehmen
Erörtern Sie ...	eine These oder Problemstellung mit Pro- und Kontra-Argumenten prüfen und dazu Stellung nehmen
Stellen Sie ... dar Legen Sie ... dar	Zustände oder Zusammenhänge beschreiben, erklären und beurteilen

Die Erläuterungen zu den Operatoren sind in den Lehrplänen der verschiedenen Bundesländer leicht unterschiedlich formuliert. Hier in der Übersicht ist nur eine mögliche Variante abgedruckt. Unter den Tipps bei den Aufgaben werden Sie weitere Formulierungen finden. Prägen Sie sich diejenige Erklärung ein, die für Sie am verständlichsten und hilfreichsten ist.

Tipps zum Bearbeiten der Klausuraufgaben

- Machen Sie sich zu Anfang der Prüfung einen Zeitplan. Wichtig ist, auch genügend Zeit für Pausen und für ein abschließendes Durchlesen des Geschriebenen einzuplanen.
- Lesen Sie alle Aufgaben, die zu einem Themengebiet gehören, in Ruhe im Zusammenhang durch. Geraten Sie nicht in Panik, wenn Unklarheiten oder Verständnisschwierigkeiten auftreten. Probleme lassen sich nur durch Nachdenken und in Ruhe lösen. Bedenken Sie, dass vieles nach einiger Zeit der Auseinandersetzung klarer wird.
- Bearbeiten Sie die Aufgaben nach Möglichkeit in der vorgegebenen Reihenfolge. Die Aufgaben sind i. d. R. so gestellt, dass sie vom einfacheren zum komplexeren Sachverhalt fortschreiten. Damit können die vorherigen Aufgaben bzw. deren Lösungen die gedanklichen Voraussetzungen für die darauf folgenden Problemstellungen liefern. Sollten Sie jedoch bemerken, dass Sie nicht weiterkommen, dann beißen Sie sich nicht fest, sondern gehen Sie zur nächsten Aufgabe über. Lassen Sie in Ihren Aufzeichnungen genügend Platz, um das Fehlende später nachzutragen.
- Überlegen Sie bei jeder Aufgabe genau, wo das eigentliche Problem liegt. Klären Sie, was noch zum weiteren Zusammenhang gehört. Grenzen Sie aber auch die Problemstellung gegenüber unwesentlichen und nicht mehr zum Thema gehörenden Aspekten ab.
- Überlegen Sie, wie Sie die Aufgabe lösen. Überprüfen Sie dabei, welche Lösungsansätze in der Aufgabenstellung und in den zugehörigen Materialien bereits enthalten sind.
- Achten Sie bei Ihren Ausführungen auf gedankliche Vollständigkeit. Schreiben Sie alle Teilaspekte, die zum Gesamtproblem gehören, auf. Achten Sie dabei auf die logische Verknüpfung der Einzelsätze und auf eine sinnvolle Gliederung Ihrer Antwort.
- Benutzen Sie Fachausdrücke bei der Beantwortung der Fragen.
- Vor allem bei schwierigen Aufgaben ist es besser, wenn Sie Ihre Gedanken zunächst stichwortartig auf Konzeptpapier schreiben und dann erst in der Reinschrift exakt ausformulieren. Das verhilft Ihnen zu klareren Formulierungen und erleichtert dem Korrektor die Arbeit.
- Nehmen Sie sich nach Bearbeitung aller Teilaufgaben die Zeit, noch einmal alles durchzulesen. Dabei lassen sich wichtige Ergänzungen anbringen und eventuelle Fehler korrigieren. Achten Sie dabei auch auf die Einhaltung der Regeln für Rechtschreibung, Zeichensetzung und Grammatik.

Tipps zur Vorbereitung mit diesem Buch

Jedes der elf Kapitel bietet den für das Abitur relevanten Stoff gut strukturiert an, sodass Sie ihn lernen und damit arbeiten können. Jedes Kapitel enthält:

- **Leitfragen**

Das sind Fragen, die Ihnen helfen zu erkennen, was an einem Thema wichtig ist und auf welche Zusammenhänge Sie beim Lernen achten sollten. Wenn Sie auf diese Fragen antworten können, zeigen Sie, dass Sie sich in diesem Thema auskennen.

- **Wichtige Daten**

Diese Daten (pro Thema nicht mehr als zehn) helfen Ihnen bei der Orientierung im Thema oder wenn es darum geht, eine Quelle in den historischen Kontext einzuordnen. Sie sollten sie daher auswendig lernen.

- **Wichtige Begriffe**

Diese Fachbegriffe sollten Sie kennen, erklären können und in der Klausur verwenden. Damit zeigen Sie Ihr Fachwissen. Fachbegriffe, die unter „Wichtige Begriffe" erklärt sind und in den Kurzdarstellungen oder in anderen Kapiteln wieder auftauchen, sind mit dem Hinweis →B versehen. Die Begriffserklärung finden Sie mithilfe der alphabetischen Übersicht auf Seite 9.

- **Wichtige Personen**

Es war bei jedem Thema aus Platzgründen nur möglich, eine kleine Auswahl von Personen vorzustellen. Diese stehen daher beispielhaft für andere, die nicht aufgenommen werden konnten, z. B. steht James Watt für die Erfinder, die die Industrialisierung vorangebracht haben, oder Sophie Scholl steht für Jugendliche, die im Nationalsozialismus Widerstand geleistet haben. Sie können die Liste also nach Ihren Vorlieben und Interessen ergänzen. Wichtig für die Abiprüfung ist hier nicht die Kenntnis der Lebensdaten, sondern dass Sie wissen, welche Rolle eine Person in ihrer Zeit gespielt oder was sie geleistet hat.
Personen, die unter „Wichtige Personen" vorgestellt sind und in den Kurzdarstellungen oder in anderen Kapiteln wieder auftauchen, sind mit dem Hinweis →P versehen.
Die biografischen Daten finden Sie mithilfe der alphabetischen Übersicht auf Seite 10.

- **Kurzdarstellung des Themas**

Hier finden Sie auf einer Doppelseite die wichtigsten Fakten zu einem Thema stichwortartig zusammengestellt. Diese Fakten sollten Sie kennen und anhand der Stichworte im Zusammenhang erläutern können. Sollten Sie dabei Wissenslücken feststellen, empfiehlt es sich, das Thema noch einmal im Schulbuch nachzulesen.

- **Methode mit Anwendungsbeispiel**

In jedem Kapitel wird eine Methode vorgestellt bzw. wiederholt und an einem Beispiel angewendet. Die meisten Methoden werden Sie aus dem Unterricht kennen. Die Auswahl beschränkt sich hier auf Methoden, die im schriftlichen Abitur gefragt sein könnten.
Bei den folgenden Trainingsaufgaben finden Sie Hinweise, wenn Sie sich bei der Lösung an einer der vorgestellten Methoden orientieren können.

- **Trainingsaufgaben**

Jedes Kapitel enthält fünf bis sechs Aufgaben zum Üben mit den dazugehörigen Lösungen im Anhang. Hier können Sie Ihr Wissen über Daten, Begriffe, Personen, Fakten und nicht zuletzt Ihr Methodenwissen anwenden.
Unter diesen Aufgaben finden Sie fünf Originalprüfungsaufgaben, nämlich die Aufgaben 3, 4 und 5 zum Thema DDR sowie die Aufgaben 1 und 4 zum Thema Zweiter Weltkrieg.

Übersicht über die erklärten Begriffe

Übersicht über die vorgestellten Personen

Übersicht über die vorgestellten Methoden

Revolution und Partizipation

Leitfragen

- Was waren die Ursachen der Amerikanischen und der Französischen Revolution?
- Wer waren die Träger der beiden Revolutionen?
- Welche Bedeutung hatte die Aufklärung für beide Revolutionen?
- Führte die Französische Revolution zur Realisierung von „Freiheit, Gleichheit, Brüderlichkeit“ in Europa?
- Welche Bedeutung hatten die Amerikanische und die Französischen Revolution für die Herausbildung demokratischer Gesellschaften?

Wichtige Daten

Amerikanische Revolution

1773	Boston Tea Party
1775–1783	Amerikanischer Unabhängigkeitskrieg
1776	Unabhängigkeitserklärung
1787	Verfassung der USA

Französische Revolution

1789	Sturm auf die Bastille, Erklärung der Menschen- und Bürgerrechte
1791	Erste Verfassung in Frankreich
1792	Frankreich wird Republik
1793–1794	Hinrichtung des Königs und Schreckensherrschaft unter Maximilien de Robespierre
1799	Putsch des Generals Napoleon Bonaparte, Ende der Revolution

Wichtige Begriffe

Ancien Régime *(frz. alte Regierungsform)* Bezeichnung für die politisch-gesellschaftliche Verfassung Frankreichs vor der Revolution 1789 sowie für die Staatsordnungen anderer europäischer Staaten vor 1789.

Aufklärung In Europa im 17. und 18. Jh. entstandene geistige Bewegung, die die autonome menschliche Vernunft zum allgemeinen Maßstab erhob: „Habe den Mut, dich deines eigenen Verstandes zu bedienen!“ (Kant). Der Mensch soll sich von Unwissenheit, Aberglaube und Bevormundung befreien, sich „emanzipieren“. Vertreter: die Franzosen Montesquieu, Voltaire und Rousseau, der Brite John Locke, der Deutsche Immanuel Kant.

Dritter Stand in Frankreich Sammelbezeichnung für die gesamte politische Bevölkerung Frankreichs, die weder zum Ersten Stand (Klerus) noch zum Zweiten Stand (Adel) gehörte (ca. 98 % der Bevölkerung). Innerhalb des Dritten Standes gab es krasse Unterschiede zwischen reichen Großbürgern, städtischem Mittelstand, Kleinbürgern und der breiten Masse der meist bitterarmen Bauern und Landarbeiter (10 % Bürgertum, 88 % Bauern).

Generalstände *(frz. États généraux)* Versammlung von Vertretern der drei Stände Klerus, Adel und Dritter Stand. Ihr wichtigstes Recht war die Bewilligung der Steuern. Sie war zuletzt 1614 berufen worden.

Gewaltenteilung Die Staatsgewalt besteht aus den Teilgewalten Exekutive (ausübende Gewalt), Legislative (gesetzgebende Gewalt) und Judikative (Recht sprechende Gewalt). Ihre Konzentration in einer Hand bedroht die Freiheit der Bürger.

Nationalversammlung Versammlung gewählter Volksvertreter, die eine Verfassung ausarbeiten sollen.

Revolution *(lat. Umwälzung, tief greifende Veränderung)* Grundlegende Umwälzung einer bestehenden Ordnung, zum Beispiel der politischen, gesellschaftlichen und wirtschaftlichen Verhältnisse in einem Staat. Auch entsprechende Vorgänge in anderen Bereichen werden als „Revolution“ bezeichnet (z. B. „technische Revolution“).

Stand Rechtlich und sozial abgeschlossene Gruppe eines hierarchisch geordneten Gesellschaftssystems. Die Zugehörigkeit zu einem Stand wird durch Geburt oder Funktion bestimmt. Jeder Stand hat besondere Rechte und Pflichten. Die Standesunterschiede werden mit Theorien von der Ungleichheit der Menschen legitimiert.

Volkssouveränität Lehre von der Souveränität des Volkes („Alle Staatsgewalt geht vom Volke aus“) im Gegensatz zur Souveränität der Krone. In modernen Demokratien übt das Volk seine Souveränität durch seine gewählten Vertreter in den Parlamenten aus.

Wichtige Personen

John Locke (1632–1704) Englischer Philosoph, trat für Gewaltenteilung (gesetzgebende und ausführende Gewalt) zur Verhinderung von Willkürherrschaft ein.

Charles de Montesquieu (1689–1755) Französischer Philosoph, der in seinem Werk „Vom Geist der Gesetze“ (1748) die Lehre von der Gewaltenteilung fortführte.

Voltaire (1694–1778) (eigentlich François Marie Arouet) Französischer Philosoph, wollte mittels Vernunft die Fürsten zur Gerechtigkeit erziehen. Voltaire hielt sich 1750 auf Einladung Friedrichs II. (des Großen) am preußischen Hof auf.

Jean-Jacques Rousseau (1712–1778) Französischer Philosoph, der die Freiheit und Gleichheit aller vertrat. In seiner Schrift „Der Gesellschaftsvertrag“ von 1762 entwickelte er die Idee der Volkssouveränität.

George Washington (1732–1799) Geboren in Virginia, Vermessungsingenieur und Landspekulant, nach Ausbruch des Amerikanischen Unabhängigkeitskrieges Oberbefehlshaber der Continental Army. Präsident der verfassunggebenden Versammlung, 1789–1797 erster Präsident der USA.

König Ludwig XVI. (1754–1793) Letzter König des Ancien Régime von Frankreich, wurde mit der Guillotine hingerichtet.

Maximilien de Robespierre (1758–1794) Rechtsanwalt, als Vorsitzender des Wohlfahrtsausschusses seit 1793 maßgeblich für den Terror verantwortlich, 1794 hingerichtet.

Napoleon Bonaparte, Napoleon I. (1769–1821) Französischer Feldherr, stürzte 1799 die französische Regierung und erklärte die Revolution für beendet; krönte sich 1804 selbst zum Kaiser der Franzosen; erließ mit dem Code civil ein fortschrittliches Gesetzbuch; eroberte 1805–1812 große Teile Europas, bis er 1813/1815 besiegt wurde.

Kurzdarstellung

Die Amerikanische Revolution

Ursachen für Unabhängigkeitsstreben

- Mentale und politische Eigenständigkeit der Kolonisten
  - puritanisch-calvinistischer Glaube und Forderung nach religiöser Toleranz
  - Gedankengut der Aufklärung → B (besonders bei den gebildeten Schichten verbreitet)
  - Individualismus, Leistungsprinzip, Risikobereitschaft und Wagemut
  - politische Eigenständigkeit: Wahl der Gouverneure, Selbstverwaltung
- Ökonomische Dominanz des Mutterlandes England
  - Anwendung der merkantilistischen Wirtschaftspolitik: Ausfuhr von Rohstoffen aus den Kolonien, Einfuhr von Fertigprodukten aus England, britisches Handelsmonopol
  - Erhöhung der Steuern in den Kolonien zur Deckung britischer Kriegsschulden

Verlauf

- Eskalation der Gewaltmaßnahmen von Kolonisten und britischer Regierung
  - Boykott britischer Waren, Gewalt gegen britische Steuereintreiber und Vertreter der Krone; Boston Tea Party: Amerikanische Bürger werfen britischen Tee ins Meer.
  - Forderung: Vertretung im britischen Parlament („No taxation without representation")
  - England erhöht Druck auf Kolonien, z. B. Zwangseinquartierung von Soldaten, Schließung des Bostoner Hafens, Aufhebung von Selbstverwaltungsrechten.
- Unabhängigkeitskrieg (1775–1783)
  - Unter dem Oberbefehl George Washingtons → P stellen die Kolonisten eine Armee auf.
  - 1776 Unabhängigkeitserklärung der 13 Kolonien
  - Frankreich und Spanien treten auf Seiten der Kolonien in den Krieg ein.
  - Frieden von Paris: England erkennt die Unabhängigkeit der Amerikanischen Union an.

Ergebnis

- Gründung der Vereinigten Staaten von Amerika
  1787 Verabschiedung der bis heute gültigen Verfassung der USA mit folgenden Merkmalen:
  - Garantie der unveräußerlichen Menschenrechte (nach Locke → P)
  - Selbstregierung des Volkes (Demokratie) nach dem Prinzip der Volkssouveränität → B (nach Rousseau → P)
  - Gewaltenteilung → B: Präsident = Exekutive, Kongress = Legislative, Oberster Gerichtshof = Judikative (nach Montesquieu → P)
  - Schaffung eines Bundesstaates mit republikanischer Staatsform
  - Wahl zu allen Staatsämtern
  - Trennung von Staat und Kirche
  - Wirtschaftssystem der Marktwirtschaft

Bedeutung

- Die USA ist der erste Staat der Welt mit einer Verfassung, die die Menschenrechte garantierte und die auf Volkssouveränität und Gewaltenteilung (Grundprinzipien der Aufklärung → B) beruhte. Das war in einer Zeit der absolutistischen Ständegesellschaften in Europa revolutionär.
- Einschränkungen: Das Wahlrecht der männlichen Bürger war bis 1830 an Besitz gebunden; Frauen besaßen bis 1920 keine politischen Mitbestimmungsrechte. Die Lage der Sklaven blieb ungeklärt, sie galten nicht als Bürger der USA. Erst 1964 wurden alle Wahlrechtsbeschränkungen aufgehoben.

Die Französische Revolution

Ursachen

- Gesellschaftliche Krise des Ancien Régime →B
  - Klerus und Adel hatten Steuerfreiheit und Privilegien, der Adel hatte politische Ämter.
  - Das Bürgertum besaß wirtschaftlichen Wohlstand, aber keinen politischen Einfluss.
  - Das Bildungsbürgertum eignete sich die Ideen der Aufklärung an.
  - Der Dritte Stand →B musste allein mit seinen Steuern, Diensten und Abgaben den Staatshaushalt und das Leben der ersten beiden Stände finanzieren.
- Staatskrise des Ancien Régime
  - Die Opposition schwächte die Stellung des Königs: Über die Parlamente (= Gerichtshöfe, besetzt mit Bürgerlichen und Adligen) wurden königliche Gesetze blockiert.
  - Wegen des hohen Haushaltsdefizits drohte Staatsbankrott.
  - Eine Steuer- und Finanzreform scheitete am Widerstand der Privilegierten.
  - Wachsende Unzufriedenheit: Steuerbelastung, Missernten, Lebensmittelknappheit

Verlauf und Ergebnisse

1. Phase: Drei Revolutionen bewirkten 1789 den Umsturz des Systems:

- Die Revolution →B der Abgeordneten
  - Einberufung der Generalstände →B zur Behebung der Finanzkrise; Forderungen des Dritten Standes →B: Abstimmung nach Köpfen, Verfassung
  - Der Dritte Stand erklärt sich zur Nationalversammlung →B (Prinzip der Volkssouveränität →B)
  - Ballhausschwur und Zusammenschluss aller drei Stände →B
- Die Revolution der Stadtbürger und Bauernaufstände
  - Hungeraufstand der verarmten Handwerksgesellen und Arbeiter in Paris
  - Sturm auf die Bastille, Symbol absolutistischer Herrschaft
  - lokale Revolten gegen adlige Grundherren auf dem Land
- Ergebnisse der 1. Phase der Revolution 1789–1791
  - Abschaffung der Feudalordnung und Bauernbefreiung
  - Erklärung der Menschen- und Bürgerrechte
  - Verfassung von 1791: konstitutionelle Monarchie mit Gewaltenteilung →B

2. Phase: Radikalisierung der Revolution (1791–1795)

- Koalitionskriege des Auslands gegen das revolutionäre Frankreich
- Abschaffung der Monarchie, Hinrichtung des Königs, Frankreich wird Republik.
- Schreckensherrschaft der Jakobiner unter Robespierre →P

3. Phase: Übergang zur autoritären Herrschaft Napoleons (1795–1799)

- Herrschaft des Direktoriums: sicherte Interessen der Besitzbürger, reduzierte Einfluss der Volksmassen
- 1799 Staatsstreich des Generals Napoleon Bonaparte →P, Errichtung einer Militärdiktatur
- Napoleon wird Konsul auf Lebenszeit, dann Kaiser der Franzosen, Ende der Revolution
- 1804 Code civil, Zivilgesetzbuch, das die bürgerlichen Forderungen der Revolution umsetzt: persönliche Freiheit, Rechtsgleichheit, Privateigentum, Wirtschafts- und Gewerbefreiheit, Trennung von Staat und Kirche, Zivilehe und Ehescheidung

Bedeutung

- Errungenschaften: Gleichheit der Bürger vor dem Gesetz; Erklärung der Menschen- und Bürgerrechte; politische Umsetzung der Volkssouveränität und Gewaltenteilung.
- Napoleons Code civil verbreitete die Ideen der Französischen Revolution in Europa.

Erschließen einer historischen Quelle

Eine Karikatur interpretieren

Das Wort „Karikatur" bedeutet „Zerrbild", „Spottbild", „Fratze". Als Fachbegriff der Malerei kam es im 18. Jh. in Gebrauch. Merkmale der Karikatur sind Übertreibung, Anspielung und Verfremdung. Zur Zeit der Französischen Revolution, als viele Menschen weder lesen noch schreiben konnten, waren Karikaturen ein beliebtes Mittel, um Kritik an Staat und Gesellschaft zu verbreiten.

1 Beschreiben

- Die Bildelemente und ihre Anordnung genau betrachten
- Die einzelnen Bildelemente beschreiben
- Die Situation bzw. die Handlung beschreiben

2 Texte einbeziehen

- Texte im Bild: Wen oder was kommentieren sie?

3 Die Darstellung erklären

- Bildüberschrift/Bildunterschrift berücksichtigen
- Symbole entschlüsseln
- Personen identifizieren
- Die dargestellte Situation bzw. die Handlung erklären

4 Den historischen Kontext einbeziehen

- Den Bezug zur historischen Situation herstellen
- Probleme bzw. Widersprüche, die aufgegriffen werden
- Hintergrundinformationen in die Erklärung einbeziehen

5 Interpretieren

- Die Aussage der Karikatur formulieren
- Eine eigene Stellungnahme zum Problem formulieren

MATERIAL

Das Erwachen des Dritten Standes

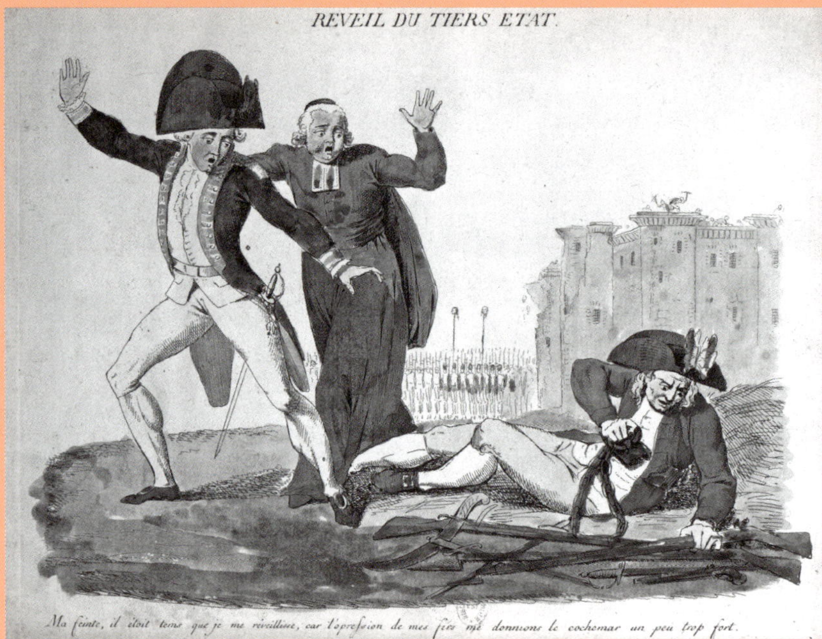

Hinweise zur Karikatur: *Übersetzung der Bildüberschrift: „Das Erwachen des Dritten Standes"*
Übersetzung der Bildunterschrift: „Meine Güte, es war für mich höchste Zeit aufzuwachen, denn die Last meiner Ketten verursachte mir etwas zu starke Angstträume."
Das Original ist farbig.

1 Beschreiben

Vordergrund Ein Adliger und ein (wohlgenährter) Kirchenvertreter in typischer Kleidung schrecken vor einer sich am Boden befindlichen Person zurück; diese trägt die Kleidung der Pariser Bürger; sie richtet sich vom Boden auf, zerreißt ihre Ketten und greift nach den links neben ihr liegenden Waffen.

Hintergrund Erstürmung einer Festung: Teile des Gebäudes sind beschädigt: Die Angreifer tragen aufgespießte Köpfe auf ihren Lanzen.

2 Texte einbeziehen

Im Bild gibt es keine Texte.

3 Die Darstellung erklären

Die Bildunterschrift besagt, dass es für den Dritten Stand „höchste Zeit [war], aufzuwachen".

Bildelemente Die adlige Person symbolisiert den Stand des Adels, der Kirchenvertreter den Stand des Klerus und die sich vom Boden aufrichtende Person den Dritten Stand.

Handlung Der Dritte Stand erwacht, sprengt seine Ketten, lehnt sich gegen seine Unterdrückung auf und greift zu den Waffen. Im Hintergrund sind die blutigen Folgen zu erkennen: Die Festung – Symbol für die Unterdrückung des Dritten Standes – wird gestürmt. Die Vertreter des ersten und zweiten Standes fliehen in Panik.

4 Den historischen Kontext einbeziehen

Die Karikatur bezieht sich auf die Erstürmung der Bastille (im Hintergrund dargestellt).

Hintergrundinformationen zum Sturm auf die Bastille 1789

- Erläuterung der sozialen und gesellschaftlichen Situation der drei Stände
- Vorgeschichte: Einberufung und Auflösung der Generalstände, Ballhausschwur
- Die Wirtschaftskrise, Arbeitslosigkeit, Hungersnot und Gerüchte über ein militärisches Eingreifen der Krone führten dazu, dass sich die Bürger von Paris bewaffneten.
- Die Bastille war ein Symbol der Unterdrückung durch den absoluten Monarchen.
- Die gewaltsame Erstürmung der Bastille durch die Pariser Bürger war der Startschuss für die Neuordnung von Gesellschaft und Staat nach den Idealen der Aufklärung.
- Parallel zu den Erfolgen der Revolution, Abschaffung der Privilegien und der Erklärung der Menschenrechte, verließen viele Adelige aus Angst das Land.

5 Interpretieren

Zusammenfassung Der Stich mit dem Titel „Das Erwachen des Dritten Standes" aus dem Jahr 1789 ist eine Bildquelle zur Französischen Revolution. Er kommentiert die Erstürmung der Bastille. Die Bildunterschrift verdeutlicht, dass der Künstler ein Befürworter der Revolution ist.

Stellungnahme Die Karikatur zeigt deutlich, dass es in der französischen Gesellschaft ein Bewusstsein für die Unhaltbarkeit der gesellschaftlichen Zustände, insbesondere für die Rechtlosigkeit des Dritten Standes gab. Die Gesellschaft war „reif" für die Revolution.

AUFGABE 1

Nennen Sie die Gründe, die nach Paine für eine Trennung der Kolonien von England sprechen.

Aus der Streitschrift „Common Sense" von Thomas Paine, 1776

Thomas Paine (1737–1809) stammte aus England und war 1774 nach Amerika ausgewandert. Von seiner Streitschrift „Common Sense" wurden 120 000 Exemplare verkauft.

Einige sagen, Britannien sei doch das Mutterland. Dann sollte es sich über sein Verhalten umso mehr schämen. Selbst wilde Tiere fressen ihre Jungen nicht, und Wilde führen keinen Krieg gegen ihre eigenen Familien. [...] Europa und nicht England ist das Mutterland Amerikas. Diese neue Welt ist für die verfolgten Freunde der bürgerlichen und der religiösen Freiheit aus allen Teilen Europas ein Asyl geworden. Hierher sind sie geflohen und nicht aus den zärtlichen Umarmungen einer Mutter, sondern vor den Grausamkeiten eines Ungeheuers. [...] Unsere Sache ist der Handel, und wenn wir den nur gut besorgen, wird er den Frieden und die Freundschaft mit ganz Europa sichern, weil es im Interesse Europas liegt, Amerika als Freihafen zu haben. [...] Ich fordere den hitzigsten Verfechter der Aussöhnung auf, nur einen einzigen Vorteil zu zeigen, der diesem Kontinent aus der Verbindung mit England erwächst. [...] Die Nachteile und der Schaden aber, die wir durch eine Verbindung erleiden, sind unzählbar, und unsere Pflichten sowohl gegenüber der Menschheit insgesamt wie gegen uns selbst lehren uns, die Verbindung aufzugeben. Denn jede Unterwerfung unter oder Abhängigkeit von Großbritannien wird geradewegs darauf abzielen, diesen Kontinent in europäische Kriege und Zänkereien zu verwickeln, uns in Gegensatz zu Nationen zu setzen, die sonst unsere Freundschaft suchen würden und denen gegenüber wir weder Unmut fühlen noch zu klagen hätten. Da Europa unser Handelsmarkt ist, sollten wir keine partiellen politischen Verbindungen mit dem einen oder anderen Teil eingehen. Es ist das wahre Interesse Amerikas, sich aus allen europäischen Zänkereien herauszuhalten, was es nie tun kann, solange es durch seine Abhängigkeit von Britannien zum entscheidenden Gewicht in der Waagschale britischer Staatskunst gemacht wird. Europa ist zu dicht mit Königreichen besetzt, als dass es lange in Frieden leben könnte, und sooft ein Krieg zwischen England und einer fremden Macht ausbricht, wird der Handel Amerikas ruiniert, und zwar wegen seiner Verbindung mit Großbritannien. [...]

Alles, was richtig oder vernünftig ist, spricht für eine Trennung. Das Blut der Erschlagenen, die jammernde Stimme der Natur rufen überlaut: Es ist Zeit, voneinander zu scheiden. [...] England zu Europa: Amerika zu sich selbst.

Oh, ihr Freunde der Menschheit! Ihr, die ihr es wagt, euch nicht nur der Tyrannei, sondern auch dem Tyrannen zu widersetzen, tretet hervor! Jeder Fleck der Alten Welt ist von Unterdrückung bedeckt. Die Freiheit ist um den ganzen Erdball gejagt worden. Asien und Afrika haben sie längst ausgestoßen. Europa betrachtet sie als Fremdling, und England hat ihr zu verstehen gegeben, sie solle sich fortmachen. Oh! Empfangt den Flüchtling und bereitet der Menschheit rechtzeitig ein Asyl.

Thomas Paine, Common Sense (Auszug). Zit. n. R. Hofstadter (Hg.): Great Issues in American History, Bd. 1, New York 1959.

TIPP

- Machen Sie sich klar, was der Operator von Ihnen verlangt: **nennen**, d. h. zielgerichtet Informationen zusammentragen, ohne sie zu kommentieren.
- Notieren Sie in Stichworten die genannten Gründe.
- Formulieren Sie einen Text, in dem Sie die genannten Gründe darstellen. Benutzen Sie dabei einen distanzierten Stil (eigene Worte, Konjunktiv). Vermeiden Sie Wertungen.

AUFGABE 2

Erläutern Sie den Begründungszusammenhang der amerikanischen Unabhängigkeitserklärung.

Aus der Einleitung der amerikanischen Unabhängigkeitserklärung, 1776
Entwurf von Thomas Jefferson (1743–1826)

Wenn es im Laufe der Menschheitsgeschichte für ein Volk notwendig wird, die politischen Bande zu lösen, die es mit einem anderen Volke verbunden haben, und unter den Mächten der Erde den selbstständigen und gleichberechtigten Rang einzunehmen, zu dem natürliches und göttliches Gesetz es berechtigen, so erfordert geziemende Achtung vor den Ansichten der Menschen, dass es die Gründe darlegt, die es zur Absonderung bewegen.

Folgende Wahrheiten bedürfen für uns keines Beweises: Dass alle Menschen gleich geschaffen sind, dass sie von ihrem Schöpfer mit gewissen unveräußerlichen Rechten ausgestattet sind, dass dazu Leben, Freiheit und das Streben nach Glück gehören; dass zur Sicherung dieser Rechte Regierungen unter den Menschen eingesetzt sind, die ihre rechtmäßige Autorität aus der Zustimmung der Regierten herleiten, dass, wenn immer irgendeine Regierungsform diesen Zielen abträglich wird, das Volk berechtigt ist, sie zu ändern oder abzuschaffen und eine neue Regierung einzusetzen und diese auf solchen Prinzipien zu errichten und ihre Gewalten solchermaßen zu organisieren, wie es ihm zur Gewährleistung seiner Sicherheit und seines Glücks am ratsamsten erscheint. Die Vernunft gebietet freilich, dass seit Langem bestehende Regierungen nicht aus geringfügigen und flüchtigen Anlässen geändert werden sollten, und dementsprechend hat alle Erfahrung gezeigt, dass die Menschen eher geneigt sind zu leiden, solange die Missstände erduldbar sind, als sich durch die Beseitigung altgewohnter Formen Recht zu verschaffen. Aber wenn eine lange Reihe von Missbräuchen und Übergriffen, die ausnahmslos das gleiche Ziel verfolgen, die Absicht deutlich werden lässt, das Volk unumschränktem Despotismus zu unterwerfen, so ist es sein Recht wie auch seine Pflicht, eine solche Regierung zu beseitigen und durch neue schützende Einrichtungen für seine künftige Sicherheit Vorsorge zu treffen. Entsprechend haben unsere Kolonien geduldig ausgeharrt, und dementsprechend sind sie nun notgedrungen gezwungen, ihre bisherige Regierungsform zu ändern. Die Regierungszeit des jetzigen Königs von Großbritannien ist voll wiederholt begangenen Unrechts und ständiger Übergriffe, die alle unmittelbar auf die Errichtung einer unumschränkten Tyrannei über unsere Staaten abzielen.

Thomas Jefferson, Unabhängigkeitserklärung der USA [Auszug]. Zit. nach: Udo Sautter, Geschichte der Vereinigten Staaten von Amerika, 7. Aufl. Stuttgart: Alfred Kröner Verlag 2006, Seite 582 [Kröners Taschenausgabe, Band 443].

TIPP

- Machen Sie sich klar, was der Operator von Ihnen verlangt: **erläutern**, d. h. Informationen aus dem Material mit eigenem Wissen anreichern und in einen Zusammenhang einordnen, evtl. mit Beispielen verdeutlichen.
- Stellen Sie die Argumente nicht nur dar, sondern erläutern Sie auch den historischen Hintergrund dieser Argumentation, die Herkunft der Argumente und ihre Bedeutung.
- Formulieren Sie eine Einleitung, die die Quelle in den historischen Zusammenhang stellt.

AUFGABE 3

Bestimmen Sie den politischen Standpunkt des Verfassers und formulieren Sie sein Anliegen.

Aus einem französischen Flugblatt vom Dezember 1788

1 Bücher gehören sich für Männer und Katechismen [Handbücher der Glaubensunterweisung] für Kinder. Der dritte Stand ist noch ein sehr schwaches und unwissendes Kind. Dieser kleine Katechismus wird ihn sehr weise machen, wenn er ihm zeigt, was er anderen schuldig ist, und sehr mächtig, wenn er ihm zeigt, was die anderen ihm schulden. [...] Was bist du? Ein Bauer. – Was ist ein Bauer? Ein Mensch, ein Bürger, ein Glied des dritten Standes. – Was ist der dritte Stand? Der Nährvater des Staates, sein edelster Verteidiger. – Inwiefern ist er der Nährvater? Durch den Ackerbau, den Handel, die Gewerbe, die er allein treibt zum Vorteil aller. – Wieso sein edelster Verteidiger? Weil er sich allem widmet, indem er alles opfert, ohne andere Entschädigung noch Hoffnung als fünf Sous *[kleine französische Münze]*, das Spital oder den Tod. – Bringen die beiden ersten Stände keine Opfer? Sie sollten es, zum Mindesten aus Gerechtigkeit und Dankbarkeit; sie sind die reichsten Grundherren, sie genießen alle Auszeichnungen, alle Vergünstigungen. – Aber zahlen sie denn keine Abgaben? Sehr wenig, so wenig und so ungern, mit so viel Einschränkungen, dass man sie nicht rechnen darf. – Aber noch einmal, was zahlen sie denn? Ungefähr den zwanzigsten Teil ihrer Einkünfte, den sie leicht ihrem Überfluss entnehmen, während der dritte Stand, überlastet, ausgemergelt, etwa den dritten Teil seines Einkommens zahlt und meist gezwungen ist, ihn seiner Lebensnotdurft zu entreißen.

TIPP

- Beachten Sie, dass die Aufgabe zwei Teilaufgaben umfasst: 1. den politischen Standpunkt des Verfassers bestimmen, 2. sein Anliegen formulieren.
- Notieren Sie Hinweise, die der Text zum politischen Standpunkt des Verfassers gibt.
- Begründen Sie Ihre politische Einordnung aus dem Text und aus Ihrem Hintergrundwissen.
- Stellen Sie einen Zusammenhang zwischen dem politischen Standpunkt des Verfassers und seinem Anliegen her.

AUFGABE 4

Interpretieren Sie die Karikatur.

Hinweise zur Karikatur:
Die Karikatur stammt von einem unbekannten Künstler, Ende 1794

Übersetzung der Inschrift auf dem Stein: „Hier ruht ganz Frankreich"
Übersetzung der Titel auf den Blättern: „Verfassung 1791" und „Verfassung 1793"

Das Original ist farbig. Der Federbusch auf dem Hut des Henkers hat die Farben weiß, blau und rot, ebenso der Gürtel, mit dem sein roter Mantel zusammengehalten wird.

TIPP

- Machen Sie sich klar, was der Operator von Ihnen verlangt: **interpretieren,** d. h. Sinnzusammenhänge aus Quellen erschließen und eine begründete Stellungnahme abgeben, die auf einer Analyse, Erläuterung und Bewertung beruht.
- Orientieren Sie sich bei Ihrer Bearbeitung an der Schrittfolge, die auf der Methodenseite „Eine Karikatur interpretieren" (S. 15) angegeben ist.
- Im Mittelpunkt der Karikatur steht eine prominente Person der Französischen Revolution. Überlegen Sie, wer das sein könnte.

AUFGABE 5

Vergleichen Sie Amerikanische und Französische Revolution miteinander.

TIPP

- Machen Sie sich klar, was der Operator von Ihnen verlangt: **vergleichen,** d. h. Gemeinsamkeiten, Ähnlichkeiten und Unterschiede kriterienorientiert darlegen.
- Legen Sie eine Tabelle mit geeigneten Vergleichskriterien an, z. B. Ursachen, Träger, Programm, und tragen Sie Stichworte zu den beiden Revolutionen ein.
- Verfassen Sie einen gut strukturierten Text.

Industrialisierung

Leitfragen

- Warum war England Vorreiter der Industrialisierung?
- Welche Merkmale kennzeichnen den Verlauf der Industrialisierung?
- Worin bestand die soziale Frage und welche Lösungsansätze gab es?
- Wie veränderte die Industrialisierung das Zusammenleben der Menschen?
- Inwiefern trug die Industrialisierung zur Modernisierung von Wirtschaft und Gesellschaft bei?

Wichtige Daten

Industrialisierung in England

1766	Erster Hochofen in England
1767–1786	Erfindung u. a. der mechanischen Spinnmaschine, der Dampfmaschine, des mechanischen Webstuhls in England

Industrialisierung in Deutschland

1834	Gründung des Deutschen Zollvereins; Aufhebung der Binnenzölle
1835	Erste Eisenbahnlinie Nürnberg–Fürth
1844	Aufstand der schlesischen Weber
1848	„Das Kommunistische Manifest“ von Marx und Engels
Seit 1848	Erste Arbeitervereine (= Vorform von Gewerkschaften und Parteien)
Um 1850	Durchbruch der industriellen Revolution in Deutschland
1863	Gründung der ersten Arbeiterpartei: „Allgemeiner Deutscher Arbeiterverein“
Ab 1883	Sozialgesetzgebung Bismarcks

Wichtige Begriffe

Gewerkschaft Zusammenschluss von Arbeitnehmern einer Branche zu dem Zweck, ihre Interessen gegenüber den Arbeitgebern (und gegenüber der Politik) wirksam zu vertreten. Ihr stärkstes Kampfmittel ist der Streik.

Industrielle Revolution Durch technische Erfindungen und den Einsatz von Maschinen ausgelöster schneller Wechsel der Produktionstechniken, der einen tief greifenden Wandel der Lebens- und Arbeitsbedingungen zur Folge hatte (Wandel vom Agrarstaat zum Industriestaat, → Soziale Frage).

Kapitalismus Begriff, entstanden zur Wende 18. Jh./19. Jh., für eine Wirtschafts- und Gesellschaftsordnung, die gekennzeichnet ist durch das private Eigentum an Produktionsmitteln (Fabriken, Maschinen), das Prinzip der Gewinnmaximierung und die Steuerung der Wirtschaft über den Markt.

Kommunismus Utopie einer Gesellschaftsordnung, in der das Privateigentum abgeschafft ist, es keine sozialen Unterschiede mehr gibt und jeder nach seinen Fähigkeiten arbeitet und nach seinen Bedürfnissen versorgt wird. Diese Utopie wurde durch das „Kommunistische Manifest“ von Marx und Engels verbreitet.

Pauperismus Bezeichnet die im 19. Jh. entstandene Massenarmut infolge der wirtschaftlichen und gesellschaftlichen Umwälzungen der industriellen Revolution. Trotz harter Arbeit und trotz Beteiligung von Frauen und Kindern war es vielen Familien kaum möglich, ihr Auskommen zu sichern.

Soziale Frage Bezeichnung für das Problem des besonders in der Anfangsphase der Industrialisierung auftretenden Massenelends vor allem der Arbeiterklasse und gleichzeitig für die Versuche, dieses Problem zu lösen.

Sozialismus Konzept, das sich aus der Kritik am → Kapitalismus entwickelt hat. Der Sozialismums strebt die Abschaffung des Privateigentums an Produktionsmitteln an und deren Überführung in Gemeineigentum („Sozialisierung“) sowie die zentrale Planung und Lenkung der Wirtschaft. Ziel ist soziale Gleichheit. Anfang des 20. Jh. Spaltung in reformerischen (SPD) und revolutionären (USPD, KPD) Flügel.

Wirtschaftsliberalismus Lehre, nach der sich in freier Konkurrenz und bei ungehinderten Handelsmöglichkeiten (Abbau von Zollschranken) ohne staatliche Eingriffe die Wirtschaft und das Allgemeinwohl am besten entfalten.

Wichtige Personen

Adam Smith (1723–1790) Schottischer Volkswirtschaftler und Moralphilosoph, entwickelte die Grundsätze des Wirtschaftsliberalismus.

James Watt (1736–1819) Schottischer Instrumentenmacher und Erfinder, konstruierte 1769 die erste funktionstüchtige Dampfmaschine.

Johann Hinrich Wichern (1808–1881) Evangelischer Pfarrer, gründete 1833 ein Waisenhaus, das Kinder vor Obdachlosigkeit bewahrte und in dem sie ausgebildet wurden.

Wilhelm E. von Ketteler (1811–1877) Bischof von Mainz, förderte die Entstehung von Arbeitervereinen und begründete die katholische Arbeitnehmerbewegung.

Alfred Krupp (1812–1887) Baute die geerbte Gussstahlfabrik zum größten Industrieunternehmen Europas mit Schwerpunkt Rüstungsproduktion aus. Sozialleistungen für die Arbeiter (z. B. Betriebswohnungen, Krankenversicherung).

Werner von Siemens (1816–1892) Deutscher Ingenieur und Unternehmer, Begründer der Elektrotechnik, machte grundlegende Erfindungen: Telegraf, Elektromotor, Elektrolokomotive.

Karl Marx (1818–1883) Deutscher Philosoph und Volkswirtschaftler, begründete zusammen mit Friedrich Engels die Lehre des Marxismus, die sie im „Kommunistischen Manifest“ (1848) verbreiteten. Nach der gescheiterten Revolution 1848 emigrierte Marx nach London.

Ferdinand Lassalle (1825–1864) Gründete 1863 den „Allgemeinen Deutschen Arbeiterverein“ (ADAV) zur Durchsetzung des allgemeinen Wahlrechts der Arbeiter.

August Bebel (1840–1913) Gründete zusammen mit Wilhelm Liebknecht 1869 die Sozialdemokratische Arbeiterpartei (SDAP), eine Vorgängerin der SPD.

Clara Zetkin (1857–1933) Deutsche Politikerin, baute die sozialistische Frauenbewegung auf, setzte sich in ihrer Zeitschrift „Gleichheit“ für mehr Schutz der Fabrikarbeiterinnen, für Lohngleichheit und den Achtstundentag ein.

Kurzdarstellung

Die Industrialisierung

Voraussetzungen

Der Übergang von der traditionellen Produktionsweise zur Industrieproduktion war an folgende Voraussetzungen geknüpft:

- keine Produktionsbeschränkungen, Regulierungen durch Zünfte o. Ä. (Gewerbefreiheit)
- freie und für alle zugängliche Märkte
- technische Neuerungen zur Verwirklichung von Massenproduktion
- Vorhandensein von genügend Rohstoffen, vor allem von Kohle und Eisenerz
- Verfügbarkeit von Kapital für Investitionen (Maschinen/Fabriken)

Großbritannien

Großbritannien war Ausgangspunkt der Industrialisierung. Wesentliche Voraussetzungen:

- keine ständischen und zünftigen Hemmnisse wie Leibeigenschaft, Schollengebundenheit, Zunftzwang usw., dadurch hohe gesellschaftliche Mobilität
- Veränderungen in der Landwirtschaft (Zusammenlegung von Flächen, Fruchtwechsel, Dünger); Folge: höhere Erträge, Bevölkerungswachstum, freie Arbeitskräfte für Industrie
- technische Neuerungen (mechanische Spinnmaschine, mechanischer Webstuhl, Dampfmaschine); Folge: höhere Arbeitsproduktivität, bessere Transportmöglichkeiten
- Erschließung der Kohle- und Eisenerzlager; Folge: Energie und Rohstoffe für die Eisen- und Stahlerzeugung (Maschinen- und Eisenbahnbau)
- große Kapitalvermögen durch Überseehandel und Ausbeutung der Kolonien
- funktionierendes Bank- und Kreditwesen, konnte das Kapital für die Industrie bereitstellen
- offener Binnenmarkt ohne hemmende Zollgrenzen
- effektives Transportsystem (Kanalnetz, Küstenverkehr, Eisenbahn)
- Schutz des Einzelnen und seines Besitzes vor staatlicher Willkür
- calvinistische Wirtschaftsethik: wirtschaftlicher Erfolg als Zeichen göttlicher Gnade
- Grundsätze des Wirtschaftsliberalismus → B (Adam Smith → P)

Deutschland

Kleinstaaterei hemmte die Industrialisierung. Sie kam erst um 1850 in Schwung.

- Preußische Reformen schaffen Voraussetzungen für Industrialisierung:
  - Agrarreform (1807): Aufhebung der Leibeigenschaft und Schollenbindung der Bauern; Folge: Arbeitskräfte für Industrie
  - Gewerbefreiheit (1810): Beseitigung des Zunftzwangs
- 1834 Gründung des Deutschen Zollvereins: Ein einheitlicher Wirtschaftsraum entsteht.
- Schwerindustrie (Bergbau, Eisen- und Stahlindustrie), Zentrum Ruhrgebiet (preußisch)
- 1835 erste deutsche Eisenbahnlinie, bereits um 1850 Streckennetz von 5 875 km Länge
- Kapital von Großbanken und Aktiengesellschaften

Folgen

- Bevölkerungswachstum (in Deutschland zwischen 1816 und 1910 Zunahme von 23 Millionen auf 65 Millionen Einwohner)
- Verstädterung/Landflucht
- Entstehung der neuen Gesellschaftsschicht der Lohnarbeiter
- Massenarmut (Pauperismus → B) aufgrund der schlimmen Arbeitsbedingungen während der Frühindustrialisierung

Die soziale Frage → B

Wie kann die soziale Not der Arbeiterschaft behoben werden?

- Arbeitsbedingungen: Lärm, Hitze, Kälte, Staub, Arbeitsunfälle; Arbeitszeiten bis zu 14 Stunden täglich; kein Unfall- oder Kündigungsschutz, oft Entlassung bei Krankheit; niedrige Löhne; weniger qualifizierte und schlechter bezahlte Frauen- und Kinderarbeit.
- Wohnbedingungen der Arbeiterschaft: „Mietskasernen" in überfüllten Städten, überfüllte Einraum- oder Kellerwohnungen; miserable und ungesunde hygienische Verhältnisse; „Schlafgängertum" (Vermietung von Betten an alleinstehende Arbeiter/-innen).

Lösungsvorschläge

Unternehmer

- Motive: patriarchalisches Verantwortungsgefühl, ökonomisches Interesse
- Maßnahmen: Bereitstellung von günstigen Werkswohnungen und Schulen, Einrichtung von Kranken- und Pensionskassen
- Erwartung: Respekt und Gehorsam, Betriebstreue und Verzicht auf gewerkschaftliche oder politische Aktivitäten aufseiten der Arbeiter

Kirchen

- Motive: traditionelles karitatives Engagement der Kirchen
- Maßnahmen: katholische Gesellenvereine (A. Kolping), Gründung christlicher Arbeitervereine (Erzbischof Ketteler → P); Verkündung der katholischen Soziallehre (Papst Leo XIII.), protestantische „Innere Mission" und Waisenhaus (J. H. Wichern → P; Anstalten für behinderte Menschen und Arbeiterkolonien für Obdachlose (F. v. Bodelschwingh)
- Erwartung: Linderung der sozialen Not, Vertiefung des christlichen Glaubens

Staat

- Motive: Schulbildung von Kindern und Jugendlichen; Erhaltung der Gesundheit junger Männer für Militärdienst; Schwächung der Arbeiterbewegung und der Sozialdemokratie
- Maßnahmen: Verbot der Kinderarbeit in Preußen (1839 unter Neunjährige, 1853 unter Zwölfjährige); Einstellung von Fabrikinspektoren; 1883–1889 Gesetze zur Kranken-, Unfall-, Alters- und Invaliditätsversicherung (moderne Sozialgesetzgebung)
- Erwartung: Linderung der sozialen Not, Hebung der Volksgesundheit, Integration der Arbeiterschaft in den Staat

Arbeiter

- Gründung von Gewerkschaften → B mit den Zielen: Verbesserung der Aufstiegschancen durch Bildungsangebote; Hilfe in Notzeiten; Verbesserung der Arbeits- und Lebensbedingungen; Maßnahmen: Verhandlungen mit den Fabrikherren; Streiks zur Durchsetzung von Forderungen, Einrichtung von Streik- und Unterstützungskassen
- Gründung von Arbeiterparteien mit den Zielen: Verbesserung der Lage der Arbeiterschaft; politische Beeinflussung von Staat und Gesellschaft; Maßnahmen: (1) Reformerische Richtung (z. B. ADAV): Kampf für staatliche Reformen, allgemeines und gleiches Wahlrecht (für Männer). (2) Revolutionäre Richtung (z. B. SDAP): Übernahme der marxistischen Lehre, Besserung der Lage des Proletariats durch Revolution

Karl Marx → B und Friedrich Engels – Lehre des Marxismus

- Die Geschichte verläuft als Abfolge von Klassenkämpfen. Die Klasse der Unterdrücker ist im Besitz der Produktionsmittel (Fabriken, Maschinen, Kapital). Ihr gegenüber steht die Klasse der Ausgebeuteten, die nur ihre Arbeitskraft besitzen. Im Industriezeitalter stehen sich Bourgeoisie und Proletariat gegenüber. Die unterdrückte Klasse stürzt in einer Revolution → B das Gesellschaftssystem und errichtet eine neue Gesellschaftsordnung. Ziel ist die klassenlose Gesellschaft, in der es keine sozialen Unterschiede mehr gibt.

Erschließen einer historischem Quelle

Statistiken auswerten

Die amtliche Datenerhebung setzte in der ersten Hälfte des 19. Jh. ein. Mit der Industrialisierung wuchs das Interesse an der wirtschaftlichen Entwicklung und deren Trägern, den Unterschichten. Eine Statistik kann als Zahlentabelle oder grafisch als Diagramm dargestellt werden. Bei der Interpretation von Diagrammen ist zu beachten, dass durch die Art der Darstellung bestimmte Interpretationen nahegelegt werden können, z. B. ein starker oder ein mäßiger Anstieg der Produktion, je nachdem wie der grafische Maßstab gewählt ist.

1 Leitfrage formulieren

- Unter welcher Frage soll die Statistik untersucht werden?

2 Thema der Statistik benennen

- Zu welchem Thema gibt die Statistik Auskunft?

3 Beschreiben

- Auf welchen Zeitraum bezieht sich die Statistik?
- Auf welchen geografischen Raum bezieht sie sich?
- Welche Maßeinheiten werden verwendet?

4 Kritisch prüfen

- Enthält die Statistik Lücken?
- Sind die angeführten Werte vergleichbar?
- Ist die grafische Darstellung sinnvoll?

5 Zentrale Aussagen formulieren

- Welche Form der Veränderung ist sichtbar?
- Gibt es eine einheitliche Tendenz oder Auffälligkeiten?

6 Interpretieren

- Beobachtete Phänomene erklären
- (Noch) nicht erklärbare Beobachtungen benennen
- Hintergrundinformationen in die Erklärung einbeziehen
- Lässt sich die Leitfrage befriedigend beantworten?

MATERIAL

Die Industrialisierung in Großbritannien und Deutschland

M1 ***Beschäftigtenanteile im gewerblichen Sektor der deutschen Wirtschaft 1800–1913 (in %)***

Jahr	Verlag	Handwerk	Industrie
1800	43	50	7
1835	43	46	11
1850	39	45	16
1873	21	46	33
1900	5	35	60
1913	4	34	62

M1 und M2 aus: Toni Pierenkemper, Umstrittene Revolutionen. Die Industrialisierung im 19. Jahrhundert, Frankfurt a. M.: Fischer Taschenbuch Verlag, 1996.

M2 ***Beschäftigtenanteile in den volkswirtschaftlichen Hauptsektoren in Deutschland 1800–1907 (in %)***

Jahr	Landwirtschaft	Industrie / Gewerbe	Dienstleistungen
1800	61,8	21,3	16,9
1825	59,0	22,0	19,0
1846	56,8	23,6	20,4
1855	53,9	25,4	20,4
1861	51,7	27,3	21,0
1871	49,3	28,9	21,8
1882	42,2	35,6	22,2
1895	36,6	38,9	24,8
1907	34.0	40,0	16,0

Hinweise:

Gewerbe: *jede selbstständige Tätigkeit, die auf Dauer ausgeübt wird, um Gewinn zu erzielen. Gewerbebetriebe sind Unternehmen der Industrie, des Handels, des Handwerks und des Verkehrs. Agrarbetriebe und Freie Berufe (z. B. Ärzte, Architekten) zählen nicht zum Gewerbe.*

Verlagssystem: *handwerkliche Herstellung von Textilwaren durch rechtlich selbstständige Kleinproduzenten meist in Heimarbeit; um 1800 etwa 1 Million Erwerbstätige in Deutschland.*

Manufaktur: *Großbetrieb; mit handwerklichen Methoden Herstellung von zumeist Luxusartikeln; Vorhandensein von ersten Ansätzen der Arbeitsteilung; ab 1770 in Deutschland Zunahme dieser Produktionsform.*

Fabrik: *zentrale Steuerung durch Unternehmer; arbeitsteilige Produktion; Rationalisierung durch Maschinen- und Technikeinsatz.*

1 Leitfrage formulieren

- Wie veränderte sich die Beschäftigungsstruktur im Verlauf der Industrialisierung?

2 Thema der Statistik benennen

- M1 zeigt die Verteilung der Beschäftigten auf die gewerblichen Betriebsformen Verlag, Handwerk und Industrie.
- M2 zeigt die Verteilung der Beschäftigten auf die volkswirtschaftlichen Bereiche Landwirtschaft, Industrie/Gewerbe und Dienstleistungen.

3 Beschreiben

- Beide Tabellen enthalten Angaben über den Anteil der Beschäftigten in den einzelnen Wirtschaftssektoren bezogen auf bestimmte Jahre von 1800 bis zum Beginn des 20. Jh.
- Die Tabellen beziehen sich auf Deutschland.
- Die Tabellen enthalten Jahreszahlen und Prozentangaben, absolute Zahlen werden nicht genannt.

4 Kritisch prüfen

- Deutschland wird als Gesamtgebiet behandelt, obgleich die staatliche Einigung erst 1870/71 gelang.

5 Zentrale Aussagen formulieren

- dramatische Abnahme (ca. 90 %) der Beschäftigtenanteile im Verlagssystem;
- dramatische Zunahme der Beschäftigtenanteile in Industriebetrieben;
- leichte Abnahme der Beschäftigtenanteile im Handwerk;
- zwischen 1800 und 1907 Abnahme des Beschäftigtenanteiles in der Landwirtschaft um fast die Hälfte;
- im gleichen Zeitraum fast Verdopplung des Anteils an Beschäftigten in der Industrie;
- im Dienstleistungssektor leichte Zunahme bis 1895; danach leichte Abnahme.

6 Interpretieren

- Anhand der Tabellen wird der sektorale Wandel, den die Industrialisierung mit sich brachte, deutlich.
- Im landwirtschaftlichen Sektor arbeiteten im 19. Jh. immer weniger Menschen. Erklärung: Veränderungen in der Landwirtschaft, ausgelöst durch technische Erfindungen und den Einsatz von Maschinen und Düngemitteln, führten dazu, dass die Erträge gesteigert werden konnten, aber gleichzeitig immer weniger Arbeitskräfte in der Landwirtschaft benötigt wurden.
- Der industrielle Sektor wuchs (Manufaktur, Fabrik). Erklärung: Im Zuge der Industrialisierung wuchs die Fabrikproduktion. Viele arbeitslose Bauern zogen in die Städte (Landflucht) und wurden zu Lohnarbeitern.
- Der industrielle Sektor profitierte auch davon, dass die Betriebsform des Verlags Ende des 19. Jahrhunderts relativ bedeutungslos wurde.
- Das Handwerk konnte sich im Wesentlichen behaupten, was wiederum für die Industrie nützlich war.
- Der Dienstleistungssektor hatte während der Industrialisierung noch keine größere Bedeutung.

AUFGABE 1

Geben Sie mit eigenen Worten die Thesen und die Argumentation von Adam Smith wieder.

Adam Smith: Über die liberale Wirtschaftstheorie, 1776

Der Einzelne ist stets darauf bedacht, herauszufinden, wo er sein Kapital, über das er verfügen kann, so vorteilhaft wie nur irgend möglich einsetzen kann. Und tatsächlich hat er dabei den eigenen Vorteil im Auge und nicht etwa den der Volkswirtschaft. [...] Da aber jeder Mensch Kapital zur Unterstützung eines Erwerbsstrebens nur mit Aussicht auf Gewinn einsetzt, wird er stets bestrebt sein, es zur Hilfe für solche Gewerbe anzulegen, deren Ertrag voraussichtlich den höchsten Wert haben wird oder für den er das meiste Geld oder die meisten anderen Waren bekommen kann. Nun ist aber das Volkseinkommen eines Landes immer genauso groß wie der Tauschwert des gesamten Jahresertrages oder, besser, es ist genau dasselbe, nur anders ausgedrückt. Wenn daher jeder Einzelne so viel wie nur möglich danach trachtet, sein Kapital zur Unterstützung der einheimischen Erwerbstätigkeit einzusetzen, und dadurch diese so lenkt, dass ihr Ertrag den höchsten Wertzuwachs erwarten lässt, dann bemüht sich auch jeder Einzelne ganz zwangsläufig, dass das Volkseinkommen im Jahr so groß wie möglich werden wird. Tatsächlich fördert er in der Regel nicht bewusst das Allgemeinwohl [...]. Wenn er es vorzieht, die nationale Wirtschaft anstatt die ausländische zu unterstützen, denkt er eigentlich nur an die eigene Sicherheit, und wenn er dadurch die Erwerbstätigkeit so fördert, dass ihr Ertrag den höchsten Wert erzielen kann, strebt er lediglich nach eigenem Gewinn. Und er wird in diesem wie auch in vielen anderen Fällen von einer unsichtbaren Hand geleitet, um einen Zweck zu fördern, den er zu erfüllen in keiner Weise beabsichtigt hat. Auch für das Land selbst ist es keineswegs immer das Schlechteste, dass der Einzelne ein solches Ziel nicht bewusst anstrebt. Ja, gerade dadurch, dass er das eigene Interesse verfolgt, fördert er häufig das der Gesellschaft nachhaltiger, als wenn er wirklich beabsichtigt, es zu tun. Alle, die jemals vorgaben, ihre Geschäfte dienten dem Wohl der Allgemeinheit, haben meines Wissens niemals etwas Gutes getan. [...]

Gibt man daher alle Systeme der Begünstigung und Beschränkung [von staatlicher Seite] auf, so stellt sich ganz von selbst das einsichtige und einfache System der natürlichen Freiheit her. Solange der Einzelne nicht die Gesetze verletzt, lässt man ihm völlige Freiheit, damit er das eigene Interesse auf seine Weise verfolgen kann [...].

Aus: Adam Smith, Der Wohlstand der Nationen, 1776. Hg. und übers. von Horst Claus Recktenwald, München: C. H. Beck 1974.

TIPP

- Machen Sie sich klar, was der Operator von Ihnen verlangt: **wiedergeben,** d. h. Informationen aus dem vorliegenden Material unter Verwendung der Fachsprache mit eigenen Worten ausdrücken.
- Verfassen Sie einen gut strukturierten Text.

AUFGABE 2

Erläutern Sie den Begriff „Wirtschaftsliberalismus“ mithilfe des Textes von Adam Smith.

TIPP

- Machen Sie sich klar, was der Operator von Ihnen verlangt: **erläutern,** d. h. Sachverhalte im Zusammenhang beschreiben und anschaulich mit Beispielen oder Belegen erklären.
- Belegen Sie Ihre Aussagen mit Stellenangaben oder Zitaten aus dem Text von Smith.

AUFGABE 3

Vergleichen Sie den Verlauf der Industrialisierung in Großbritannien und Deutschland.

M1 ***Steinkohleförderung (in Mio. Tonnen)***

Jahr	Großbritannien	Deutschland
1830	22,8	1,8
1840	34,2	3,2
1850	50,2	5,1
1860	81,3	12,3
1870	112,2	26,4
1880	149,3	47,0
1890	184,5	70,2
1900	228,8	109,3
1910	268,7	152,8

M2 ***Roheisenproduktion (in 1000 Tonnen)***

Jahr	Großbritannien	Deutschland
1830	0,688	0,110
1840	1,419	0,190
1850	2,285	0,210
1860	3,888	0,529
1870	6,059	1,261
1880	7,873	2,468
1890	8,031	4,100
1900	9,194	7,550
1910	10,173	13,111

M3 ***Streckennetz der Eisenbahn (in km)***

Jahr	Großbritannien	Deutschland
1830	152	–
1840	2 308	549
1850	10 653	6 044
1860	16 768	11 633
1870	24 999	19 575
1880	28 854	33 711
1890	32 297	42 869
1900	35 165	51 678

M4 ***Verbrauch an Rohbaumwolle (in 1000 Tonnen)***

Jahr	Großbritannien	Deutschland
1839	173	9
1849	286	16
1859	443	48
1869	426	67
1879	522	123
1889	709	225
1899	799	295
1909	827	448

__M1, M2__ und __M4__ aus: Brian R. Mitchell, European Historical Statistics 1750–1910, London: McMillian 1975, S. 360, 392, 428.
__M3__ aus: Fritz Voigt, Verkehr, Bd. 2, Berlin 1965.

TIPP

- Machen Sie sich klar, was der Operator von Ihnen verlangt: **vergleichen,** d. h. nach vorgegebenen oder selbstgewählten Gesichtspunkten problembezogen Gemeinsamkeiten, Ähnlichkeiten und Unterschiede ermitteln und darstellen. In diesem Fall sind die Kriterien durch die Auswahl der Statistiken vorgegeben.
- Orientieren Sie sich bei der Auswertung der Tabellen an der Schrittfolge, die auf der Methodenseite „Statistiken auswerten" (S. 25) angegeben ist.

AUFGABE 4

Informieren Sie sich über Friedrich Engels. Stellen Sie die von Engels genannten Missstände zusammen und ordnen Sie diese nach selbst gewählten Kriterien.

Friedrich Engels: Über die Lebens- und Wohnverhältnisse der Arbeiter in Manchester

„Oft ist eine ganze irische Familie in einem Bett zusammengedrängt; oft verbirgt ein Haufen schmutziges Stroh und Decken von altem Sackleinen alle in einem ununterscheidbaren Haufen, wo jeder durch Mangel, Stumpfsinn und Liederlichkeit gleich erniedrigt ist. Oft fanden die Inspektoren in einem Hause mit zwei Zimmern zwei Familien; in dem einen Zimmer schliefen sie alle, das andere war gemeinsames Esszimmer und Küche; und oft wohnte mehr als eine Familie in einem einstubigen feuchten Keller, in dessen pestilenzialischer Atmosphäre zwölf bis sechzehn Menschen zusammengedrängt waren; zu diesen und anderen Quellen von Krankheiten kamen noch, dass Schweine darin gehalten wurden und andere Ekelhaftigkeiten der empörendsten Art sich vorfanden." Wir müssen hinzufügen, dass viele Familien, die selbst nur ein Zimmer haben, darin Kostgänger und Schlafgenossen für eine Entschädigung aufnehmen, dass solche Kostgänger von beiden Geschlechtern nicht selten sogar mit dem Ehepaar in einem und demselben Bette schlafen und dass z. B. der eine Fall, dass ein Mann, seine Frau und seine erwachsene Schwiegerin in einem Bette schliefen, nach dem „Bericht über den Gesundheitszustand der Arbeiterklasse", in Manchester sechs- oder mehrmal vorgefunden wurde. Die gemeinen Logierhäuser sind auch hier sehr zahlreich; Dr. Kay gibt ihre Zahl 1831 auf 267 im eigentlichen Manchester an, und seitdem muss sie sich sehr vermehrt haben. Diese nehmen jedes zwischen zwanzig und dreißig Gäste auf und beherbergen also zusammen jede Nacht zwischen fünf- und siebentausend Menschen; der Charakter der Häuser und ihrer Kunden ist derselbe wie in den andern Städten. Fünf bis sieben Betten liegen in jedem Zimmer ohne Bettstellen auf der Erde, und darauf werden so viel Menschen gelegt, wie sich finden, und alles durcheinander. Welche physische und moralische Atmosphäre in diesen Höhlen des Lasters herrscht, brauche ich wohl nicht zu sagen. Jedes dieser Häuser ist ein Fokus des Verbrechens und der Schauplatz von Handlungen, die die Menschlichkeit empören [...].

Friedrich Engels zitiert zunächst aus dem Bericht einer amtlichen Kommission, die die Wohnverhältnisse in den Arbeiterbezirken von Manchester untersucht hat, 1845.

TIPP

- Machen Sie sich klar, was der Operator von Ihnen verlangt: **zusammenstellen,** d. h. zielgerichtet Informationen zusammentragen, ohne diese zu kommentieren.
- Wie findet man Kriterien? Listen Sie zunächst die genannten Missstände auf. Fassen Sie dann die zusammengehörigen oder ähnlichen Begriffe in Gruppen zusammen. Suchen sie für die so entstehenden Begriffsgruppen Oberbegriffe.

AUFGABE 5

Beurteilen Sie das Konzept des Wirtschaftsliberalismus von Adam Smith vor dem Hintergrund der Lebens- und Arbeitsbedingungen der Fabrikarbeiter im 19. Jh.

TIPP

Machen Sie sich klar, was der Operator von Ihnen verlangt: **beurteilen,** d. h. Aussagen, Behauptungen, Vorschläge oder Maßnahmen im Zusammenhang auf ihre Stichhaltigkeit und Angemessenheit prüfen und dabei die angewandten Kriterien nennen.

AUFGABE 6

Interpretieren Sie die Karikatur.

Hinweise:

Auf den Gewichten steht: „Pensionskasse" und „Arbeiterwohnungen"

Die Bildunterschrift lautet:

Der Kapitalist: „So! Der läuft mir nicht mehr davon!"

Aus: A. Staehle, „Kapitalistische Wohlthaten"; aus: Der wahre Jakob, 1905.

TIPP

- Machen Sie sich klar, was der Operator von Ihnen verlangt: **interpretieren,** d. h. Sinnzusammenhänge aus Quellen erschließen und eine begründete Stellungnahme abgeben, die auf einer Analyse, Erläuterung und Bewertung beruht.
- Orientieren Sie sich bei Ihrer Bearbeitung an der Schrittfolge, die auf der Methodenseite „Eine Karikatur interpretieren" (S. 15) angegeben ist.

INDUSTRIALISIERUNG

Grundlegung einer modernen Gesellschaft

Politische Ordnungssysteme im 19. Jahrhundert

Leitfragen

- Welche Bedeutung hatten die Französische Revolution und die Befreiungskriege für die deutsche Nationalbewegung?
- Welche politischen Lager bildeten sich Mitte des 19. Jahrhunderts heraus?
- Welche Auswirkungen hatte die gescheiterte Revolution 1848/49 für die deutsche Geschichte?
- Wie prägte der Gründungsprozess des Deutschen Reiches dessen politische und gesellschaftliche Wirklichkeit?

Wichtige Daten

Die Auswirkungen der Französischen Revolution

1807–1815	Preußische Reformen
1813–1815	Befreiungskriege gegen die napoleonische Fremdherrschaft
1814/15	Wiener Kongress
1815	Heilige Allianz und Gründung des Deutschen Bundes

Vormärz und Revolution von 1848/49

1819	Karlsbader Beschlüsse
1832	Hambacher Fest
1848/49	Revolution in Deutschland: Kampf um Einheit und Verfassung

Das Deutsche Kaiserreich

1866	Sieg Preußens über Österreich; Ende des Deutschen Bundes
1867	Gründung des Norddeutschen Bundes
1870/71	Deutsch-Französischer Krieg und Gründung des Deutschen Kaiserreiches

Wichtige Begriffe

Antisemitismus *[von „Semiten“, Nachkommen von Noahs Sohn Sem]* Ablehnung oder Bekämpfung des Judentums aus rassischen, religiösen oder sozialen Gründen.

Burschenschaften Deutsche Studentenverbindungen, nach den Befreiungskriegen entstanden, setzen sich für einen deutschen Einheitsstaat und eine demokratische Verfassung ein; 1819 verboten.

Demokraten Verfolgten ähnliche Ziele wie die → Liberalen, aber radikaler: Allein der Wille des Volkes soll die Politik bestimmen durch Volksentscheide oder Abgeordnete. Anhänger: Kleinbürger, Handwerker, Arbeiter, Dienstboten.

Heilige Allianz Bündnis von 1815 zwischen Preußen, Österreich und Russland zur Erhaltung der alten Ordnung in Europa und zur Abwehr liberaler und nationaler Bestrebungen. Außer dem englischen Königshaus und dem Papst traten alle christlichen Monarchen bei. Grundsätze: → Restauration, → Legitimität, → Solidarität.

Legitimität Herleitung aller Herrschaftsansprüche aus dynastischen Rechten und dem Gottesgnadentum → Heilige Allianz.

Liberale Verfechter des politischen Liberalismus, forderten in der ersten Hälfte des 19. Jh. Glaubens- und Meinungsfreiheit, Menschenrechte, allgemeines Wahlrecht, eine Verfassung.

Mehrheitswahlrecht Ein Abgeordneter muss in seinem Wahlkreis die relative oder absolute Mehrheit der Stimmen erringen (notfalls durch eine Stichwahl). Nachteil: Stimmen, die für andere Kandidaten abgegeben wurden, zählen nicht. Alternative: → Verhältniswahlrecht.

Nation Große Gruppe von Menschen, die sich durch Abstammung, Wohngebiet, Sprache, Religion, Kultur verbunden fühlen und in einem gemeinsamen Staat leben wollen.

Nationalismus/Chauvinismus Radikale Form des Nationalbewusstseins, die von der Höherwertigkeit der eigenen → Nation ausgeht und andere herabsetzt.

Nationalstaat Staat, in dem überwiegend Angehörige einer Nation leben.
Gegenteil: Vielvölkerstaat.

Restauration Wiederherstellung der vorrevolutionären politischen und gesellschaftlichen Ordnung → Heilige Allianz.

Solidarität Zusammenarbeit der europäischen Fürsten gegen revolutionäre Umtriebe → Heilige Allianz.

Vormärz Zeit zwischen dem Ende des Wiener Kongresses und der Märzrevolution 1848/49.

Wichtige Personen

Klemens Fürst v. Metternich (1773–1859) Österreichischer Staatskanzler, Präsident des Wiener Kongresses, Leitfigur der Restauration in Europa. M. wurde durch die Wiener Märzrevolution 1848 gestürzt.

Friedrich Wilhelm IV. (1795–1861) König von Preußen, verfolgte eine konservativ-reaktionäre Politik gegen demokratische Strömungen, lehnte die von der Frankfurter Nationalversammlung 1849 angebotene Kaiserkrone ab.

Wilhelm I. (1797–1888) König von Preußen (ab 1861), 1871 in Versailles zum Deutschen Kaiser proklamiert.

Heinrich von Gagern (1799–1880) Politiker der gemäßigt-liberalen Mitte, Mitbegründer der Burschenschaften und Präsident der Frankfurter Nationalversammlung, trat für die kleindeutsche Lösung ein.

Robert Blum (1807–1848) Deutscher Politiker, Vizepräsident des Frankfurter Vorparlaments. Führer der radikalliberalen Fraktion für Volkssouveränität, unterstützte die Revolutionäre in Wien und wurde ohne Rücksicht auf seine Immunität als Abgeordneter in Wien hingerichtet.

Friedrich Hecker (1811–1881) Deutscher Revolutionär, radikaler Demokrat und Republikaner, organisierte zusammen mit Gustav von Struve den bewaffneten Aufstand in Baden, der scheiterte. Hecker und Struve emigrierten in die USA.

Otto von Bismarck (1815–1898) Konservativer Abgeordneter im Preußischen Landtag, Kämpfer gegen die Revolution von 1848. Ab 1862 preußischer Ministerpräsident. Mit aggressiver Kriegspolitik und geschickter Diplomatie gründete er das Deutsche Kaiserreich und war bis 1890 dessen Reichskanzler.

Georg Herwegh (1817–1875) Deutscher Lyriker, berühmt durch seine politisch-revolutionären Gedichte, nahm 1848 am badischen Aufstand teil.

Kurzdarstellung

Deutschland zwischen Restauration und Revolution

Preußische Reformen (1807–1815)

- Nach der vernichtenden Niederlage gegen Napoleon →P leitete Preußen Reformen ein („Revolution von oben"):
  Agrarreform (u. a. Bauernbefreiung), Heeresreform (u. a. allgemeine Wehrpflicht), Verwaltungsreform (u. a. ständische Mitbestimmung), Gewerbereform (u. a. Aufhebung der Zünfte), Steuerreform (u. a. Aufhebung von adligen Steuerprivilegien), Bildungsreform (u. a. allgemeines Bildungssystem aus Volksschule, Gymnasium und Universität), staatsbürgerliche Gleichstellung der Juden.

Wiener Kongress (1814/15)

- territoriale Neuordnung Europas nach dem Zusammenbruch des napoleonischen Empire
- Ziel: Gleichgewicht zwischen den fünf europäischen Führungsmächten Österreich, Preußen, Russland, Großbritannien, Frankreich (Pentarchie)
- Bildung der „Heiligen Allianz" →B mit den Prinzipien „Legitimität" →B, „Restauration" →B, „Solidarität" →B
- Schaffung des Deutschen Bundes auf dem Gebiet des alten Reiches: loser Staatenbund mit den Organen Bundestag (Gesandtenkongress der Mitgliedsstaaten) und Bundesheer; **keine** gemeinsame Volksvertretung
- drei Bundesstaaten in Personalunion mit auswärtigen Herrschern; große Teile Preußens und Österreichs gehörten nicht zum Deutschen Bund; Österreich und Preußen als Führungsmächte, beginnender Dualismus

Vormärz (1815–1848)

- Karlsbader Beschlüsse 1819: Maßnahmenpaket des Deutschen Bunds zur Unterdrückung von liberalen und nationalen Bestrebungen
- Die deutsche Nationalbewegung
  - geht von der Vorstellung einer durch Volk und Sprache bestimmten deutschen Nation →B aus; Verbreitung dieser Idee während der französischen Besatzungszeit und in den Befreiungskriegen gegen Napoleon;
  - strebte einen deutschen Nationalstaat →B an: einen Verfassungsstaat mit bürgerlichen Freiheitsrechten, unabhängiger Justiz und repräsentativer Volksvertretung.
- Hambacher Fest 1832: erste politische Massendemonstration in Deutschland (rund 30 000 Teilnehmer, darunter viele Schriftsteller) für liberale und demokratische Ideen

Die Revolution von 1848/49

Ursachen und Hintergründe der Revolution →B

- Friedrich Wilhelm IV. →P verweigert Verfassung, hartes Vorgehen gegen Regimekritiker
- soziale Krise, Massenarmut und Hungersnöte infolge schwerer Missernten Mitte der 1840er-Jahre; Arbeiterrevolten, z. B. Aufstand der schlesischen Weber 1844
- 1847 Beginn einer Wirtschaftskrise mit Bankenzusammenbrüchen und Firmenbankrotten
- Revolution in Paris im Februar 1848, Absetzung des Königs und Verkündigung der Republik

Schauplätze und Forderungen

- Volksaufstand in Wien: Sturz der Regierung Metternich →B, Kaiser stimmt Verfassung zu.
- Barrikadenkämpfe in Berlin: Friedrich Wilhelm IV. verspricht eine Verfassung, beruft eine preußische Nationalversammlung →B ein und bekennt sich zur deutschen Einheit.
- Aufstände in Europa, z. B. Budapest, Mailand, Venedig und in vielen deutschen Staaten

- Gemeinsame deutsche Forderungen: u. a. Verfassung und Volksvertretung für Deutschland und die Einzelstaaten, Verantwortlichkeit der Regierung gegenüber dem Parlament; Pressefreiheit, Versammlungsfreiheit; Bürgerwehr und Volksbewaffnung, Einrichtung von Schwurgerichten; Abschaffung von Feudalrechten auf dem Land

Nationalversammlung in der Frankfurter Paulskirche 1848/49
- Wahl der Nationalversammlung → B nach allgemeinem, gleichen Wahlrecht (ohne Frauen)
- Ca. 600 Abgeordnete, viele Akademiker, wenige Handwerker und Bauern, keine Arbeiter
- Drei Probleme hatte die Nationalversammlung zu lösen:
  1. Konstitutionelle Frage (Verfassung); Ergebnis: konstitutionelle Monarchie mit Volksparlament und Grundrechten; Gleichgewicht zwischen Reichstag und Erbkaisertum
  2. Bundesstaatliche Frage (Verhältnis Territorien/Gesamtstaat); Ergebnis: Teilstaaten werden geschwächt; Außenpolitik, Heer, Gesetzgebung liegen bei der Zentralgewalt.
- Nationale Frage (Staatsgrenzen); Ergebnis: kleindeutsche Lösung ohne Österreich; Abgeordnete wählen Preußenkönig Friedrich Wilhelm IV. zum Deutschen Kaiser.

Sieg der Kräfte der Restauration → B
- Friedrich Wilhelm IV. → B lehnt die Kaiserkrone aus den Händen der Revolutionäre ab.
- Österreichische und preußische Truppen schlagen die Revolution nieder.
- Ursachen für das Scheitern der Revolution: Fehlen von Machtmitteln (Truppen) auf Seiten der Revolutionäre; Uneinigkeit der bürgerlichen Revolutionäre; Furcht des Bürgertums vor sozialistischer Revolution; fehlende Unterstützung in der Masse der Bevölkerung

Das Deutsche Kaiserreich

Der Weg zur Reichsgründung

Reichskanzler Bismarck → B strebt die deutsche Einigung unter preußischer Führung an:
- Preußisch-Österreichischer Krieg 1866: Sieg Preußens und der norddeutschen Staaten über Österreich und die süddeutschen Staaten; Ende des Deutschen Bundes
- Gründung des Norddeutschen Bunds unter preußischer Führung 1866
- Deutsch-Französischer Krieg 1870/71: Bismarck zwingt Frankreich, die deutsche Einigung zu akzeptieren.
- Gründung des Deutschen Kaiserreichs (zum 1. Januar 1871) unter Kaiser Wilhelm I. → B

Reichsverfassung

- Staatsform: konstitutionelle Monarchie in Form eines Bundesstaates
- Vorrang Preußens: Hegemonie (Vetomöglichkeit) im Bundesrat; preußischer König wird Deutscher Kaiser, preußischer Ministerpräsident wird Reichskanzler
- Monarchisches Prinzip: Oberbefehl über Streitkräfte; Ernennung/Entlassung des Reichskanzlers; Einberufung/Auflösung des Reichstags; völkerrechtliche Vertretung nach außen
- Demokratische Elemente: allgemeines, gleiches, direktes und geheimes Wahlrecht; Gesetzes- und Etatkompetenz des Reichstags; politisches Wirken der Parteien
- Interessen der deutschen Teilstaaten: eigene Fürsten und Regierungen; innere Autonomie bei Finanzen, Justiz, Verwaltung, Kultur; Mitwirkung an Gesetzgebung im Bundesrat

Innenpolitik

- Kulturkampf (1871–1879) gegen den gesellschaftlichen und politischen Einfluss der katholischen Kirche: Einführung der staatlichen Schulaufsicht, Standesämter, Zivilehe
- Sozialistengesetze (1878–1890) gegen die Sozialdemokratie wegen ihres marxistischen Programms; Verbot aller sozialdemokratischen Organisationen, Verfolgung der Mitglieder
- Staatliche Sozialgesetzgebung (ab 1883), um die Arbeiter für den Staat zu gewinnen: Kranken-, Unfall-, Alters- und Invalidenversicherung

Erschließen einer historischen Quelle

Historische Reden untersuchen

Historische Reden gehören zu den meinungsbildenden Quellen. Ein Redner möchte seine Zuhörer von seinem Standpunkt überzeugen. Dazu setzt er nicht nur inhaltliche, sondern auch sprachliche Mittel und die Form des Vortrags ein. Oft liegt nur der schriftliche Text zur Auswertung vor. Dabei ist auch auf die sprachlichen Mittel zu achten, um die Absichten des Redners zu erkennen.

1 Formale Merkmale klären

- Wer ist der Autor/die Autorin der Rede?
- Wann und wo wurde die Rede gehalten?
- Wer sind die Adressaten der Rede?
- Was ist das Thema der Rede?

2 Inhalt untersuchen

- Wie ist die Rede gegliedert?
- Welches sind die zentralen Aussagen?
- Welche Argumente werden genannt?
- Welche Schlüsselbegriffe werden verwendet?

3 Sprachliche Mittel untersuchen

- Welche besonderen sprachlichen Mittel werden verwendet? (z. B. Metaphern, Wiederholungen, rhetorische Fragen, Appelle)
- Welche Wirkung wird mit der Sprache erreicht?
- Welche Assoziationen oder Gefühle werden erzeugt?

4 Absicht des Redners erschließen

- Welche Absicht verfolgt der Redner?

5 Rede bewerten

- Wie ist die Rede zu bewerten?
- Wie ist die Rede in die historische Situation einzuordnen?

MATERIAL

Philipp Jakob Siebenpfeiffer: Verteidigungsrede vor Gericht, 1834

Was mich betrifft, ich bin Republikaner von ganzer Seele; nicht bloß der Theorie nach, sondern ich halte die Repräsentativ-Republik für die einzige Staatsform, die einem größeren Volk, das seine Würde fühlt, geziemt, für die alleinige, die heute möglich. Sie allein kann freies Denken, freies Handeln geben, somit den Zweck der Völkerbewegung erfüllen. [...] Die konstitutionelle Monarchie, welche Republik und Fürstlichkeit vereinen soll, ist mir praktisch ein Unding. Nur ein Wille kann Staaten regieren; jene stellt aber einen zweifachen auf: den Willen des Monarchen und den Willen des Volkes. So entsteht ein Doppelprinzip, das sich selbst feindselig bekämpft. Alle Gewalt strebt, wie man weiß, naturgemäß nach ihrer Erhaltung, Befestigung, Erweiterung: Ist die Regierung stark, so wird sie absolut, die Mitwirkung des Volkes wird ein Gaukelspiel sein; ist der Volksrat stark, so geht die Monarchie in der Republik unter. [...] Ich will, dass die Gesamtheit herrsche, d. h. Geist und Gang der Regierung regle. Wo eine herrschende Klasse, da ist auch eine dienende. Der herrschende Gesamtwillen, der freie Ausdruck aller Volksinteressen – dies ist meine Republik. So viel über Ziel und Inhalt meiner Bestrebungen. Nun über Art und Weise, wie ich es zu erreichen gesucht. [...] Zwar lassen sich diese Ansichten in zwei Hauptmeinungen zusammenfassen, wovon die eine die soziale Umgestaltung langsam, auf dem Weg allmählicher Reformen, die andere wesentlich auf einmal will. Inzwischen muss ich in Beziehung auf die letzte Partei sogleich die Beschränkung beifügen, dass dieselbe wohl zufrieden wäre, hätte man nur erst die Möglichkeit allmählicher Reformen errungen und sichergestellt. Ich selbst gehöre zu dieser Partei.

Kein Volk wünscht jemals Umsturz, Anarchie. Dass in jedem Volk ein Haufe von Leuten besteht, die sich in solchem Elemente wohlbefänden, ist wahr; Mangel an Aufklärung und Überfluss an Elend sind schuld: Die Staatsordnung, wogegen solcher Pöbel sich erhebt, hat ihn erzeugt; je zahlreicher und wilder er ist, desto verdammlicher erscheint die Ordnung der Dinge, die ihn erschaffen. Doch hütet euch, das sogenannte niedere Volk zu verdächtigen, ihr, die ihr den Pöbel nicht da sucht, wo er allein zu finden – in eueren Reihen, Pöbel in Glanz und Würden, in Palästen und im Überfluss!

Philipp Jakob Siebenpfeiffer, Verteidigungsrede vor Gericht, 1834 (Auszug). Zitiert nach: Hartwig Brandt (Hg.), Restauration und Frühliberalismus 1814–1840, Darmstadt: WBG 1979.

Hinweise: *Dr. Philipp Jakob Siebenpfeiffer (1789–1845) war Publizist und Politiker, gehörte zu den Initiatoren des Hambacher Festes 1832. Nach dem Hambacher Fest wurde er verhaftet und zusammen mit anderen Akteuren vor ein Geschworenengericht gestellt, das die Angeklagten freisprach. Siebenpfeiffer wurde dennoch zu zwei Jahren Haft wegen Beamtenbeleidigung verurteilt. Er starb 1845 an einer Krankheit im Schweizer Exil.*

1 Formale Merkmale klären

- Autor: Dr. Philipp Jakob Siebenpfeiffer
- Verteidigungsrede vor Gericht 1834, nach Verhaftung als Akteur des Hambacher Festes
- Adressaten: die Geschworenen, der Richter, die Öffentlichkeit
- Thema: Verteidigung und Erläuterung seiner politischen Überzeugungen

2 Inhalt untersuchen

1. Ziele und Inhalt von Siebenpfeiffers Bestrebungen:

- „Republikaner von ganzer Seele“, d. h. radikaler Demokrat
- Republik mit Volksvertretung als einzig mögliche Staatsform, die freies Denken und freies Handeln garantiere („Repräsentativ-Republik“)
- Konstitutionelle Monarchie: „ein Unding“, da nur ein Wille den Staat regieren könne: der Monarch oder das Volk.
- Die Gesamtheit des Volkes soll herrschen. Der Unterschied zwischen herrschender und dienender Klasse soll aufgehoben werden.

2. Art und Weise, wie er seine Ziele erreichen wollte:

- Zwei mögliche Wege: 1. langsame soziale Umgestaltung durch Reformen, 2. schnelle Umgestaltung (durch Revolution)
- Er wäre mit langsamer Umgestaltung zufrieden, da sie jedoch nicht in Sicht ist, ist er für Revolution, ohne das Wort zu benutzen.
- Nicht das Volk ist schuld an Anarchie und Chaos, sondern die Herrschenden und ihre staatliche Ordnung, durch die das Volk in Unwissenheit und Elend gehalten wird („Pöbel in Glanz und Würden, in Palästen und im Überfluss“).

3 Sprachliche Mittel untersuchen

- Übt selbst die freie Rede und Offenheit, für die er eintritt, legt ein Bekenntnis ab: „Republikaner von ganzer Seele“, „ich selbst gehöre zu dieser Partei“.
- Scharfsinnige, logische Argumentation: konstitutionelle Monarchie als Widerspruch in sich
- Begriffe der Aufklärung: freies Denken, freies Handeln, Republik, Herrschaft der Gesamtheit des Volkes (Rousseau); Begriffe des Marxismus: herrschende und dienende Klasse
- Vermeidet das Wort „Revolution“ bei der Beschreibung seines Weges, umschreibt es.
- Kehrt gängige Ansichten um: bezieht das abfällige Wort „Pöbel“ auf die Herrschenden.
- Warnt die Herrschenden: „Hütet euch, das sogenannte niedere Volk zu verdächtigen ...“

4 Absicht des Redners erschließen

- Siebenpfeiffer will eine rasche, notfalls revolutionäre Umgestaltung der gesellschaftlichen und politischen Verhältnisse. Er verachtet die Herrschenden und verteidigt das Volk.
- Trotz seiner schwierigen Lage als Angeklagter bekennt er sich zu seinen politischen Überzeugungen und versucht, die Zuhörer auf seine Seite zu ziehen.

5 Rede bewerten

- Um einen Freispruch zu erreichen, durfte Siebenpfeiffer sich vor Gericht nicht als Revolutionär darstellen. Daher vermeidet er in seinen Ausführungen das Wort „Revolution“.
- Gleichzeitig bekennt er sich zu seinen politischen Zielen und wendet seine Rolle von der eines Angeklagten zu der eines Anklägers der Herrschenden und eines Verteidigers des Volkes.

AUFGABE 1

Fassen Sie zusammen, wie Volk und König im Gedicht charakterisiert werden, und ordnen Sie das Gedicht politisch ein.

Ferdinand Freiligrath: Neues Revolutionslied, dem deutschen Volke gewidmet
(geschrieben in London am 25. 3. 1848):

Zum Völkerfest, auf das wir ziehn,
Zu dem die Freiheit ladet,
Wie wandelst herrlich du, Berlin!
Berlin, in Blut gebadet!
Du wandelst rußig und bestaubt
Einher in deinen Wunden!
Du wandelst hin, das bleiche Haupt
Mit Bannertuch verbunden!
Mit Tuch, von dem du jene Nacht
Geheiligt jeden Faden!
O, erste deutsche Fahnenwacht
Auf deutschen Barrikaden!
Du rissest es aus langer Schmach
Empor zu neuer Schöne!
In einer Nacht, auf einen Schlag
Rein wuschen's deine Söhne!
So helfe dir nun Gott, Tyrann!
Erstochen und erschossen!
Und abwärts durch die Straßen rann
Ihr Blut in allen Gossen!
Arbeiterblut, Studentenblut –
Wir knirschen mit den Zähnen,
Und in die Augen treibt die Wut
Uns seltne Männertränen!
[…]
Drum sollen eure Leichen nicht
Den Strom der Freiheit stauen;
Den Strom, der seine Fesseln bricht
In diesem Märzestauen!
Drum sollen sie die Stufen sein,
Die Stufen grün von Zweigen,
Auf denen wir zum Dach hinein
Der freien Zukunft steigen!
Was Manifest noch, was Bescheid!
Was Bitten noch und Geben!
Was Amnestie und Pressfreiheit –
Tod gilt es oder Leben!
Wir rücken an in kalter Ruh',
Wir beißen die Patrone,
Wir sagen kurz: Wir oder du!
Volk heißt es oder Krone!
Dass Deutschland stark und einig sei,
Das ist auch unser Dürsten!
Doch einig wird es nur, wenn frei,
Und frei nur ohne Fürsten!
O Volk, ein einz'ger Tag verstrich –
Und schon von Vivats heiser?
Erst gestern ließ Er schlachten dich –
Und heute deutscher Kaiser?!
Schmach! mit dem Blute wild verspritzt
Bei jenem freud'gen Sterben,
Mit dem jetzt möcht' Er sich verschmitzt
Den Kaiserpurpur färben!
Allein, dass das unmöglich sei,
Dafür noch stehn wir Wache,
Dafür bleibt unser Feldgeschrei:
Hie [= Hoch] Republik und Rache!
[…]

Hinweis: *Ferdinand Freiligrath (1810–1874), freier Schriftsteller, emigrierte 1845 wegen seiner politisch radikalen Gedichte in die Schweiz. 1848 kehrte er nach Deutschland zurück, wurde verhaftet und freigesprochen.*

TIPP

- Beachten Sie, dass zwei Teilaufgaben gestellt sind: zusammenfassen und einordnen.
- Machen Sie sich klar, was die Operatoren von Ihnen verlangen:
  - **zusammenfassen,** d. h. Sachverhalte, Probleme, Aussagen benennen, wiedergeben;
  - **einordnen,** d. h. einen Sachverhalt in den historischen Zusammenhang stellen. Das bedeutet z. B. Hintergründe, Motive oder Ursachen, Wirkungen und Folgen aufzeigen.
- Zur Analyse eines politischen Liedes gehen Sie vor wie bei anderen Textquellen:
  - Klären Sie zuerst die Formalia: Autor, Entstehungszeit, Entstehungsort, Thema.
  - Gliedern Sie den Text, markieren Sie zentrale Aussagen und Schlüsselbegriffe.
  - Untersuchen Sie die sprachlichen Mittel, wie unterstützen sie die Aussage?

POLITISCHE ORDNUNGSSYSTEME IM 19. JAHRHUNDERT

AUFGABE 2

Setzen Sie sich mit beiden Positionen und ihrer jeweiligen Begründung auseinander.

Wolfgang Schieder und Thomas Nipperdey (deutsche Historiker): Über die Gründe für das Scheitern der Revolution von 1848/49

Wolfgang Schieder: Die Revolution ist gescheitert am Widerstand der alten Dynastien, der königstreuen Offiziere und Beamten, die ihre soziale Basis im Adel hatten. Sie ist auch gescheitert an der Lethargie der bäuerlichen Massen, die 1848 in Deutschland immer noch bei Weitem den Hauptanteil der Bevölkerung stellten. Der alte Obrigkeitsstaat wurde durch die Revolution zwar schwer erschüttert, aber nicht in seinem Kern getroffen. Er konnte sich nach der Revolution daher erneut durchsetzen. Die Revolution ist aber auch gescheitert an der inneren Schwäche der revolutionären Bewegung; das deutsche Bürgertum war in sich nicht geschlossen. Daher war es von vornherein nicht zu einheitlichem Handeln fähig, als es von der Revolution überrascht wurde. Erst recht nicht war es dazu in der Lage, mit anderen, übrigens ebenso wenig homogenen sozialen Klassen gegen den vom Adel beherrschten Obrigkeitsstaat zu kooperieren. Für ein im historischen Rückblick auch noch so wünschenswertes Bündnis von Bürgertum und Volksmassen bestand 1848 keine reale Chance. Bürgerliche Liberale und Demokraten gingen in der Revolution auseinander und kämpften jeweils mit einer eigenen Strategie gegen die etablierten Mächte. Weder der liberale Weg der Vereinbarung noch der demokratische der Konfrontation führten zum Ziel. Am Ende waren sowohl Liberale wie Demokraten geschlagen. Siegreich war allein die konservative Gegenrevolution.

Thomas Nipperdey: Die Revolution ist nicht am Zwiespalt zwischen Linken und Mitte gescheitert. Der Zwiespalt hat, gewiss, die Gegenrevolution begünstigt, die Polarisierung hat die Revolution, die vom Verrinnen der Zeit bedroht war, geschwächt; aber er war nicht die wesentliche Ursache für ihr Scheitern. Auch ein gemeinsames Vorgehen, eine revolutionäre „Volksfrontpolitik" hätte [...] keine besseren Chancen gehabt, weder ein gemäßigteres noch ein geschlosseneres Auftreten der Gesamtrevolution. Gewiss, es gab zu viel und zu wenig Revolution; zu wenig, um die alten Gewalten ganz zurückzudrängen – aber das wollten die Bürger in ihrer Mehrheit nicht und das hatte wenig Chancen –, und zu viel, weil die radikalen Demokraten die gemeinsame Front zerstörten und die Mitte im Effekt nach rechts drängten, die Revolution diskreditierten [...]. Darum ist die Schuldzuweisung zwischen Republikanern und Liberalen im Grunde irrelevant. Ihr Gegensatz war legitim, unvermeidlich, tragisch. [...] Das Scheitern eines politischen Handelns, und einer Revolution also, muss nicht die Schuld der Scheiternden sein, nicht ihrer – vermeidbaren – Fehler, nicht ihrer unvermeidbaren Grundeinstellungen; die Besiegten sind nicht immer schuld an ihrer Niederlage. Die eigentliche Ursache des Scheiterns ist, dass die Widerstände zu vielfältig und zu groß waren [...] und zu gegensätzliche und sich überkreuzende Probleme anstanden. [...] Wenn man unter den einzelnen Ursachen für das Scheitern in Deutschland gewichten will, so muss man meiner Meinung nach sagen, dass es das großdeutsch-kleindeutsche Problem und das Problem des österreichischen Nationalitätenstaates und seiner Konflikte waren, die am meisten zählten. Sie haben schon eine schnelle Entscheidung im Sommer unmöglich gemacht, haben die ersten großen Siege der Gegenrevolution in Österreich ermöglicht, haben die Einheit der Revolution seit dem Herbst so erschüttert, dass ein gemeinsames Handeln nicht mehr möglich war, haben die Entscheidung dann auf Preußen zugespitzt. Sie letzten Endes haben die Revolution in den Wettlauf mit der Zeit gebracht, den sie nicht gewinnen konnte.

Wolfgang Schieder, Über die Gründe für das Scheitern der Revolution von 1848/49. Aus: Carola Stern/Heinrich August Winkler (Hg.), Wendepunkte deutscher Geschichte, Frankfurt: Fischer TB 1979; Thomas Nipperdey, Deutsche Geschichte 1800–1866. Verlag C. H. Beck, München 1983, ISBN: 3406-09354-X

TIPP

- Machen Sie sich klar, was der Operator von Ihnen verlangt: **sich auseinandersetzen,** d. h. zu einer Problemstellung oder These eine Argumentation entwickeln, die zu einer begründeten Bewertung führt.
- Orientieren Sie sich an der Schrittfolge, die auf der Methodenseite „Historische Darstellungen auswerten“ (S. 88) angegeben ist.

AUFGABE 3

1. Erläutern Sie mithilfe des Texts die Kritik Jacobys an der Gründung des Norddeutschen Bunds.

Johann Jacoby: Rede im preußischen Abgeordnetenhaus im August 1866

Auch ich, meine Herren, anerkenne in vollem Maße die heldenmütige Tapferkeit des Heeres, wie die Großartigkeit der kriegerischen Erfolge. Allein in den freudigen Siegesruf [...] der Regierungspartei vermag ich nicht einzustimmen. Die Volkspartei hat – nach meiner Ansicht – weder ein Recht dazu noch auch einen triftigen Grund – (Lebhafter Widerspruch.) kein Recht, denn der Krieg ist ohne, ja gegen den Willen des Volkes unternommen, – (Widerspruch.) keinen triftigen Grund, denn nicht der Volkspartei, nicht der Freiheit kommt der errungene Sieg zugut, sondern dem unumschränkten Herrschertum, der Machtvollkommenheit des obersten Kriegsherrn. (Große Unruhe und Murren.) Meine Herren! Seit einem Vierteljahrhundert kämpfe ich für den Rechts- und Verfassungsstaat, für bürgerliche und staatliche Freiheit. Sie werden es mir schon zugutehalten, wenn ich auch heute mich nicht dazu verstehen kann, an die Ereignisse der Gegenwart einen anderen Maßstab anzulegen als den altgewohnten der Freiheit. Tue ich dies aber, so muss ich meine innige, aufrichtige Überzeugung dahin aussprechen, dass der eben beendete Krieg, gegen Deutsche geführt, [...] trotz aller Siege des tapferen Heeres – dem preußischen Volk weder zur Ehre (Lebhaftes anhaltendes Murren.), noch dem gesamten deutschen Vaterland zum Heile gereicht. (Erneuter Widerspruch.) [...] Meine Herren! Täuschen wir uns doch nicht über die politische Bedeutsamkeit kriegerischer Erfolge. Mögen immerhin andere Völker Europas auf dem Wege der Gewalt, durch eine Art Blut- und Eisenpolitik zu ihrer staatlichen Einheit gelangt sein, das deutsche Volk, eine tausendjährige Geschichte bezeugt es, hat von jeher allen solchen Einigungsversuchen erfolgreich Widerstand geleistet. Zwangseinheit, Einheit ohne Freiheit, ist eine Sklaveneinheit, die weder Wert hat noch Bestand, am allerwenigsten aber kann man sie [...] als eine Vorstufe zur Freiheit betrachten. Der Herr Ministerpräsident selbst hat Ihrer Kommission erklärt, vor allem komme es darauf an, „die Hausmacht Preußens zu stärken“. Dem spezifisch-preußischen Sonderinteresse mag dies vielleicht entsprechen, vom deutschen Standpunkte, d. i. vom Standpunkte der Freiheit aus, kann ich die Stärkung preußischer Hausmacht durch Zwangserwerb deutschen Ländergebiets, die Ausbreitung des Militärstaats Preußen über ganz Norddeutschland nicht als ein glückverheißendes Ereignis begrüßen.

Hinweis: *Johann Jacoby (1805–1877) war ein liberaler Abgeordneter.*

TIPP

- Machen Sie sich klar, was der Operator von Ihnen verlangt: **erläutern,** d. h. einen Sachverhalt oder Zusammenhang darlegen, einer Theorie (einem Modell) zuordnen und mit zusätzlichen Informationen/Beispielen verdeutlichen.
- Orientieren Sie sich bei Ihrer Bearbeitung der Rede an der Schrittfolge, die auf der Methodenseite „Historische Reden untersuchen“ (S. 36) angegeben ist.

AUFGABE 4

Charakterisieren Sie Jacobys politische Grundhaltung.

TIPP

- Machen Sie sich klar, was der Operator von Ihnen verlangt: **charakterisieren,** d. h. historische Sachverhalte in ihren Eigenarten beschreiben und diese dann unter einem bestimmten Gesichtspunkt zusammenfassen.
- Verfassen Sie einen gut strukturierten Text.

AUFGABE 5

Charakterisieren Sie die Verfassung von 1871 aus der Sicht von liberal und konservativ gesinnten Zeitgenossen.

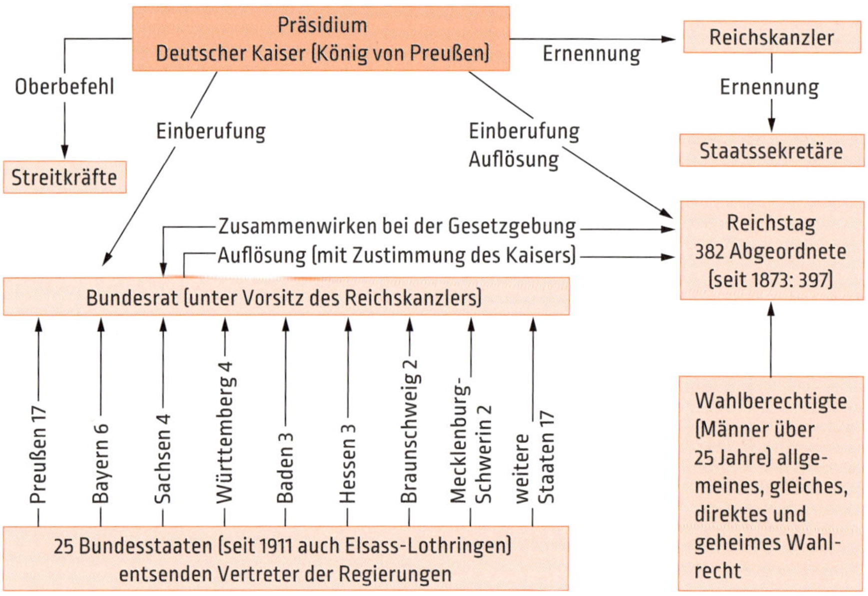

Verfassung des Deutschen Reiches von 1871

TIPP

- Machen Sie sich klar, was der Operator von Ihnen verlangt: **charakterisieren,** d. h. historische Sachverhalte in ihren Eigenarten beschreiben und diese dann unter einem bestimmten Gesichtspunkt zusammenfassen.
- Arbeiten Sie zuerst die liberalen und konservativen Merkmale der Verfassung heraus. Nehmen Sie die Methodenseite „Ein Verfassungsschaubild interpretieren“ (S. 47) zu Hilfe.
- Fassen Sie dann in einem Resümee zusammen, ob ein liberaler und ein konservativer Zeitgenosse mit der Verfassung zufrieden sein konnte.
- Ziehen Sie ein Fazit, in dem Sie die Haltung der Liberalen und Konservativen zum Kaiserreich erklären.

Weimarer Republik

Leitfragen

- Welche demokratischen Errungenschaften besaß die Weimarer Republik?
- Warum wurde die Weimarer Republik eine „Republik ohne Demokraten“ genannt?
- Welche Erfolge hatte die Weimarer Republik?
- Unter welchen Belastungen litt die Weimarer Republik?
- Welchen Anteil hatte die Weltwirtschaftskrise am Scheitern der Weimarer Republik?
- Warum und woran scheiterte die Weimarer Republik?

Wichtige Daten

1918	Novemberrevolution in Deutschland
1919	Unterzeichnung des Versailler Vertrages durch das Deutsche Reich
1920	Kapp-Putsch
1922	Vertrag von Rapallo: Aussöhnung mit Russland
1923	Ruhrbesetzung und Ruhrkampf
1923	Inflation
1923	Hitler-Putsch in München
1925	Verträge von Locarno: Aussöhnung mit Frankreich
1929–1933	Weltwirtschaftskrise
1930–1933	Präsidialkabinette
30.1.1933	Ernennung Hitlers zum Reichskanzler

Wichtige Begriffe

Dolchstoßlegende Nach der deutschen Niederlage im Ersten Weltkrieg behauptete Paul von Hindenburg (ehemals Chef der Obersten Heeresleitung, OHL) fälschlicherweise, die Linken hätten mit der Novemberrevolution das unbesiegbare Heer „von hinten erdolcht“, also die Niederlage verschuldet.

Freikorps Nach Auflösung des kaiserliches Heeres seit Ende 1918 aus Freiwilligen gebildete militärische Formationen, die von der Reichsregierung u. a. zur Niederschlagung linksgerichteter Aufstände eingesetzt wurden. Mit Bildung der Reichswehr wurden sie aufgelöst. Viele ihrer Mitglieder traten später der rechtsradikalen → SA bei.

Goldene Zwanzigerjahre Gesellschaftliche und kulturelle Entwicklung: freiere Lebensweisen, Gleichberechtigung und Berufstätigkeit der Frauen, kulturelle Einflüsse aus den USA (Hollywood, Jazz, Charleston), Verbreitung moderner Kommunikationsmittel (Schallplatte, Film, Rundfunk, Presse). Äußerst produktives Kulturleben.

Inflation Die Geldmenge nimmt schneller zu als die Gütermenge, die Preise steigen, das Geld verliert seinen Wert. Bei der „galoppierenden Inflation“ 1923 war das Geld als Zahlungsmittel nicht mehr brauchbar: Ende November 1923 kostete ein Ei 320 Mrd. Reichsmark.

Notverordnungen Der Reichspräsident konnte aufgrund des Notstandsartikels 48 den Ausnahmezustand ausrufen, Gesetze erlassen, Grundrechte vorübergehend außer Kraft setzen und gegenüber einzelnen Reichsländern mit bewaffneter Macht einschreiten.

Präsidialkabinett Die Kabinette zwischen 1930 und 1933 stützten sich nicht auf das Parlament, sondern auf Vollmachten des Reichspräsidenten. Dieser konnte Gesetze mit Artikel 48 (→ Notverordnungen) in Kraft setzen und den Reichstag mit Art. 25 auflösen.

Rätesystem Form der direkten Demokratie, bei der alle Menschen in ihren jeweiligen Basiseinheiten (Betriebe, Wohn- und Verwaltungseinheiten) Räte als ihre Vertreter wählen, die ihnen direkt verantwortlich und jederzeit abwählbar sind. Es gibt keine Gewaltenteilung. Gegensatz: parlamentarische Demokratie.

„Schwarzer Freitag" Zusammenbruch der New Yorker Börse am 25. Oktober 1929, Beginn der Weltwirtschaftskrise.

Verhältniswahlrecht Jede Partei erhält so viele Parlamentssitze wie ihrem Stimmenanteil entspricht. Vorteil: Jede Stimmen zählt. Nachteil: Stimmenzersplitterung; für Regierungsmehrheiten sind Koalitionen notwendig. Alternative: → Mehrheitswahlrecht.

Wichtige Personen

Paul von Hindenburg (1847–1934) Nahm als Offizier am Deutsch-Französischen Krieg 1870/71 teil und als Generalstabschef und Chef der OHL am Ersten Weltkrieg. Formulierte erstmals die → Dolchstoßlegende. 1925–1934 Reichspräsident, Kultfigur der Konservativen und Monarchisten.

Walther Rathenau (1867–1922) Industrieller und liberaler Politiker, 1915–1920 Präsident der AEG, 1921 Wiederaufbauminister, 1922 Außenminister. Als „Erfüllungspolitiker" beschimpft und als Jude diffamiert und 1922 von Rechtsradikalen ermordet.

Rosa Luxemburg (1870–1919) Studierte Nationalökonomin und bedeutende Theoretikerin des linken Flügels der Sozialdemokratie, gründete 1916 zusammen mit Karl Liebknecht den Spartakusbund. Wurde als Friedensaktivistin verhaftet. Mitbegründerin der KPD. 1919 zusammen mit Liebknecht von Freikorpsmitgliedern ermordet.

Friedrich Ebert (1871–1925) Sattler und Redakteur, sozialdemokratischer Politiker, seit 1912 Mitglied des Reichstags, Reichskanzler 1918–1919 und erster Reichspräsident 1919–1925 der Weimarer Republik.

Gustav Stresemann (1878–1929) Vorsitzender der DVP, August bis November 1923 Reichskanzler und Außenminister, danach bis zu seinem Tod Außenminister, erhielt zusammen mit dem französischen Außenminister Aristide Briand den Friedensnobelpreis für seine Aussöhnungspolitik.

Walter Gropius (1883–1969) Architekt, gründet in Weimar 1919 das „Bauhaus" mit Werkstätten vor Architektur, Kunsthandwerk und Design. Programm: Verbindung von Funktionalität und Schönheit, Verzicht auf überflüssigen Schmuck.

Heinrich Brüning (1885–1970) Studierter Ökonom, Geschäftsführer der Christlichen Gewerkschaften, Mitglied der Zentrumspartei, 1930–1932 Reichskanzler, seine harte Deflationspolitik verschärfte die sozialen und politischen Konflikte.

Bertolt Brecht (1898–1956) Dramatiker und Lyriker, prägte das deutsche Theater mit seiner neuen Theatertheorie und seinen gesellschaftskritischen, revolutionären Stücken, z. B. der „Dreigroschenoper".

Kurzdarstellung

Die Weimarer Republik

Novemberrevolution 1918

- Ursachen: deutsche Niederlage, Ausbleiben innerer Reformen, wirtschaftliche Notlage
- Auslöser und Verlauf: Meuterei von Matrosen der Hochseeflotte in Wilhelmshaven, greift auf das Binnenland über; Bildung von Arbeiter- und Soldatenräten (Rätesystem → B)
- Folgen: (unfreiwillige) Abdankung des Kaisers, Sturz der deutschen Fürsten; Philipp Scheidemann (MSPD) ruft die Deutsche Republik aus; Karl Liebknecht (Spartakusbund) proklamiert die Sozialistische Republik; Bündnis der OHL und der Regierung gegen die sozialistische Revolution (Ebert-Groener-Pakt); Niederschlagung des Spartakusaufstands
- Ergebnis: Wahl einer Nationalversammlung, Ausarbeitung einer Verfassung in Weimar

Ausgangsbedingungen der Weimarer Republik

Die Weimarer Verfassung (siehe Verfassungsschaubild S. 48)
- Staatsform: parlamentarische Republik (erstmals in Deutschland)
- starker Reichspräsident, der mit Notverordnungen (§ 48) → B regieren konnte
- Verhältniswahlrecht → B ohne Sperrklausel
- Reichspräsident: Friedrich Ebert → P; Reichskanzler: Philipp Scheidemann (SPD)

Parteien der Weimarer Republik
- äußerste Linke: KPD, Sowjetunion als Vorbild, Ablehnung der „bürgerlichen" Republik
- gemäßigte Linke: **(M)SPD** (Mehrheits-)Sozialdemokratische Partei), mitgliederstarke Arbeiterpartei, die Republik stützende Partei, starke Basis in Preußen
- gemäßigtes Bürgertum: **DDP** (Deutsche Demokratische Partei), linksliberal; **DVP** (Deutsche Volkspartei), rechtsliberal, wirtschafts- bzw. großbürgerlich; **Zentrum**, Katholiken
- äußerste Rechte: DNVP (Deutschnationale Volkspartei), Partei kaisertreuer und konservativer Gruppen; NSDAP, rassistisch, antisemitisch, antidemokratisch, republikfeindlich

Der Versailler Vertrag 1919

Der nach Zustimmung der Nationalversammlung unterzeichnete Versailler Friedensvertrag wurde von großen Teilen der Bevölkerung als „Diktatfrieden" empfunden. Bestimmungen:
- Gebietsabtretungen: Kolonien, Elsass-Lothringen an Frankreich; Posen, Teile Westpreußens und Oberschlesiens (nach Volksabstimmungen) an Polen; kleine Gebiete an Litauen, die Tschechoslowakei und Belgien (z. T. nach Volksabstimmungen); Saarland für 15 Jahre unter Verwaltung des Völkerbunds, alliierte Besetzung des linksrheinischen Gebiets
- Rüstungsbeschränkungen: Reduzierung der Reichswehr auf 100 000 Mann, starke Einschränkung der Marine, Verbot von Luftwaffe, schwerer Artillerie und Panzern, Abschaffung der Wehrpflicht
- Reparationen: Verpflichtung zur Zahlung von Kriegsentschädigungen in unbestimmter Höhe
- Zuweisung der alleinigen Kriegsschuld an die Mittelmächte

Krisenjahre 1919 bis 1923

Bedrohung durch republikfeindliche Kräfte („Republik ohne Republikaner")
- Gewalt von rechts: Ermordung u. a. der KPD-Vorsitzenden Karl Liebknecht und Rosa Luxemburg → P, des Politikers W. Rathenau → P; Kapp-Putsch 1920; Hitler-Putsch 1923
- Gewalt von links: mehrere Aufstände der KPD 1919–1923 in vielen deutschen Gebieten
- Voreingenommenheit der Justiz: rund 350 Morde von Rechtsradikalen bleiben meist ungesühnt; 22 Morde von Linksradikalen wurden mit hohen Strafen geahndet.

Inflation und Währungsreform 1923

- Ursachen der Inflation → B: durch Kriegsanleihen enorme Verschuldung des Reichs; Produktionsrückgänge und Warenknappheit (Umstellung auf Friedensproduktion); Kriegsversehrten- und Hinterbliebenenrenten; Reparationszahlungen; Ruhrkampf
- Währungsreform: stoppte die Inflation; Gewinner: Staat und Unternehmer als Besitzer von Sachwerten; Verlierer: Mittelstand und Arbeiterschaft als Besitzer von Sparguthaben

Ruhrkampf 1923

- Französische und belgische Truppen besetzten das Ruhrgebiet, da Deutschland mit Reparationslieferungen in Rückstand geraten war.
- Die Reichsregierung rief zum passiven Widerstand auf. Dessen Finanzierung trug dazu bei, dass sich die Inflation zur Hyperinflation steigerte.
- Ende September 1923 brach die deutsche Regierung den Ruhrkampf ab.

Stabilisierung 1924 bis 1928

Außenpolitik und Reparationsfrage

- Ziele Gustav Stresemanns → P: internationale Friedenssicherung, Lösung des Reparationsproblems, Räumung des Rheinlands, „Korrektur der Ostgrenze" (G. Stresemann)
- 1922 Vertrag von Rapallo mit der Sowjetunion: Verzicht auf Reparationen, Kooperation
- 1925 Verträge von Locarno: Aussöhnung mit Frankreich unter Beteiligung Belgiens, Polens und der Tschechoslowakei; Gewaltverzicht, Grenzgarantien; deutscher Verzicht auf Elsass-Lothringen, Entmilitarisierung des Rheinlands
- 1924 Dawesplan und 1929 Youngplan: Regelung der Reparationszahlungen

Innenpolitik, Wirtschaft und Gesellschaft

- Innere Stabilisierung durch Wirtschaftsaufschwung und Regelung der Reparationen
- 1925 Paul v. Hindenburg → P zum Reichspräsidenten gewählt, Symbolfigur der Rechten
- Modernisierung, Rationalisierung, amerikanische Einflüsse in Wirtschaft und Gesellschaft
- Aufbau eines Sozialstaats: z. B. soziale Fürsorge, Arbeitslosenversicherung, Betriebsräte
- Blüte in Kunst, Literatur, Architektur: Dadaismus und Surrealismus, sozialkritische Literatur (Brecht → P), Neue Sachlichkeit (Bauhaus, Gropius → P), „Goldene Zwanziger" → B

Auflösung 1929 bis 1933

Weltwirtschaftskrise 1929–1933

- Ursachen: Überproduktionskrise, Spekulationsblase und Agrarkrise in den USA; protektionistische Zollpolitik vieler Länder; Folgen: „Schwarzer Freitag" → B
- Auswirkungen auf Deutschland: US-Banken forderten Rückzahlung von Krediten, auf denen der deutsche Wirtschaftsaufschwung basierte. Folgen: Produktionsrückgang, Lohnkürzungen, explosiver Anstieg der Arbeitslosenzahlen auf über 6 Millionen

Präsidialkabinette und Aufstieg der NSDAP

- Zunehmend Wahlerfolge der republikfeindlichen Parteien KPD und vor allem der NSDAP
- Regierungskoalitionen scheitern, Ende des parlamentarischen Systems, Regierung mit Präsidialkabinetten → B im Ausnahmezustand
- Als Folge der Spar- und Deflationspolitik Brünings → P (Erhöhung von Steuern, Senkung von Löhnen und Sozialleistungen) Verschärfung der Situation und politische Radikalisierung
- Straßenkämpfe paramilitärischer Kampfverbände der NSDAP, KPD und SPD
- Scheitern der Regierung Franz von Papen (1932) mit dem Plan einer Präsidialdiktatur
- Scheitern der Regierung Kurt von Schleicher (1933) mit dem Plan eines breiten Bündnisses der politischen Lager am Widerstand von SPD, Gewerkschaften und Konservativen
- 30.1.1933 Hindenburg ernennt Adolf Hitler → P (NSDAP) zum Reichskanzler eines Präsidialkabinetts aus NSDAP, DNVP und parteilosen Konservativen.

Erschließen einer historischen Quelle

Ein Verfassungsschaubild interpretieren

Eine Verfassung ist die Grundordnung eines Staates. Sie legt seine Grundstruktur fest, regelt das Verhältnis und die Kompetenzen der Staatsgewalten und enthält die Grundrechte der Bürgerinnen und Bürger. Ein Verfassungsschaubild stellt wichtige Strukturen einer staatlichen Ordnung vereinfacht und übersichtlich dar. Es muss jedoch interpretiert werden.

1 Historisch einordnen

- Für welchen Staat gilt die Verfassung?
- Wann und durch wen wurde sie verabschiedet?
- Wie lange war sie gültig?

2 Verfassungsorgane untersuchen

- Welche Verfassungsorgane gibt es?
- Welche Zusammensetzung und welche Kompetenzen haben sie?

3 Machtverteilung untersuchen

- Wie sind Exekutive, Legislative und Judikative verteilt?
- Sind die Gewalten unabhängig? Kontrollieren sie sich?
- Gibt es ein Organ mit besonderer Machtstellung?

4 Rechte des Volkes untersuchen

- Welche Rechte hat das Volk?
- Was für ein Wahlsystem ist vorgesehen?

5 Staatsform bestimmen

- Um welche Staatsform handelt es sich?
- Föderaler Aufbau (Bundesstaat) oder Zentralstaat?

6 Beurteilen

- Wie ist die Verfassung zu bewerten? Eigenes Hintergrundwissen einbringen!
- Welche Fragen beantwortet das Schema nicht?

MATERIAL

Die Weimarer Reichsverfassung von 1919

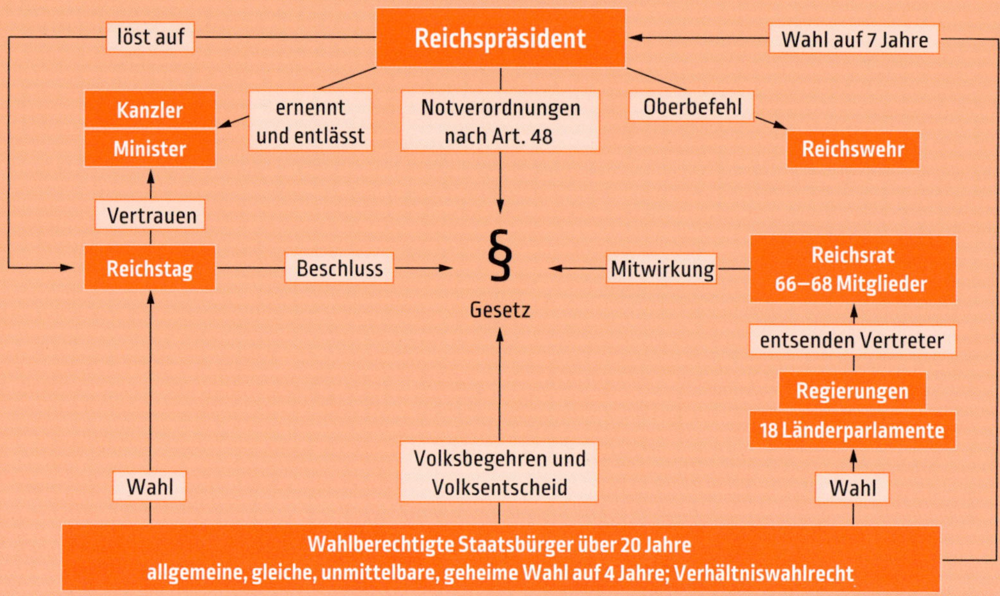

1 Historisch einordnen

- Verfassung der Weimarer Republik
- Ende Juli 1919 von der Nationalversammlung in Weimar verabschiedet, trat nach Unterzeichnung durch den Reichspräsidenten Ebert und Verkündigung im Reichsgesetzblatt am 14. August 1919 in Kraft.
- Blieb formal bis 1945 gültig, wurde aber 1933 durch neue Staatsgrundgesetze der Nationalsozialisten (z. B. „Reichstagsbrandverordnung", „Ermächtigungsgesetz") de facto außer Kraft gesetzt.

2 Verfassungsorgane untersuchen

- Reichsregierung: war relativ schwach, da sie durch ein einfaches Misstrauensvotum des Reichstags zum Rücktritt gezwungen werden konnte und sie überdies vom Vertrauen des Reichspräsidenten abhängig war. Sie wurde nicht vom Parlament eingesetzt, sondern vom Reichspräsidenten.
- Reichspräsident: war dagegen sehr stark, auf sieben Jahre direkt gewählt, konnte den Reichstag auflösen, die Regierung ernennen bzw. entlassen, aufgrund des Notstandsartikels 48 den Ausnahmezustand ausrufen, Gesetze erlassen, Grundrechte vorübergehend außer Kraft setzen und gegenüber einzelnen Reichsländern mit bewaffneter Macht einschreiten; er war Oberbefehlshaber der Streitkräfte.
- Reichstag: Parlament, auf 4 Jahre gewählt (Verhältniswahlrecht), konnte vom Reichspräsidenten aufgelöst werden, zentrale Institution bei der Gesetzgebung, konnte Reichskanzler und Reichsminister durch Misstrauensvotum zum Rücktritt zwingen.
- Reichsrat: Vertretung der Länder, konnte an Bundesgesetzgebung mitwirken.

3 Machtverteilung untersuchen

- Die Judikative fehlt im Schaubild.
- Die Exekutive lag beim Reichspräsidenten und der Reichsregierung. Die Reichsregierung war jedoch schwach und vom Vertrauen des Reichstags und des Reichspräsidenten abhängig. Die Stellung des Reichpräsidenten hingegen war außerordentlich stark.
- Die Legislative lag beim Reichstag, mit Einschränkungen beim Reichsrat (suspensives Veto) und über den Notverordnungsartikel 48 beim Reichspräsidenten.
- Die Gewalten Exekutive und Legislative waren nicht klar voneinander getrennt. Sie liefen in der Person des Reichspräsidenten zusammen.

4 Rechte des Volkes untersuchen

- Das Prinzip der Volkssouveränität manifestierte sich in der Wahl des Reichstags, der Direktwahl des Reichspräsidenten und der Möglichkeit von Volksbegehren.
- Das Wahlrecht war allgemein, gleich, direkt und geheim; das Frauenwahlrecht war eingeführt (im Schaubild nicht erwähnt); gewählt wurde nach dem Verhältniswahlrecht.

5 Staatsform bestimmen

- Parlamentarische Republik, Demokratie mit einem starken Reichspräsidenten an der Spitze
- Bundesstaat

6 Beurteilen

- Die Weimarer Verfassung war zweifellos die liberalste Verfassung ihrer Zeit, doch sie wies auch erhebliche Schwächen auf, die vor allem in ihrer Mischung aus plebiszitären und autoritären Elementen zutage traten.
- Die quasidiktatorische Machtfülle des Reichspräsidenten und die plebiszitären Elemente der Verfassung beeinträchtigten die Stellung des Reichstags und der Reichsregierung. Nicht ohne Grund wurde der Reichspräsident oft auch als „Ersatzkaiser" bezeichnet.
- Das Verhältniswahlrecht ermöglichte die Zersplitterung des Parteiensystems und erschwerte die Mehrheitsbildung.
- Die Grundrechte waren kein unmittelbar bindendes Recht, an das sich Legislative, Exekutive und Judikative zu halten hatten, sondern galten nur nach Maßgabe der Gesetze. Eine Kontrollinstanz wie das Verfassungsgericht war nicht vorgesehen.

AUFGABE 1

Arbeiten Sie heraus, welche Position der Abgeordnete Dr. Kahl zum Versailler Vertrag bezieht.

Dr. Kahl, Abgeordneter der DVP in der Nationalversammlung (22. 6. 1919):

Meine Herren! […] Wir lehnen ab, weil bei Annahme des Friedens der deutsche Staat als solcher vernichtet ist. (Sehr richtig! bei der Deutschen Volkspartei.) Die beiden Säulen der staatlichen Kraft, Finanzhoheit und Militärhoheit, sind vernichtet. Die hierin angebotenen Milderungen sind nicht der Erwähnung wert. […] Das Unerträglichste ist, dass für dieses System der Knechtung die Figur des Völkerbundes erfunden und verwertet ist, des Bundes, der nach der ursprünglichen Idee des Erfinders die

Weltbürgschaft für die Freiheit und die Gleichheit der Menschen und der Staaten sein sollte. [...] Dieser Völkerbund ist nur in den Friedensvertrag eingefügt und ihm vorangestellt, um die Durchführung der grausamen Friedensbedingungen selbst zu erleichtern. [...] Wir lehnen ab, weil wir es nie und nimmer verantworten können, freiwillig und wehrlos die kostbarsten Teile deutscher Erde, zunächst unsere Ostprovinzen, vom Mutterlande abschneiden zu lassen. Wir können es nicht, weil wir geschichtlich mit diesen Volksgenossen aufs Engste verwachsen sind, weil wir uns dadurch der wertvollsten wirtschaftlichen Kräfte und Quellen berauben, weil wir die Möglichkeit einer nationalen Siedlungspolitik endgültig verlieren würden. [...] Schuld an unserer traurigen Lage ist die Auflösung des Heeres, (Sehr richtig! rechts.) die Entblößung von allen Machtmitteln, die Selbstschwächung durch Generalstreiks gewissenloser Art usw. (Sehr richtig! rechts. – Zurufe von den Sozialdemokraten.). Das sind vom Kriegsausgange gänzlich unabhängige Kausalzusammenhänge. Ja, hätten wir noch ein Schwert in der Hand! (Lachen bei den Sozialdemokraten.) Dann wäre die Antwort leicht zu finden! (Sehr richtig! rechts.) Das ist die Meinung eines jeden ehrliebenden Germanen! (Lebhafter Beifall rechts.) [...]

Zitiert nach: Wolfgang Michalka und Gottfried Niedhardt (Hrsg.), Die ungeliebte Republik. München: dtv 1980.

TIPP

- Machen Sie sich klar, was der Operator von Ihnen verlangt: **herausarbeiten,** d. h. aus Materialien bestimmte historische Sachverhalte herausfinden, die nicht explizit genannt werden, und Zusammenhänge zwischen ihnen herstellen.
- Orientieren Sie sich an der Schrittfolge, die auf der Methodenseite „Historische Reden untersuchen" (S. 36) angegeben ist.

AUFGABE 2

Interpretieren Sie den Inhalt und die Absicht der Karikatur.

Thomas Theodor Heine:
„Sie tragen den Buchstaben der Firma – aber wer trägt den Geist?"
(Karikatur, 1927)

TIPP

- Machen Sie sich klar, was der Operator von Ihnen verlangt: **interpretieren,** d. h. Sinnzusammenhänge erschließen und dazu auf der Basis von Analyse, Sachurteil und Bewertung Stellung nehmen.
- Orientieren Sie sich bei Ihrer Bearbeitung an der Schrittfolge, die auf der Methodenseite „Eine Karikatur interpretieren" (S. 15) angegeben ist.

AUFGABE 3

Entwickeln Sie aus der französischen oder der deutschen Regierungsperspektive eine schlüssige propagandistische Stellungnahme zum „Ruhrkampf" im Jahr 1923.

TIPP

Machen Sie sich klar, was der Operator von Ihnen verlangt: **entwickeln,** d. h. zu einem Sachverhalt oder zu einer Problemstellung eine Einschätzung, ein konkretes Lösungsmodell, eine Gegenposition oder ein Lösungskonzept inhaltlich weiterführend und/oder zukunftsorientiert darlegen.

AUFGABE 4

Erörtern Sie die unterschiedliche Aussagekraft der beiden Wahldiagramme zu den Reichstagswahlen in der Weimarer Republik.

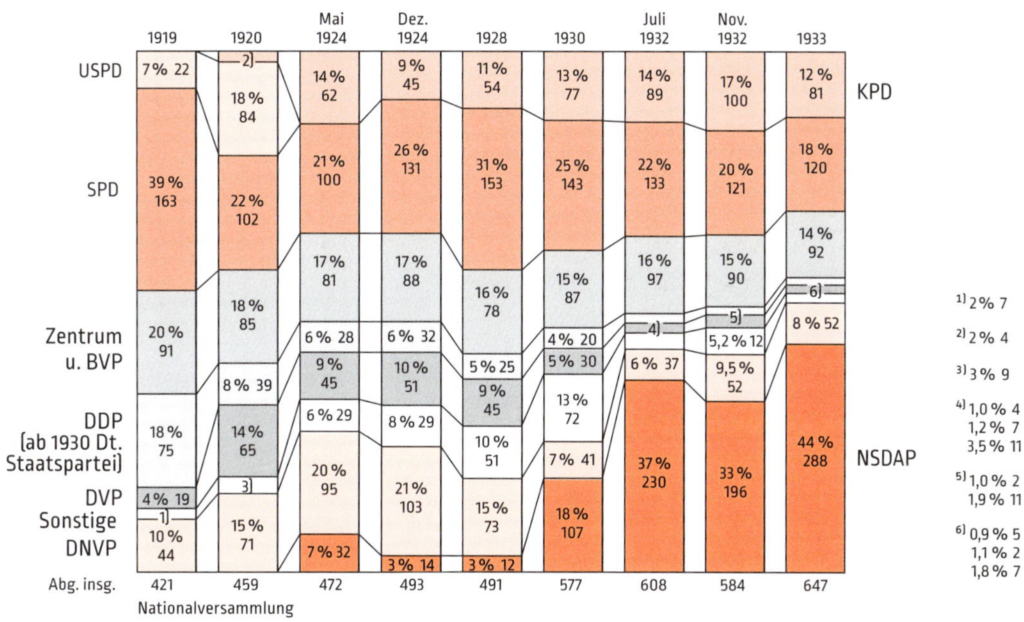

Ergebnisse der Reichstagswahlen 1919–1933

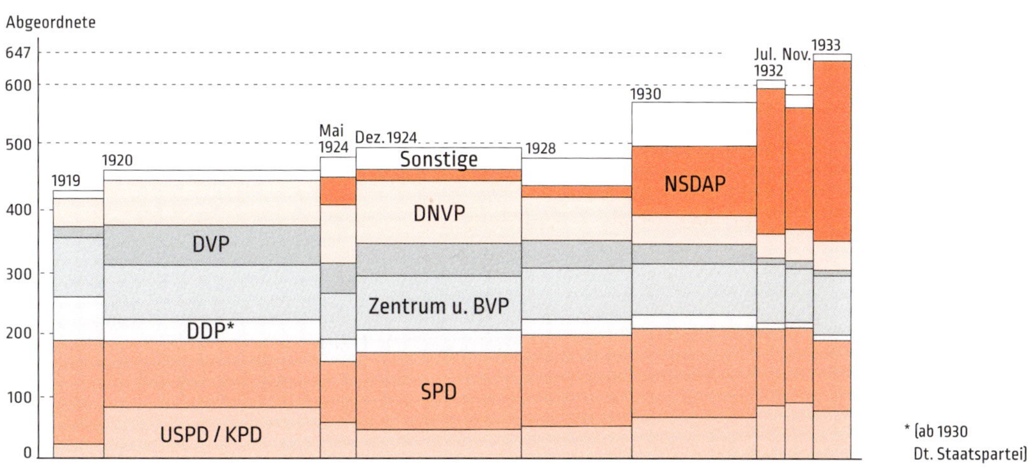

Parteien im Deutschen Reichstag 1919–1933

TIPP

- Machen Sie sich klar, was der Operator von Ihnen verlangt: **erörtern,** d. h. zu einer vorgegebenen Problemstellung eine reflektierte, abwägende Auseinandersetzung führen und zu einem begründeten Sach- oder Werturteil kommen.
- Orientieren Sie sich bei der Auswertung der Tabellen an der Schrittfolge, die auf der Methodenseite „Statistiken auswerten“ (S. 25) angegeben ist.

AUFGABE 5

Erläutern Sie die von Kershaw genannten Gründe für das Scheitern der Weimarer Republik.

Ian Kershaw (*1943, britischer Historiker): Zeitungsartikel zum 75. Jahrestag der Machtergreifung Hitlers

Hitler kam in einer Demokratie mit einer sehr liberalen Verfassung an die Macht und bediente sich teils demokratischer Freiheiten, um die Demokratie zu unterwandern und zu zerstören. Diese Demokratie, die 1919 geschaffen wurde, war ein Produkt der Niederlage im Weltkrieg und der Novemberrevolution. Von der Mehrheit der deutschen Eliten – namentlich Militärangehörigen, Großgrundbesitzern und Großindustriellen – wurde sie nie akzeptiert. Von Beginn an durch unüberbrückbare politische, soziale und kulturelle Zerwürfnisse erschüttert, überlebte die junge Demokratie in den frühen Nachkriegsjahren schwere Bedrohungen und erweckte von 1924 bis 1928 den Anschein von Stabilität – nur um beim Zusammenbruch der Weltwirtschaft im Jahr 1929 unterzugehen.
Die spektakulär wachsende Unterstützung für die Nationalsozialisten (2,6 Prozent der Stimmen bei den Wahlen 1928, 18,3 Prozent 1930, 37,4 Prozent im Juli 1932) spiegelte Wut, Frustration und Unmut wider – aber auch die Hoffnung, die Hitler bei Millionen Deutschen weckte. Sie waren gescheitert, und die Demokratie scheiterte an ihnen. Ihr Land war geteilt, verarmt, gedemütigt. Sündenböcke wurden gebraucht. Es war leicht, den Hass gegen die Juden zu schüren, die man für die externen Bedrohungen Deutschlands verantwortlich machte – für den internationalen Kapitalismus und den Bolschewismus. [...]
Zunehmend schien Hitler die einzige Hoffnung zu sein, das Land wieder auf die Beine zu stellen und nationale Erlösung zu bringen. Schon 1930 war es praktisch unmöglich, Deutschland ohne die Unterstützung der Nationalsozialisten zu regieren. Aber während die Nationalsozialisten die Demokratie zwar blockieren konnten, konnten sie Hitler nicht an die Macht bringen. Deswegen war Deutschland von 1930 an in einem Patt gefangen. Demokratische Strukturen blieben erhalten, aber die Demokratie selbst war praktisch tot oder lag zumindest im Sterben. Die antidemokratischen Eliten versuchten zu vermitteln, scheiterten aber an Hitlers Unnachgiebigkeit. Letztlich ernannte Reichspräsident Paul von Hindenburg Hitler am 30. Januar 1933 zum Reichskanzler, weil er keine andere autoritäre Lösung fand. Was folgte, wurde zur Katastrophe für Deutschland, für Europa und für die Welt.

Kershaw, Ian: „Zum 75. Jahrestag der Machtergreifung Hitlers“ (Auszug). Aus: Süddeutsche Zeitung, 14. 2. 2008.

TIPP

- Machen Sie sich klar, was der Operator von Ihnen verlangt: **erläutern,** d. h. Sachverhalte in ihren komplexen Beziehungen an Beispielen und/oder Theorien verdeutlichen (auf Grundlage von Kenntnissen bzw. Materialanalyse).
- Orientieren Sie sich bei der Auswertung der Tabellen an der Schrittfolge, die auf der Methodenseite „Historische Darstellungen auswerten“ (S. 88) angegeben ist.

Nationalsozialismus

Leitfragen

- Wie verwandelten die Nationalsozialisten einen demokratischen Staat in eine totalitäre Diktatur?
- Welche Ursachen und Ausmaße hatten der Terror und die Gewalt, die die Nationalsozialisten im Innern ausübten?
- Wie reagierte die deutsche Bevölkerung auf diese totalitäre Diktatur?

Wichtige Daten

Januar 1933	„Machtergreifung": Hitler wird Reichskanzler
März 1933	„Ermächtigungsgesetz"
1935	Nürnberger Gesetze
1938	„Anschluss" Österreichs
1938	„Reichspogromnacht"
1939	Überfall der Wehrmacht auf Polen, Beginn des Zweiten Weltkriegs
1941	Beginn des Völkermords
1942	Wannseekonferenz
1944	Attentat auf Hitler scheitert

Wichtige Begriffe

Appeasement Britische Politik der Beschwichtigung und des Entgegenkommens seit 1937 gegenüber Hitlers Aufrüstungsplänen und Gebietsansprüchen in der Hoffnung, so den Frieden zu sichern.

Arisierung Begriff der Nationalsozialisten bezeichnet die Verdrängung der deutschen Juden aus Wirtschaft und Berufsleben. Jüdischer Besitz und jüdisches Vermögen wurden enteignet und Nichtjuden („Ariern") übergeben.

Drittes Reich Propagandabegriff der Nationalsozialisten, mit dem sie an das Heilige Römische Reich Deutscher Nation (962–1806) und an das Deutsche Kaiserreich (1871–1918) anknüpfen wollten.

Führerprinzip Begriff der faschistischen Diktaturen des 20. Jh. Der „Führer" vereint in sich die exekutive, legislative und judikative Gewalt (keine → Gewaltenteilung). Er verkörpert den Willen des Volkes und verlangt unbedingten Gehorsam. Er wird kultisch verehrt (Führerkult).

Gleichschaltung NS-Begriff, bezeichnete die Vernichtung des Pluralismus durch Übernahme aller wichtigen gesellschaftlichen Einrichtungen durch die NSDAP: Länder, Gewerkschaften, Parteien, Rundfunk und Presse, Wirtschafts- und Berufsverbände, Handelskammern usw.

Konzentrationslager (KZ) Instrument des NS-Staates, um Menschen aus politischen, religiösen, rassischen oder anderen Gründen zu inhaftieren, zu misshandeln und zu ermorden.

Pogrom Ursprünglich Bezeichnung für Judenverfolgungen mit Plünderungen und Morden im zaristischen Russland. Im 20. Jh. Bezeichnung für Ausschreitungen gegen Minderheiten, insbesondere gegen Juden.

Rassentheorie Teil der NS-Ideologie, teilt Menschen in Rassen ein, behauptet die Überlegenheit der „arischen Rasse" über andere Rassen, leitet daraus ein Recht zur Versklavung anderer Völker her. Die Einteilung der Menschen in Rassen ist wissenschaftlich nicht haltbar.

Schutzstaffel (SS) 1925 zum Schutz Hitlers u. a. NSDAP-Mitglieder geschaffene Organisation, nach 1933 wichtigstes politisches Sicherheits- und Terrorinstrument des NS-Regimes, beherrschte die Polizei. Verbände der SS bewachten die → KZ. 209 000 Mitglieder 1933.

Sturmabteilung (SA) Kampftruppe der NSDAP für den Straßenkampf und zur Terrorisierung politischer Gegner und der Staatsgewalt, ab 1933 Hilfspolizei. 1933 etwa 700 000 Mitglieder.

Totalitarismus Herrschafts- und Gesellschaftssystem, das von einer mit Unfehlbarkeitsanspruch auftretenden, von oben vorgegebenen Ideologie bestimmt wird. Der Staat durchdringt alle Lebensbereiche mit dem Anspruch, einen neuen Menschen zu formen. Individuelle Freiheitsrechte sind stark eingeschränkt oder aufgehoben.

Völkermord Laut UNO-Definition Handlungen, die in der Absicht begangen werden, eine nationale, ethnische, rassische oder religiöse Gruppe ganz oder teilweise zu zerstören. Der Völkermord an den Juden wurde von den Nationalsozialisten als „Endlösung" verschleiert. Heute wird er als „Holocaust" oder „Shoa" bezeichnet.

Volksgerichtshof 1934 eingerichtetes Sondergericht, das sich mit politischen Straftaten befasste. Die Richter wurden von Hitler persönlich ernannt.

Wichtige Personen

Adolf Hitler (1889–1945) Sohn eines österreichischen Zollbeamten, keine Berufsausbildung, Freiwilliger im Ersten Weltkrieg, 1921 Parteivorsitzender der NSDAP, nennt sich seit 1922 „Führer", großes Redetalent, nach Putschversuch 1923 in Haft, verfasst „Mein Kampf". Seit 1933 Reichskanzler. Ziele: Revision des Versailler Vertrags, „Lebensraum im Osten", Vernichtung des Judentums. Löste den Zweiten Weltkrieg aus, ließ 6 Millionen Juden ermorden. Selbstmord.

Joseph Goebbels (1897–1945) Literaturwissenschaftler, deutscher Reichpropagandaminister 1933–1945, gehörte neben Göring und Himmler zum engsten Führungskreis um Hitler, betrieb Gleichschaltung der Medien, verkündete 1943 den „Totalen Krieg". Selbstmord.

Heinrich Himmler (1900–1945) Diplomlandwirt, 1929–1945 „Reichsführer SS", 1943–1945 Reichsinnenminister, organisierte die SS und die Geheime Staatspolizei (Gestapo). Organisierte Deportationen und Massenmode in den eroberten Ostgebieten, realisierte die Ermordung der europäischen Juden. Selbstmord.

Dietrich Bonhoeffer (1906–1945) Lutherischer Theologe, Leiter des (illegalen) Predigerseminars der Bekennenden Kirche, schloss sich dem Widerstandskreis um Wilhelm Franz Canaris an. Wurde hingerichtet.

Claus Graf Schenk von Stauffenberg (1907–1944) Deutscher Offizier und Widerstandskämpfer, verübte ein Bombenattentat auf Hitler, das dieser überlebte. Wurde hingerichtet.

Sophie Scholl (1921–1943) Studentin, gründete zusammen mit ihrem Bruder Hans den Widerstandskreis der „Weißen Rose". Versuchte die Bevölkerung mit Flugblättern aufzurütteln. In München verhaftet und hingerichtet.

Kurzdarstellung

Der Nationalsozialismus

„Machtergreifung“ und „Gleichschaltung“

Nach Ernennung Adolf Hitlers →P zum Reichskanzler radikale Umformung des Staates, um Gegner auszuschalten und die alleinige Macht zu übernehmen:

- „Reichstagsbrandverordnung“: Aufhebung zentraler Grundrechte, Eingriffsmöglichkeit des Reichs in die Länderhoheit
- „Ermächtigungsgesetz“: Entmachtung des Parlaments, Übertragung der Legislative auf die Exekutive
- Verfolgung und Inhaftierung politischer Gegner aus SPD und KPD
- Gleichschaltung →B der Länderparlamente und -regierungen, neu: Reichsstatthalter
- Entlassung oppositioneller und jüdischer Beamter
- Beseitigung der Gewerkschaften und Gründung der „Deutschen Arbeitsfront“
- Verbot bzw. Selbstauflösung der Parteien; NSDAP als einzig zugelassene Staatspartei
- Hitler vereinigte nach dem Tod Hindenburgs 1934 die Ämter Reichspräsident und Reichskanzler auf sich und gab sich den Titel „Führer und Reichskanzler“.

Führerstaat und Volksgemeinschaft

Ideologie des Nationalsozialismus

- Rassentheorie →B und Sozialdarwinismus: Übertragung von Darwins biologischer Evolutionstheorie auf gesellschaftliche Verhältnisse, Kampf ums Dasein, Recht des Stärkeren
- Antisemitismus →B
- Führerprinzip →B
- Völkisches Denken: rassisch definierte Volksgemeinschaft, in der alle gesellschaftlichen Gruppen verschmelzen

Umsetzung von Führerstaat und Volksgemeinschaft

- Bestreben, den Staat und die Partei streng hierarchisch zu gliedern; Wille des „Führers“ bzw. ein „Führerbefehl“ galten als letzte Instanz.
- Totale Erfassung aller gesellschaftlichen Gruppen, Ausrichtung nach dem Führerprinzip durch NS-Organisationen wie SA →B, SS →B, Hitlerjugend, Bund deutscher Mädel usw.
- Beeinflussung der Bevölkerung durch Propaganda in Presse und Rundfunk sowie Zensur
- DAF (Deutsche Arbeitsfront), Zusammenschluss aus Arbeitgebern und Arbeitnehmern mit dem Betriebsleiter als Führer und der Belegschaft als Gefolgschaft
- KDK (Kraft durch Freude), Organisation zur politisch kontrollierten Freizeitgestaltung
- NSV (Nationalsozialistische Volkswohlfahrt) und Winterhilfswerk, Fürsorgeorganisationen

Wirtschaftspolitik

- Hauptziele: Arbeitsbeschaffung, Erlangung der wirtschaftlichen Unabhängigkeit vom Ausland (Autarkie) und Aufrüstung zur Vorbereitung eines Krieges
- Reduzierung der Arbeitslosigkeit: Arbeitsbeschaffungsmaßnahmen (u. a. Moorkultivierung, Bau von Deichen und Autobahnen), Reichsarbeitsdienst, allgemeine Wehrpflicht
- Rüstungs- und Autarkiepolitik: Die Wirtschaft sollte in vier Jahren kriegsbereit sein durch Planung und Lenkung der Wirtschaft (Rohstoffzuteilungen, Steuerung von Investitionen und Arbeitseinsätzen, Herstellung künstlicher Rohstoffe).
- Kriegsvorbereitungen führten zu hohen Wachstumsraten in der Rüstungsindustrie.

Außenpolitik bis 1939

Strategie Hitlers: Wechsel zwischen öffentlichen Beteuerungen des Friedenswillens und der völkerrechtswidrigen Schaffung vollendeter Tatsachen

1. Phase: Revision des Versailler Vertrags (offizielles Ziel)
- 1933 Austritt aus dem Völkerbund: Abkehr vom Versailler System
- 1934 Nichtangriffspakt mit Polen: Schwächung des französischen Bündnissystems
- 1935 Wiedereinführung der allgemeinen Wehrpflicht (Vertragsbruch Versailles)
- 1936 Einmarsch ins entmilitarisierte Rheinland (Vertragsbruch Versailles, Locarno)
- 1936 Achse Berlin-Rom und Antikominternpakt (Bündnisse mit Japan, Italien u. a.)
- 1938 Anschluss Österreichs

2. Phase: „Eroberung neuen Lebensraums" im Osten (eigentliches Ziel)
- 1938 Münchener Konferenz: Tschechoslowakei tritt Sudetenland an Deutschland ab.
- 1939 Einmarsch in die „Resttschechei", Reichsprotektorat Böhmen und Mähren
- 1939 Deutsch-sowjetischer Nichtangriffspakt („Hitler-Stalin-Pakt"): geheim gehaltene Aufteilung Osteuropas in deutsche und sowjetische Einflussgebiete

Gründe für abwartende Reaktion der europäischen Mächte (Appeasement → B):
- Verständnis für deutsche Forderung nach Revision des Versailler Vertrages (GB)
- Rüstungsrückstand gegenüber Deutschland
- eigene sozio-ökonomische Probleme infolge Weltwirtschaftskrise (GB, Frankreich)
- koloniale Auseinandersetzungen (England)
- Industrialisierungs- und „Säuberungs"-politik (UdSSR)

Terror, Unterdrückung, Vernichtung

- Die ideologisch bedingte Verfolgung traf neben den Juden auch andere als „rassisch minderwertig" eingestufte Gruppen wie Sinti und Roma, Homosexuelle, Kriminelle, Zeugen Jehovas, geistig und körperlich Behinderte und Obdachlose. Sie richtete sich auch gegen politische Gegner, Kommunisten, Sozialdemokraten, Geistliche oder Widerstandskämpfer.
- Drei Eckpfeiler des Terrorsystems: Konzentrationslager → B (daneben Arbeits-, Durchgangs-, Kriegsgefangenen- und Vernichtungslager), Gestapo, SS → B
- Der Antisemitismus → B in der Bevölkerung ermöglichte die Ermordung der Juden.

Maßnahmen zur Vernichtung der Juden lassen sich in vier Phasen gliedern:
- 1. Boykottaktionen und Diskriminierungen: 1933 Boykott jüdischer Geschäfte, Ärzte usw.
- 2. Entrechtung und Ausgrenzung: 1935 Nürnberger Gesetze (Aberkennung der staatsbürgerlichen Gleichberechtigung), 1938 Berufsverbote, „Reichsprogromnacht" (Pogrom → B)
- 3. Deportationen der Juden in KZs → B und Arbeitslager: ab 1939
- 4. Fabrikmäßig organisierter Massenmord in Vernichtungslagern: 1942 Wannsekonferenz

Widerstand

- Der Widerstand gegen das Regime war durch seine Zersplitterung geschwächt, erfolglos.
- Drei Arten von Opposition: (1) innere geistige Abgrenzung, (2) Verweigerung im Alltag (etwa beim Hitlergruß), (3) bewusster politischer Kampf.
- Der politische Widerstand hatte keine breite Basis in der deutschen Bevölkerung.

Widerstandsgruppen:
- Kommunisten, Sozialdemokraten, Gewerkschafter: nach massiver Verfolgung Untergrund
- Kirchen: Kritik evangelischer und katholischer Christen, z. B. Bonhoeffer → P, von Galen
- Jugendliche und Jugendgruppen, z. B. „Weiße Rose", „Swing-Jugend", „Edelweißpiraten"
- Bürgerliche Widerstandskreise: Weitergabe von Geheiminformation, Arbeit im Untergrund
- Militärischer Widerstand: Attentats- und Umsturzpläne, v. Stauffenberg → P

Erschließen einer historischen Quelle

Einen Gesetzestext erklären

Gesetzestexte sind normative Texte. Sie geben die Wirklichkeit nicht wieder, wie sie ist, sondern wie sie sein soll. Jedes Wort und jede Formulierung des Textes sind genau überlegt. Daher erfordern Gesetzestexte eine sehr genaue Analyse. Dann geben sie Auskunft über das Selbstverständnis, die politischen Werte und Ziele des Staates.

1 Historisch einordnen

- Wer ist der Verfasser?
- Wann wurde das Gesetz verabschiedet?
- Zu welchem Anlass wurde es verabschiedet (Kontext)?

2 Inhalt bestimmen

- Welchen Sachverhalt soll es regeln?
- Welche Bestimmungen enthält es?

3 Sprache untersuchen

- Welche Schlüsselbegriffe enthält es?
- Welche besonderen Formulierungen fallen auf?
- Welche Grundüberzeugungen werden sichtbar?

4 Beurteilen

- Welche Auswirkungen hat das Gesetz auf das politische Leben? (Hintergrundwissen einbringen)
- Hat es Vor- oder Nachteile für die Bevölkerung?

5 Bewerten

- Welche staatlichen Werte bzw. welche Ideologie wird in diesem Gesetz sichtbar?
- Wie sind diese Werte bzw. diese Ideologie zu beurteilen?

MATERIAL

Gesetz zur Behebung der Not von Volk und Reich [„Ermächtigungsgesetz"]

vom 24. März 1933

Der Reichstag hat das folgende Gesetz beschlossen, das mit Zustimmung des Reichsrats hiermit verkündet wird, nachdem festgestellt ist, daß die Erfordernisse verfassungsändernder Gesetzgebung erfüllt sind:

Art. 1 Reichsgesetze können außer in dem in der Reichsverfassung vorgesehenen Verfahren auch durch die Reichsregierung beschlossen werden. Dies gilt auch für die in den Artikeln 85 Abs. 2 und 87 der Reichsverfassung bezeichneten Gesetze.

Art. 2 Die von der Reichsregierung beschlossenen Reichsgesetze können von der Reichsverfassung abweichen, soweit sie nicht die Einrichtung des Reichstags und des Reichsrats als solche zum Gegenstand haben. Die Rechte des Reichspräsidenten bleiben unberührt.

Art. 3 Die von der Reichsregierung beschlossenen Reichsgesetze werden vom Reichskanzler ausgefertigt und im Reichsgesetzblatt verkündet. Sie treten, soweit sie nichts anderes bestimmen, mit dem auf die Verkündung folgenden Tage in Kraft. Die Artikel 68 bis 77 der Reichsverfassung finden auf die von der Reichsregierung beschlossenen Gesetze keine Anwendung.

Art. 4 Verträge des Reiches mit fremden Staaten, die sich auf Gegenstände der Reichsgesetzgebung beziehen, bedürfen nicht der Zustimmung der an der Gesetzgebung beteiligten Körperschaften. Die Reichsregierung erläßt die zur Durchführung dieser Verträge erforderlichen Vorschriften.

Art. 5 Dieses Gesetz tritt mit dem Tage seiner Verkündung in Kraft. Es tritt mit dem 1. April 1937 außer Kraft; es tritt ferner außer Kraft, wenn die gegenwärtige Reichsregierung durch eine andere abgelöst wird.

Reichsgesetzblatt 1933 I, S. 141.
Aus: documentArchiv.de [Hrsg.], URL: http://www.documentArchiv.de/ns/ermaecht.html (Zugriff: 22.4.2016).

1 Historisch einordnen

- Gesetzesentwurf der Nationalsozialisten, verabschiedet mit einer Zwei-Drittel-Mehrheit der Fraktionen NSDAP, DNVP und der bürgerlichen Parteien des Reichstags gegen die Stimmen der SPD. (Die KPD war bereits verboten.)
- Anlass: weitere Festigung der NS-Herrschaft kurz nach der Machtübernahme

2 Inhalt bestimmen

- Das Gesetz regelt die Kompetenzen der Reichsregierung neu.
- Die Reichsregierung konnte Reichsgesetze allein beschließen.
- Die meisten von der Reichsregierung beschlossenen Gesetze durften von der Reichsverfassung abweichen. Der Reichskanzler fertigte die Gesetze, die bereits am nächsten Tag in Kraft traten, aus.
- Verträge des Reichs mit fremden Staaten konnten in den meisten Fällen allein von der Reichsregierung beschlossen werden.

3 Sprache untersuchen

- Titel: „Gesetz zur Behebung der Not von Volk und Reich" erinnert an eine Notverordnung.
- Sprache unterscheidet sich nicht von der in den bisherigen Reichsgesetzen üblichen Sprache. Die Tatsache der Errichtung einer Diktatur wird dadurch verschleiert.
- Abgesehen vom Titel tauchen im Gesetz keine Begriffe auf, die auf die Ideologie der Nationalsozialisten schließen lassen.

4 Beurteilen

- Das Gesetz verfügt die Entmachtung des Parlaments und die Übertragung der Legislative auf die Exekutive. Die Weimarer Verfassung bleibt formal bestehen.
- Es bildete zusammen mit der „Reichstagsbrandverordnung" (Aufhebung zentraler Grundrechte, Eingriffsmöglichkeit des Reiches in die Länderhoheit) vom Februar 1933 die verfassungsrechtliche Grundlage des NS-Staates.
- Auswirkungen: Der politisch-gesellschaftliche Pluralismus wurde abgeschafft und alle Lebensbereiche unter der NS-Ideologie gleichgeschaltet.

5 Bewerten

- Die NSDAP erreichte auf Basis des „Ermächtigungsgesetzes" (23. 3. 1933) gleichsam eine legale Umgestaltung des demokratischen Staates in eine Diktatur. Das Ermächtigungsgesetz hob die Gewaltenteilung auf, die parlamentarische Struktur (Reichstag und Reichsrat) wurde zerstört.

AUFGABE 1

Stellen Sie das Grundgesetz der BRD dem „Ermächtigungsgesetz" gegenüber und zeigen Sie, wie die Verfassungsväter und -mütter von 1949 auf die „legale" Machterringung der NSDAP reagierten.

Auszug aus dem Grundgesetz der Bundesrepublik Deutschland:

Artikel 1 GG

(1) Die Würde des Menschen ist unantastbar. Sie zu achten und zu schützen ist Verpflichtung aller staatlichen Gewalt.

(3) Die nachfolgenden Grundrechte binden Gesetzgebung, vollziehende Gewalt und Rechtsprechung als unmittelbar geltendes Recht.

Artikel 20 GG

(1) Die Bundesrepublik Deutschland ist ein demokratischer und sozialer Bundesstaat.

(2) Alle Staatsgewalt geht vom Volke aus. Sie wird vom Volke in Wahlen und Abstimmungen und durch besondere Organe der Gesetzgebung, der vollziehenden Gewalt und der Rechtsprechung ausgeübt.

(3) Die Gesetzgebung ist an die verfassungsmäßige Ordnung, die vollziehende Gewalt und die Rechtsprechung sind an Gesetz und Recht gebunden.

Artikel 79 GG

(1) Das Grundgesetz kann nur durch ein Gesetz geändert werden, das den Wortlaut des Grundgesetzes ausdrücklich ändert oder ergänzt.

(2) Ein solches Gesetz bedarf der Zustimmung von zwei Dritteln der Mitglieder des Bundestages und zwei Dritteln der Stimmen des Bundesrates.

(3) Eine Änderung dieses Grundgesetzes, durch welche die Gliederung des Bundes in Länder, die grundsätzliche Mitwirkung der Länder bei der Gesetzgebung oder die in den Artikeln 1 und 20 niedergelegten Grundsätze berührt werden, ist unzulässig.

TIPP

- Orientieren Sie sich bei Ihrer Bearbeitung an der Schrittfolge, die auf der Methodenseite „Einen Gesetzestext interpretieren“ (S. 57) angegeben ist.
- Machen Sie sich klar, was der Operator von Ihnen verlangt: **gegenüberstellen,** d. h. historische Sachverhalte, Probleme oder Aussagen erkennen und zutreffend formulieren sowie argumentierend gewichten.

AUFGABE 2

Erläutern Sie die ideologischen Grundlagen und die Zielsetzung der DAF und vergleichen Sie diese mit den Grundsätzen und Zielen der Gewerkschaften.

Deutsche Arbeitsfront (DAF): „An alle schaffenden Deutschen“, Aufruf vom 27. 11. 1933:

Die Deutsche Arbeitsfront ist die Zusammenfassung aller im Arbeitsleben stehenden Menschen ohne Unterschied ihrer wirtschaftlichen und sozialen Stellung. In ihr soll der Arbeiter neben dem Unternehmer stehen, nicht mehr getrennt durch Gruppen und Verbände, die der Wahrung besonderer wirtschaftlicher oder sozialer Schichtungen und Interessen dienen. Der Wert der Persönlichkeit, einerlei ob Arbeiter oder Unternehmer, soll in der Deutschen Arbeitsfront den Ausschlag geben. Vertrauen lässt sich nur von Mensch zu Mensch, nicht aber von Verband zu Verband gewinnen.
Nach dem Willen unseres Führers Adolf Hitler ist die Deutsche Arbeitsfront nicht die Stätte, wo die materiellen Fragen des täglichen Arbeitslebens entschieden, die natürlichen Unterschiede der Interessen der einzelnen Arbeitsmenschen aufeinander abgestimmt werden. Für die Regelung der Arbeitsbedingungen werden in kurzer Zeit Formen geschaffen werden, die dem Führer und der Gefolgschaft eines Betriebes die Stellung zuweisen, die die nationalsozialistische Weltanschauung vorschreibt. Das hohe Ziel der Arbeitsfront ist die Erziehung aller im Arbeitsleben stehenden Deutschen zum nationalsozialistischen Staat und zur nationalsozialistischen Gesinnung. [...] Sie wird dafür sorgen, dass die Ehre des Betriebsführers wie seiner Gefolgschaft zu einer entscheidenden Triebkraft der neuen Gesellschafts- und Wirtschaftsordnung werden kann. So rufen wir heute alle deutschen Arbeiter der Stirn und der Faust auf, in die Deutsche Arbeitsfront einzutreten, um in ihr alle Kräfte zum Gelingen des großen Werkes zu sammeln.

Zitiert nach: Wolfgang Michalka (Hg.), Das Dritte Reich, Bd. 1, München: Fischer Verlag 1985.

TIPP

- Beachten Sie, dass die Aufgabe zwei Teilaufgaben umfasst: 1. erläutern, 2. vergleichen.
- Machen Sie sich klar, was die Operatoren von Ihnen verlangen:
  - **erläutern,** d. h. Informationen aus dem Material mit eigenem Wissen anreichern und in einen Zusammenhang einordnen, evtl. mit Beispielen verdeutlichen;
  - **vergleichen,** d. h. auf der Basis von Kriterien Sachverhalte gegenüberstellen und Gemeinsamkeiten bzw. Unterschiede herausarbeiten und beurteilen.

AUFGABE 3

Analysieren Sie die Wirkung und die Bedeutung des „Tags von Potsdam" mithilfe des Fotos.

Der Tag von Potsdam, 21. März 1933
(historische Fotografie)

TIPP

- Machen Sie sich klar, was der Operator von Ihnen verlangt: **analysieren,** d. h. Materialien oder Sachverhalte systematisch und gezielt untersuchen und auswerten.
- Orientieren Sie sich bei Ihrer Bearbeitung an der Schrittfolge, die auf der Methodenseite „Ein Foto analysieren" (S. 98) angegeben ist.

AUFGABE 4

Arbeiten Sie die ideologische Begründung und die Zielsetzung von Hitlers außenpolitischer Konzeption von 1925 heraus und erläutern Sie ihre Bedeutung für die nationalsozialistische Außenpolitik.

Adolf Hitler: „Mein Kampf" * (1925), zu seinen außenpolitischen Zielen:

Die Außenpolitik des völkischen Staates hat die Existenz der durch den Staat zusammengefassten Rasse auf diesem Planeten sicherzustellen, indem sie zwischen der Zahl und dem Wachstum des Volkes einerseits und der Größe und Güte des Grund und Bodens andererseits ein gesundes, lebensfähiges, natürliches Verhältnis schafft.

Als gesundes Verhältnis darf dabei immer nur jener Zustand angesehen werden, der die Ernährung eines Volkes auf eigenem Grund und Boden sichert. [...]

Nur ein genügend großer Raum auf dieser Erde sichert einem Volke die Freiheit des Daseins. Dabei kann man die notwendige Größe des Siedlungsgebietes nicht ausschließlich von den Erfordernissen der Gegenwart aus beurteilen, ja, nicht einmal von der Größe des Bodenertrages, umgerechnet auf die Zahl des Volkes. Denn [...] der Grundfläche eines Staates [kommt] außer ihrer Bedeutung als direkter Nährquelle eines Volkes auch noch eine andere, die militär-politische, zu. [...]

Damit ziehen wir Nationalsozialisten bewusst einen Strich unter die außenpolitische Richtung unserer Vorkriegszeit. Wir setzen dort an, wo man vor sechs Jahrhunderten endete. Wir stoppen den ewigen Germanenzug nach dem Süden und Westen Europas und weisen den Blick nach dem Land im Osten. Wir schließen endlich ab die Kolonial- und Handelspolitik der Vorkriegszeit und gehen über zur Bodenpolitik der Zukunft.

Wenn wir aber heute in Europa von neuem Grund und Boden reden, können wir in erster Linie nur an Russland und die ihm untertanen Randstaaten denken.

Hitler, Adolf: Mein Kampf (Auszug). Zitiert nach der Erstauflage 1925, München.

NATIONALSOZIALISMUS

TIPP

- Beachten Sie, dass die Aufgabe zwei Teilaufgaben umfasst: 1. herausarbeiten, 2. erläutern.
- Machen Sie sich klar, was die Operatoren von Ihnen verlangen:
  – **herausarbeiten,** d. h. Materialien auf bestimmte, explizit nicht unbedingt genannte Sachverhalte hin untersuchen und Zusammenhänge zwischen den Sachverhalten herstellen;
  – **erläutern,** d. h. Sachverhalte im Zusammenhang beschreiben und anschaulich mit Beispielen oder Belegen erklären.

AUFGABE 5

Bewerten Sie die von Himmler entwickelten Moralvorstellungen der SS und legen Sie Ihre Bewertungskriterien offen.

Heinrich Himmler: Über die Moral der SS-Männer, Rede vor SS-Führern am 4. Oktober 1943

Ein Grundsatz muss für den SS-Mann absolut gelten: Ehrlich, anständig, treu und kameradschaftlich haben wir zu Angehörigen unseres eigenen Blutes zu sein und zu sonst niemandem. Wie es den Russen geht, wie es den Tschechen geht, ist mir total gleichgültig. Das, was in den Völkern an gutem Blut unserer Art vorhanden ist, werden wir uns holen, indem wir ihnen, wenn notwendig, die Kinder rauben und sie bei uns großziehen. Ob die anderen Völker in Wohlstand leben oder ob sie verrecken vor Hunger, das interessiert mich nur so weit, als wir sie als Sklaven für unsere Kultur brauchen, anders interessiert mich das nicht. [...] Wir werden niemals roh und herzlos sein, wo es nicht sein muss; das ist klar. Wir Deutschen, die wir als Einzige auf der Welt eine anständige Einstellung zum Tier haben, werden ja auch zu diesen Menschentieren eine anständige Einstellung einnehmen, aber es ist ein Verbrechen gegen unser eigenes Blut, uns um sie Sorge zu machen und ihnen Ideale zu bringen, damit unsere Söhne und Enkel es noch schwerer haben mit ihnen. [...] Das ist das, was ich dieser SS einimpfen möchte [...] als eines der heiligsten Gesetze der Zukunft: Unsere Sorge, unsere Pflicht ist unser Volk und unser Blut; dafür haben wir zu sorgen und zu denken, zu arbeiten und zu kämpfen, und für nichts anderes. [...]

Ich meine jetzt die Judenevakuierung, die Ausrottung des jüdischen Volkes. Es gehört zu den Dingen, die man leicht ausspricht. „Das jüdische Volk wird ausgerottet", sagt ein jeder Parteigenosse, [...]. Und dann kommen sie alle an, die braven 80 Millionen Deutschen, und jeder hat seinen anständigen Juden. Es ist ja klar, die anderen sind Schweine, aber dieser eine ist ein prima Jude. Von allen, die so reden, hat keiner zugesehen, keiner hat es durchgestanden. Von euch werden die meisten wissen, was es heißt, wenn 100 Leichen beisammen liegen, wenn 500 daliegen oder wenn 1000 daliegen. Dies durchgehalten zu haben und dabei – abgesehen von Ausnahmen menschlicher Schwächen – anständig geblieben zu sein, das hat uns hart gemacht. Dies ist ein [...] Ruhmesblatt [...].

TIPP

- Machen Sie sich klar, was der Operator von Ihnen verlangt: **bewerten,** d. h. den Stellenwert von Sachverhalten auf der Basis von persönlichen Normen oder moralischen Maßstäben in einem größeren Zusammenhang bestimmen. Diese persönlichen Wertbezüge müssen begründet und erläutert sowie angemessen zum Ausdruck gebracht werden.
- Orientieren Sie sich an der Schrittfolge, die auf der Methodenseite „Historische Reden untersuchen" (S. 36) angegeben ist.

Demokratie und Diktatur im 20. Jahrhundert

Deutschland 1945 bis 1990 – die Bundesrepublik Deutschland

Leitfragen

- Wie kam es nach 1945 zur Entstehung zweier deutscher Staaten?
- Welche Faktoren trugen zur Akzeptanz der Politik Adenauers bei?
- Wie sah das staatliche und nationale Selbstverständnis der Bundesrepublik aus und wie entwickelte es sich?
- Welche inneren Konflikte gab es in der Bundesrepublik und was waren die Ursachen dafür?

Wichtige Daten

1945	Potsdamer Abkommen der Alliierten	*unter Besatzung*
Mai 1949 50er-Jahre	Gründung der Bundesrepublik Deutschland „Wirtschaftswunder“	*Koalition aus CDU/CSU, FDP, DP* ***Konrad Adenauer*** *1949–1963*
1955	Aufnahme der Bundesrepublik in die NATO	*Christlich-liberale Koalition* ***Ludwig Erhard*** *1963–1966*
1968 1969	68er-Bewegung Notstandsgesetze	*Große Koalition (CDU/CSU u. SPD)* ***Kurt Georg Kiesinger*** *1966–1969*
ab 1969 1970/73 1979 1980	Innenpolitische Reformen unter dem Motto „Mehr Demokratie wagen“ Ostverträge und Grundlagenvertrag mit der DDR NATO-Doppelbeschluss Gründung der Partei „Die Grünen“	*Sozial-liberale Koalition* ***Willy Brandt*** *1969–1974* ***Helmut Schmidt*** *1974–1982*
1980–1986	Proteste der Friedensbewegung	*Christlich-liberale Koalition* ***Helmut Kohl*** *1982–1998*

Wichtige Begriffe

APO Abkürzung für „Außerparlamentarische Opposition“. So nannten sich während der Großen Koalition Gruppen von Jugendlichen und Studenten, die sich durch die Parteien nicht mehr vertreten fühlten.

Entnazifizierung Versuch, das politische und gesellschaftliche Leben in Deutschland und Österreich nach 1945 von Nationalsozialisten und nationalsozialistischen Einflüssen zu befreien, ein Hauptziel der alliierten Besatzungspolitik.

Deutsche Frage Nach Untergang des Heiligen Römischen Reiches 1806 und des Rheinbundes 1813 entstandene Frage, ob, wie und in welchen Grenzen die Deutschen wieder zu einem gemeinsamen Staat kommen würden. Die deutsche Frage stellte sich nach 1945 mit Gründung der Bundesrepublik und der DDR erneut.

Grundgesetz (GG) Verfassung der Bundesrepublik Deutschland, in Kraft seit 23. Mai 1949.

Bundesverfassungsgericht Oberstes Gericht der Bundesrepublik, das über die Einhaltung der Verfassung und die Wahrung der Grundrechte wacht.

Hallstein-Doktrin Von Staatssekretär Walter Hallstein formulierter Grundsatz, nach dem die Aufnahme von diplomatischen Beziehungen dritter Staaten mit der DDR den Abbruch oder die Nichtaufnahme diplomatischer Beziehungen mit diesen Staaten von Seiten der BRD zur Folge hat (Ausnahme: UdSSR). Gültig bis 1969.

Rote-Armee-Fraktion (RAF) Linksextremistische terroristische Vereinigung, die in den 1970er-Jahren durch Attentate gegen Einrichtungen und Personen des öffentlichen Lebens versuchte, die Grundordnung der Bundesrepublik Deutschland umzustoßen.

Studentenbewegung Studentische Protestbewegung in den westlichen Industriestaaten, ausgehend von den USA. In Deutschland seit 1967 Kern der → APO. Sie kämpfte gegen den Vietnamkrieg, die Notstandsgesetze und für eine umfassende Hochschulreform. Später Radikalisierung von Teilen der Studentenbewegung bis zur Bildung der → RAF.

Marktwirtschaft Wirtschaftsform, bei der sich alle Wirtschaftsprozesse über den Markt regeln (Angebot und Nachfrage, freier Wettbewerb). Sie beruht auf dem Privateigentum von Produktionsmitteln.

Soziale Marktwirtschaft Eingeführt von → Ludwig Erhard. Der Staat schränkt die Freiheit auf dem Markt ein, um wirtschaftlich Schwache zu schützen, z. B. Arbeitnehmer, Verbraucher und Umwelt. Er sorgt für eine gerechtere Einkommensverteilung und den Aufbau sozialer Sicherungssysteme.

„Wirtschaftswunder“ Bezeichnet die rasche wirtschaftliche Erholung Deutschlands nach dem Zweiten Weltkrieg, vor allem in den 1950er-Jahren. Ursachen: soziale Marktwirtschaft, Marshallplan, Währungsreform, persönlicher Einsatz der Arbeitnehmer.

Westintegration Westbindung, Aussöhnung mit Frankreich und enge Zusammenarbeit mit den USA als Ziele der Außenpolitik → Adenauers.

Wichtige Personen

Konrad Adenauer (1876–1967) Römisch-katholisches Elternhaus, Mitglied der Zentrumspartei, als Kölner Oberbürgermeister 1933 von Nationalsozialisten abgesetzt. Nach 1945 führend am Aufbau der CDU beteiligt, 1949–1963 erster Bundeskanzler der Bundesrepublik.

Ludwig Erhard (1897–1977) Sohn eines Textilwarenhändlers, Wirtschaftswissenschaftler, nach 1945 erster Bundeswirtschaftsminister, Vater des → „Wirtschaftswunders“ und der → sozialen Marktwirtschaft.

Willy Brandt (1913–1992) Kam aus einfachen Verhältnissen, engagierte sich früh in der Arbeiterbewegung, emigrierte während der Hitlerdiktatur nach Skandinavien. Ab 1957 Regierender Bürgermeister von Berlin. Als Bundeskanzler leitete er 1970 die Aussöhnung mit den Staaten Osteuropas ein, Kniefall von Warschau. Erhielt für seine Entspannungspolitik 1971 den Friedensnobelpreis.

Richard von Weizsäcker (1920–2015) Deutscher Bundespräsident 1984–1994, setzte Maßstäbe im Umgang mit der NS-Vergangenheit durch seine Rede 1985 vor dem Deutschen Bundestag zum 8. Mai 1945: „Tag der Befreiung“.

Helmut Kohl (geb. 1930) Seit 1946 CDU-Mitglied, Historiker und Wirtschaftsfunktionär, 1969 Ministerpräsident von Rheinland-Pfalz, als Bundeskanzler Verdienste um die deutsch-französische Freundschaft und die Einigung Europas, „Kanzler der deutschen Einheit“.

Kurzdarstellung

Deutschland 1945 bis 1990 – die Bundesrepublik Deutschland

Besatzungszeit

Auf mehreren Konferenzen während des Krieges berieten die USA, die UdSSR und Großbritannien über die europäische Nachkriegsordnung. Sie vereinbarten folgende Ziele:

- Auslöschung Deutschlands als Völkerrechtssubjekt
- Territoriale Verluste (ca. 1/4 des Gebietes von 1937)
- Flucht und Vertreibung von ca. 12 Mio. Deutschen aus den Gebieten östlich von Oder und Neiße
- Bildung von vier Besatzungszonen und vier Berliner Sektoren
- Entnazifizierung → B, Entmilitarisierung, Demokratisierung und Dezentralisierung der Wirtschaft

Einbeziehung der westlichen Besatzungszonen in das westliche Lager

- Ursache: wachsende Rivalität zwischen UdSSR und Westmächten, Vorgehen der UdSSR in ihrer Besatzungszone
- Truman-Doktrin 1947 (nach US-Präsidenten Truman): USA bieten allen in ihrer Freiheit bedrohten Völkern militärische und wirtschaftliche Unterstützung an.
- Marshallplan 1948 (nach US-Außenminister Marshall): Sachlieferungen und Kredite für die europäischen Staaten als Wiederaufbauhilfe. Von UdSSR und Ostblockstaaten abgelehnt.
- USA, GB, Frankreich und die Beneluxstaaten beschließen Einbindung der westlichen Besatzungszonen in den Westen, Erarbeitung einer Verfassung.
- Währungsreform 1948: Einführung der DM in den Westzonen
- 1848/49 Berliner Blockade: Die UdSSR will die Westmächte zwingen, West-Berlin aufzugeben; Versorgung West-Berlins über eine Luftbrücke („Rosinenbomber")

Entstehung der Bundesrepublik Deutschland

- bis 1946: Bildung von Ländern mit Ministerpräsidenten
- Alliierte westliche Militärgouverneure beauftragen die Ministerpräsidenten mit Gründung des Weststaates.
- Ministerpräsidenten betonen provisorischen Charakter der Staatsgründung:
  - keine Verfassung, sondern Grundgesetz → B
  - Keine vom Volk gewählte Nationalversammlung → B, sondern ein parlamentarischer Rat aus Delegierten der Landtage arbeitet das Grundgesetz aus.
- Kennzeichen des Grundgesetzes: Lehren aus der Weimarer Verfassung
  - Stärkung der Regierung durch konstruktives Misstrauensvotum, Richtlinienkompetenz des Bundeskanzlers
  - Beschneidung der Macht des Bundespräsidenten: repräsentierendes Staatsoberhaupt, Vorschlagsrecht für Kanzlerwahl, Wiederwahl nur einmal möglich
  - Stärkung des Parlaments: personalisiertes Verhältniswahlrecht → B (50 % Direktkandidaten, 50 % per Landesliste), 5 %-Sperrklausel, keine plebiszitären Elemente

Deutschland- und Außenpolitik

Erste Phase 1949–1969

- unter Bundeskanzler Konrad Adenauer → P (CDU)
- Ziele: Wiedervereinigung aus einer Position der Stärke heraus
- Deutschlandpolitik: Alleinvertretungsanspruch der BRD für Gesamtdeutschland, Hallsteindoktrin → B

DEUTSCHLAND 1945 BIS 1990 – DIE BUNDESREPUBLIK DEUTSCHLAND

- Westintegration → B vor Wiedervereinigung
  - Deutsch-französische Partnerschaft
  - Europäische Integration
  - Transatlantische Freundschaft mit den USA

Zweite Phase 1969–1989

- unter Bundeskanzler Willy Brandt → P (SPD) und ab 1974 Helmut Schmidt (SPD)
- Kurswechsel in der Deutschland- und Ostpolitik: „Wandel durch Annäherung"
- Ziel: Verbesserung des Verhältnisses zur DDR und Normalisierung der Beziehungen zu den Ostblockstaaten
- 1970 Verträge mit Moskau und Warschau: Gewaltverzicht und Anerkennung der bestehenden Grenzen
- 1971 Viermächteabkommen über Berlin und Grundlagenvertrag mit der DDR: gegenseitige Anerkennung, Garantie der Grenzen, Ausbau der Kontakte
- Beginn der Entspannungspolitik, die von der christlich-liberalen Koalition aus CDU/CSU und FDP ab 1982 fortgesetzt wird

Wirtschaft und Gesellschaft

Wirtschaftliche Entwicklung

- „Wirtschaftswunder" → B der 1950er-Jahre, Einführung der sozialen Marktwirtschaft → B durch Wirtschaftsminister Ludwig Erhard → P, Integration von Flüchtlingen und Vertriebenen, weitgehende Vollbeschäftigung, wachsender Wohlstand, Massenkonsum
- Normalisierung 1960–1973: Verlangsamung des Wirtschaftswachstums, hohe Produktivitätszuwächse, Lohnexpansion, 1966/67 Rezession
- Krisen der 1970er-Jahre: drastische Ölpreiserhöhung der Ölförderstaaten, Energiekrise, Stagnation, Strukturkrise, Anstieg der Arbeitslosigkeit, aber: Massenwohlstand
- Neoliberalismus der 1980er-Jahre: Wirtschaftskrise 1981/82 wird als Scheitern der antizyklischen Fiskalpolitik gedeutet, Rückkehr zum Wirtschaftsliberalismus

Gesellschaft und Innenpolitik

- 1956 Aufbau der Bundeswehr im Rahmen der NATO
- 1965/66 Entstehung der außerparlamentarischen Opposition (APO) → B. Kampf gegen antidemokratische Tendenzen, gegen die Große Koalition, Kritik an fehlender Beschäftigung mit nationalsozialistischen Verbrechen, Kritik am Kapitalismus → B. Folge: Bewegung linker Studenten und Intellektueller (68er-Bewegung) entsteht. Radikalisierung einiger Teile bis zur Bildung der Terrorgruppe „Rote Armee Fraktion" (RAF) → B
- 1968 Verabschiedung der Notstandsgesetze: Bei innerem Notstand, im Katastrophen- oder Verteidigungsfall können Teile des Grundgesetzes außer Kraft gesetzt werden.
- 1969 Bundeskanzler Brandt → P leitet unter dem Motto „Mehr Demokratie wagen" innenpolitische Reformen ein:
  - Betriebsverfassungs- und Mitbestimmungsgesetz
  - BAföG-Förderung für Studierende
  - Erhöhung des Arbeitslosengeldes
  - Neuregelung des § 218 StGB (Abtreibungsparagraf, letztlich: Indikationslösung)
  - familienrechtliche Gleichstellung der Frau
  - Liberalisierung des Sexualstrafrechts (u. a. Straffreiheit von Homosexualität)
- 1980–1986 Massenproteste der Friedensbewegung gegen die Stationierung amerikanischer atomarer Mittelstreckenraketen (NATO-Doppelbeschluss → B 1979) in der BRD
- 1980 Gründung der Partei „Die Grünen", hervorgegangen aus der Anti-Atomkraft-, Umwelt- und Friedensbewegung

Erschließen einer historischen Quelle

Sich mit einer Stellungnahme auseinandersetzen

Stellungnahmen geben einen persönlichen Standpunkt wieder. Sie stehen jedoch nicht für sich allein, sondern sind stets als Beitrag zu einer Debatte zu verstehen. Andere Einschätzungen, auf die der Autor sich bezieht, müssen ebenfalls berücksichtigt werden. Bei der Beurteilung ist eine abwägende Argumentation notwendig.

1 Formale Merkmale klären

- Art des Textes, Autor, Zeit, Ort, Adressaten
- Thema

2 Inhalt bestimmen

- Text gliedern
- Schlüsselwörter markieren
- Auf Argumentationsabfolge achten

3 Historischen Kontext bestimmen

- Um welche Zeit geht es dem Autor?
- Zeitleiste zur Kontextualisierung erstellen

4 Sich auseinandersetzen

- In welchen Debattenkontext gehört die Stellungnahme?
- Welche Absicht verfolgt der Autor?
- War er in die genannten Ereignisse persönlich involviert?
- Welche Argumente sprechen für seine Einschätzung?
- Welche Argumente sprechen gegen seine Einschätzung?

5 Beurteilen

- Drei Ansätze sind denkbar: Zustimmung, Relativierung oder Ablehnung der Position des Autors
- Für welche Richtung man sich entscheidet, hängt von der Gewichtung der gefundenen Argumente ab.

MATERIAL

Kurt Schumacher über die Außenpolitik Konrad Adenauers (28. 9. 1952):

Die Sozialdemokratie geht von ganz anderen Voraussetzungen [als die Bundesregierung] aus. [...] Für uns ist die deutsche Einheit [in Freiheit und Frieden] kein Fernziel, sondern das Nahziel. [...] [Die SPD] wird jeden Versuch abwehren, die Verschmelzung von Teilen Deutschlands mit anderen Völkern dieser deutschen Einheit vorzuziehen. Wir wollen die Gemeinschaft. Jede Gemeinschaft beginnt für uns aber mit der Gemeinschaft mit der Bevölkerung der deutschen Besatzungszone und des Saargebietes.

Aus: Programme der deutschen Sozialdemokratie, Hannover [Verlag J. H. W. Dietz Nachf.] 1963.

1 Formale Merkmale klären

- Der Text ist eine Stellungnahme der SPD zur Außenpolitik der Bundesregierung unter Bundeskanzler Adenauer (CDU).
- Autor ist der SPD-Vorsitzende und Oppositionsführer im Deutschen Bundestag Kurt Schumacher.
- Zeitpunkt ist der 28. 9. 1952 und Ort ist vermutlich der Deutsche Bundestag.
- Die Stellungnahme ist gerichtet an die Regierung, an das Parlament und an die deutsche Bevölkerung.

2 Inhalt bestimmen

- Der SPD-Vorsitzende Kurt Schumacher kritisierte die Außenpolitik Adenauers, da sie seines Erachtens
  – die Einheit Deutschlands als Fernziel, nicht als Nahziel betrachtete
  – bereit war, die Verschmelzung mit anderen Völkern der deutschen Einheit vorzuziehen.
- Demgegenüber beharrte Schumacher darauf, dass die Herstellung der deutschen Einheit das außenpolitische Hauptziel der BRD sein müsse, auch wenn er die Integrationspolitik Adenauers prinzipiell guthieß.

3 Historischen Kontext bestimmen

Integration der Bundesrepublik in das westliche Lager:

- 1949 Beitritt zur OEEC (Vorläufer der OECD), Organisation, die den Marshallplan koordinierte
- 1949 Petersberger Abkommen: Aufnahme der BRD in die Internationale Ruhrbehörde
- 1950/51 BRD Mitglied des Europarats
- 1951 BRD Gründungsmitglied in der Europäischen Gemeinschaft für Kohle und Stahl (Montanunion)
- 1952 Stalin-Note (Wiedervereinigungsangebot als neutraler Staat) von Adenauer abgelehnt
- 1955 Beitritt zur NATO

4 Sich auseinandersetzen

- Die Stellungnahme gehört in den Kontext der Debatte über die politischen Ziele der BRD in den 1950er-Jahren:
  - Adenauer und seine Anhänger gaben der Westintegration den Vorrang vor der Wiedervereinigung Deutschlands.
  - Die oppositionelle SPD unter ihrem Vorsitzenden Kurt Schumacher stellten das nationale Ziel der Wiedervereinigung in den Vordergrund.
- Was für den Standpunkt Adenauers spricht:
  - Bewusste Abkehr von Hegemoniestreben und Revisionismus der Deutschen Außenpolitik in der ersten Hälfte des 20. Jh., Vertrauen erwerben
  - Gleichberechtigung der BRD, staatliche Souveränität und internationale politische Mitsprache
  - Absicherung eines Lebens der Bundesbürger in politischer Freiheit
  - Zuspitzung des Ost-West-Konflikts im Koreakrieg, Furcht vor sowjetischen Expansionsbestrebungen
  - Wiedervereinigung nur in Frieden (Zustimmung der Nachbarstaaten) und Freiheit
- Was für den Standpunkt Schumachers spricht:
  - Die Westbindung des deutschen Teilstaats vertieft die Teilung und verhindert die Wiedererrichtung eines deutschen Nationalstaats.
  - Konflikte mit der Sowjetunion lassen Wiedervereinigung in weite Ferne rücken.
  - Wird mit Ablehnung der Stalin-Note nicht eine große Chance vergeben?

5 Beurteilen

- Schumachers Standpunkt ist nachzuvollziehen, Adenauer betrieb die Westintegration um den Preis des Verzichts auf die Wiedervereinigung in absehbarer Zeit.
- Aber vor dem Hintergrund des sich zuspitzenden Kalten Krieges war die „Wiedervereinigung als Nahziel" unrealistisch.
- Schumacher bedenkt nicht, welche Errungenschaften die Bundesrepublik für eine Wiedervereinigung aufs Spiel gesetzt hätte.
- Die Stalin-Note musste für Schumacher verlockend klingen, aber nach neueren Forschungserkenntnissen scheint sicher, dass sie kein aufrichtig gemeintes Angebot war, sondern vor allem die Westintegration der Bundesrepublik stören sollte.

AUFGABE 1

Arbeiten Sie heraus, welche Aussagen das Manifest zur innenpolitischen Debatte in der BRD Anfang 1955 macht und welche Bedeutung ihm wohl zukam.

Aus dem „Paulskirchenmanifest" vom 29. Januar 1955, getragen von ca. 1000 führenden Personen aus SPD, Gewerkschaften und Kirchen

Die Aufstellung deutscher Streitkräfte in der Bundesrepublik und in der Sowjetzone muss die Chancen der Wiedervereinigung für unabsehbare Zeit auslöschen und die Spannung zwischen Ost und West verstärken. [...] Das furchtbare Schicksal, dass sich die Geschwister einer Familie in verschiedenen Armeen mit der Waffe in der Hand gegenüberstehen, würde Wirklichkeit werden. In dieser Stunde muss jede Stimme, die sich frei erheben darf, zu einem unüberhörbaren Warnruf vor dieser

DEUTSCHLAND 1945 BIS 1990 – DIE BUNDESREPUBLIK DEUTSCHLAND

Entwicklung werden. Unermesslich wäre die Verantwortung derer, die die große Gefahr nicht sehen, dass durch die Ratifizierung der Pariser Verträge die Tür zu Viermächteverhandlungen über die Wiederherstellung der Einheit Deutschlands in Freiheit zugeschlagen wird. Wir appellieren an Bundestag und Bundesregierung, alle nur möglichen Anstrengungen zu machen, damit die vier Besatzungsmächte dem Willen unseres Volkes zur Einheit Rechnung tragen. Die Verständigung über eine Viermächtevereinbarung zur Wiedervereinigung muss vor der militärischen Blockbildung den Vorrang haben.

TIPP

- Machen Sie sich klar, was der Operator von Ihnen verlangt: **herausarbeiten,** d. h. nicht explizit genannte Sachverhalte darlegen und erklären.
- Beziehen Sie die anderen Standpunkte der innenpolitischen Debatte, gegen die sich das Manifest abgrenzt, in Ihre Ausführungen mit ein. Orientieren Sie sich an der Schrittfolge, die auf der Methodenseite „Sich mit einer Stellungnahme auseinandersetzen" (S. 67) angegeben ist.
- Verfassen Sie einen gut strukturierten Text.

AUFGABE 2

Beurteilen Sie das Bonner Grundgesetz unter dem Aspekt „aus der Geschichte lernen".

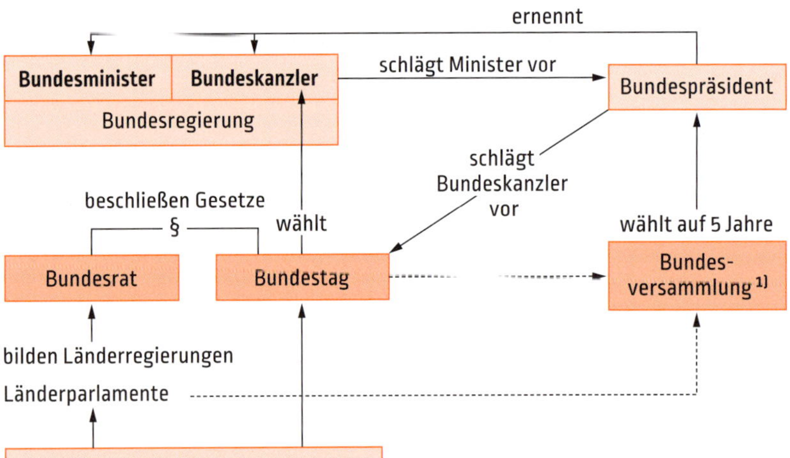

1) Mitglieder des Bundestags und ebenso viele von den Länderparlamenten entsandte Vertreter

TIPP

- Machen Sie sich klar, was der Operator von Ihnen verlangt: **beurteilen,** d. h. zu einem Sachverhalt oder einer Aussage unter Verwendung von Fachwissen und Fachmethoden Stellung nehmen, um zu einer begründeten Einschätzung zu gelangen.
- Orientieren Sie sich bei Ihrer Bearbeitung an der Schrittfolge, die auf der Methodenseite „Ein Verfassungsschaubild interpretieren" (S. 47) angegeben ist.

AUFGABE 3

Analysieren Sie das Plakat unter mentalitätsgeschichtlichen Gesichtspunkten.

Werbeplakat der Volkswagen GmbH für den „Käfer"; Mitte der 1950er-Jahre.

TIPP

- Orientieren Sie sich bei Ihrer Bearbeitung an der Schrittfolge, die auf der Methodenseite „Ein Plakat analysieren" angegeben ist.
- Machen Sie sich klar, was der Operator von Ihnen verlangt: **analysieren,** d. h. Materialien, Sachverhalte oder Räume kriterienorientiert oder aspektgeleitet erschließen und strukturiert darstellen.

AUFGABE 4

Vergleichen Sie die drei Beurteilungen des Grundlagenvertrags hinsichtlich seiner Bedeutung für die Zukunft Deutschlands.

Stellungnahmen zum Grundlagenvertrag zwischen der BRD und der DDR

a) Walter Scheel *(FDP), Bundesaußenminister (November 1972):*

Der Grundvertrag ist kein Schlußstein im Verhältnis zwischen den beiden Teilen Deutschlands. Er ist das für uns wichtigste Stück einer Entspannungspolitik, die in die Zukunft weist. [...] Der Vertrag enthält zwei Elemente, die auch unsere Deutschlandpolitik kennzeichnen. Er ändert nichts an der rechtlichen Lage in Deutschland. Dazu gehört: 1. Beide Staaten sind Teil einer Nation mit gemeinsamer Sprache, gemeinsamer Geschichte und einem engen Geflecht von Bindungen. 2. Es gibt für Deutschland noch keinen Friedensvertrag; deshalb bestehen die Rechte und Verantwortlichkeiten der vier Mächte fort. Diese Rechtspositionen haben wir im Vertrag aufrechterhalten. Unsere Politik bleibt, auf einen Zustand des Friedens in Europa hinzuwirken, in dem das deutsche Volk in freier Selbstbestimmung seine Einheit wiedererlangt. [...]

DEUTSCHLAND 1945 BIS 1990 – DIE BUNDESREPUBLIK DEUTSCHLAND

***b) Heinz Barche,** Direktor der SED-Parteischule in der SED-Zeitung „Freie Erde“ (Dezember 1972):*

Wir entlarven dieses Gerede sozialdemokratischer Führer von der „Einheit der Nation“ als Heuchelei. [...] Der Vertrag selbst ist die Abgrenzung von der BRD und hat nichts zu tun mit einer einfach illusionären Tendenz zur Annäherung an die BRD oder zur „Wiedervereinigung Deutschlands“. Und wenn verwandtschaftliche Beziehungen beim einen oder anderen Bürger der DDR zu Bürgern der BRD bestehen, dann ist es unsere Aufgabe, mitzuhelfen, dass sich diese Verwandten einreihen in die Schar der friedliebenden, progressiven, demokratischen und revolutionären Kräfte der BRD.

***c) Karl Carstens** (CDU) im Bundestag (Juni 1973):*

[Die] beiden Staaten [...] bekräftigen einander die Unverletzlichkeit ihrer Grenzen, sie erklären, dass keiner den anderen international vertreten kann. [...] Die Begriffe „Deutsche Nation“, „Deutsche Einheit“ suchen Sie in diesem Vertrag vergebens. Ja, da, wo offenbar dem Sinne nach von Deutschland als Ganzem die Rede ist, wenn nämlich von den Verantwortlichkeiten und Rechten der vier Mächte gesprochen wird, wird sorgfältig vermieden, zu sagen, um welche Verantwortlichkeiten und Rechte es sich handelt, nur damit das Wort „Deutschland“ in diesem Vertrag nicht erscheint. Darin, in der Nichterwähnung unseres politischen Zieles der deutschen Einheit in diesem Vertrag, liegt ein schweres, möglicherweise nicht wiedergutzumachendes historisches Versäumnis.

TIPP

- Machen Sie sich klar, was der Operator von Ihnen verlangt: **vergleichen,** d. h. auf der Grundlage von Kriterien historische Sachverhalte problembezogen gegenüberstellen, um Gemeinsamkeiten, Unterschiede, Teil-Identitäten, Ähnlichkeiten, Abweichungen oder Gegensätze zu beurteilen. In diesem Fall ist das Kriterien vorgegeben: die Bedeutung des Grundlagenvertrages für die Zukunft Deutschlands.
- Orientieren Sie sich an der Schrittfolge, die auf der Methodenseite „Sich mit einer Stellungnahme auseinandersetzen“ (S. 67) angegeben ist.

AUFGABE 5

Bewerten Sie die Bedeutung der 68er-Bewegung, indem Sie besonders ihr Verhältnis zur NS-Vergangenheit und die von ihr praktizierten Methoden untersuchen.

TIPP

- Beachten Sie, dass die Aufgabe zwei Teilaufgaben umfasst: 1. untersuchen, 2. bewerten.
- Machen Sie sich klar, was die Operatoren von Ihnen verlangen:
  - **untersuchen,** d. h. Materialien oder historische Sachverhalte nach Kriterien oder Aspekten erschließen;
  - **bewerten,** d. h. Aussagen, Behauptungen, Vorschläge oder Maßnahmen beurteilen, eine persönliche Stellungnahme abgeben und dabei die eigenen Wertmaßstäbe offenlegen.

Deutschland 1945 bis 1990 – die Deutsche Demokratische Republik

Leitfragen

- Wie sahen demokratischer Anspruch, Selbstverständnis und Wirklichkeit in der DDR aus?
- Welche Handlungsoptionen hatten die politischen Akteure in der Geschichte Ost- und Westdeutschlands?
- Welche Ursachen und Besonderheiten hatte die friedliche Revolution in der DDR?

Wichtige Daten

Okt. 1949	Gründung der Deutschen Demokratischen Republik	
1953	Aufstand vom 17. Juni	*Generalsekretär des Zentralkomitees der SED und seit 1960 Vorsitzender des Staatsrats der DDR* **Walter Ulbricht** *1950–1971*
1955	DDR ist Gründungsmitglied des Warschauer Pakts	
1956	Aufbau der Nationalen Volksarmee (NVA)	
1961	Bau der Berliner Mauer	
1968	Niederschlagung des Prager Frühlings mithilfe von DDR-Truppen	
1972	Grundlagenvertrag mit der Bundesrepublik	*Generalsekretär des Zentralkomitees der SED und seit 1976 Vorsitzender des Staatsrats der DDR* **Erich Honecker** *1971–1989*
1976	Ausbürgerung Wolf Biermanns	
ab 1985	Reformpolitik in der Sowjetunion (Glasnost und Perestroika)	
1989	Massenflucht von DDR-Bürgern	

Wichtige Begriffe

Arbeiter-und-Bauern-Staat Eigenbezeichnung der DDR, um zu betonen dass Arbeiter und Bauern privilegiert sind und den Staat regieren und prägen. Das bedeutete z. B., dass ihre Kinder bevorzugt studieren durften und berufliche Vorteile hatten.

Blockparteien Parteien und → Massenorganisationen wurden im sogenannten „Demokratischen Block" zusammengefasst. Sie sollten zwar verschiedene gesellschaftliche Kräfte repräsentieren, sich aber letztlich der → SED unterwerfen. Bei Wahlen kandidierten sie auf einer Einheitsliste mit der SED und erhielten eine festgelegte Anzahl von Mandaten.

Freie Deutsche Jugend (FDJ) Einzige → Massenorganisation für Jugendliche in der DDR, 1946 gegründet. Die FDJ verfolgte das Ziel, Jugendliche für die DDR zu begeistern.

Glasnost und Perestoika Glasnost *(russ. Transparenz, Offenheit)* und Perestroika *(russ. Umbau)* waren die Leitbegriffe, unter denen → M. Gorbatschow ab 1985 grundlegende Reformen in der Sowjetunion einführte: Transparenz und Kontrolle von Entscheidungen, Abbau der zentralistischen Führung, höhere wirtschaftliche Effizienz.

Neues Ökonomisches System (der Planung und Leitung) – NÖS(PL) Beschlossen vom Zentralkomitee der SED 1963, um die Motivation der Werktätigen zu heben. Leistungsanreize für Arbeiter und größere Selbstständigkeit der Betriebe.

Planwirtschaft Wirtschaftsordnung, in der das gesamte wirtschaftliche Geschehen von einer zentralen Stelle nach politischen und wirtschaftlichen Zielvorstellungen geplant, gelenkt und verwaltet wird. In der DDR wurden Fünfjahrespläne erstellt, die die Unternehmen erfüllen mussten.

Ministerium für Staatssicherheit (Stasi) Staatlicher Sicherheitsdienst der DDR, hatte 1989 ca. 85 000 hauptamtliche und ca. 109 000 sogenannte inoffizielle Mitarbeiter (IM); Ziel: systematische und flächendeckende Kontrolle der Bevölkerung, Verfolgung und Unterdrückung Oppositioneller.

Massenorganisationen Alle gesellschaftlichen Verbände wurden 1948 in der sowjetisch besetzten Zone in Massenorganisationen umgewandelt und der Führung der SED unterstellt. Alle Gruppen der Gesellschaft sollten zur Durchsetzung der Ziele der Partei organisiert sein. Wichtige Massenorganisationen waren FDGB (Freier Deutscher Gewerkschaftsbund), FDJ (Freie Deutsche Jugend), DSF (Deutsch-sowjetische Freundschaft) und KB (Kulturbund).

SED Sozialistische Einheitspartei Deutschlands, führende Staatspartei der DDR, 1946 gegründet durch Zusammenschluss der Kommunistischen Partei Deutschlands (KPD) und der Sozialdemokratischen Partei Deutschlands (SPD).

Volkseigener Betrieb (VEB) Betrieb, der nicht im Privatbesitz, sondern gesellschaftliches Eigentum (Gemeineigentum) ist. In der sowjetisch besetzten Zone (SBZ) wurden Privatbetriebe beim Aufbau des Sozialismus enteignet.

Wichtige Personen

Wilhelm Pieck (1876–1960) Gelernter Tischler, erst Mitglied der SPD, dann der KPD. Baute nach 1945 die KPD wieder mit auf, 1949–1960 Präsident der DDR.

Walter Ulbricht (1893–1973) Gelernter Möbelschreiner, erst Mitglied der SPD, dann der KPD. Gefolgsmann Stalins. Organisierte nach 1945 den Aufbau der KPD. Als Generalsekretär des ZK der SED 1959/53–1971 und als Vorsitzender des Verteidigungsrats und Staatsrats war er bis 1971 die zentrale Führungsfigur der DDR.

Erich Mielke (1907–2000) Arbeitersohn, engagierte sich in der KPD. Nach 1945 maßgeblich am Aufbau der Staatssicherheit beteiligt, 1957–1989 deren Minister. Verantwortlich für das flächendeckende Überwachungssystem und den brutalen Repressionsapparat in der DDR.

Erich Honecker (1912–1994) Gelernter Dachdecker, Mitglied der KPD, Schulungen in Moskau, Politbüromitglied, leitete den Bau der Berliner Mauer. Ab 1971 Generalsekretär des ZK der SED, ab 1976 zusätzlich Staatsratsvorsitzender (Staatsoberhaupt). Lehnte die Reformen Gorbatschows ab, versuchte die Opposition zu unterdrücken, wurde im Oktober 1989 gestürzt.

Michail S. Gorbatschow (geb. 1931) Seit 1985 Generalsekretär der Kommunistischen Partei der Sowjetunion, leitete mit seinen Reformen unbeabsichtigt den Zusammenbruch des Ostblocks ein. Sein Verzicht auf den Einsatz sowjetischen Militärs zur Sicherung der Satellitenstaaten machte die friedliche Revolution in der DDR möglich. Er erhielt 1990 den Friedensnobelpreis.

Wolf Biermann (geb. 1936) Deutscher Liedermacher, siedelte 1953 in die DDR über. Wegen scharfer Kritik an der SED-Parteidiktatur ab 1965 Auftritts- und Publikationsverbot, wurde 1976 anlässlich einer Konzertreise in die BRD ausgebürgert. Folge: heftige Proteste vonseiten der Künstler und Dissidenten in der DDR, die Distanz von Dissidenten zur DDR wächst.

Kurzdarstellung

Deutschland 1945 bis 1990 – die Deutsche Demokratische Republik

Sowjetisch besetzte Zone (SBZ)

- Ziel der Sowjetunion: Einbeziehung ihrer Besatzungszone in den sowjetisch kontrollierten Schutzgürtel, Entschädigung für Kriegszerstörungen.
- Vorgehen:
  - Besetzung wichtiger Positionen in Politik und Verwaltung mit deutschen Exilkommunisten
  - Zwangsvereinigung von KPD und SPD zur SED →B (1946)
  - Umformung der SED zur Kaderpartei nach sowjetischem Vorbild (1949)
  - Bodenreform: Enteignung des Großgrundbesitzes über 100 ha sowie der Betriebe und Ländereien von „Nazi- und Kriegsverbrechern" (1945/46)
  - Demontage von Werksanlagen, Schienennetzen usw. und Überführung in die UdSSR
  - Umwandlung von Industriebetrieben, Banken und Versicherungen in sogenannte volkseigene Betriebe (VEB, 1946–48) →B
  - Währungsreform als Reaktion auf die westliche Währungsreform (23. 6. 1948)
  - Gründung des Rats für gegenseitige Wirtschaftshilfe (RGW) der Ostblockländer als Gegenstück zu Marshall-Plan →B und OEEC im Westen (25. 1. 1949)

Die DDR bis zum Mauerbau 1961

„Aufbau des Sozialismus", sozialistische Umgestaltung von Wirtschaft, Staat und Gesellschaft, die sich an der Sowjetunion orientierte, unter Walter Ulbricht →P

Wirtschaftliche Umgestaltung

- Enteignung der Privatbetriebe zugunsten volkseigener Betriebe (VEB) →B oder landwirtschaftlicher Produktionsgenossenschaften (LPG)
- Einführung einer Zentralverwaltungswirtschaft (Planwirtschaft →B) und Schwerpunktverlagerung von der Konsumgüter- und Leichtindustrie auf die Schwerindustrie; Folgen: geringe Arbeitsproduktivität, Mangel an Innovationen, Mangel an Konsumartikeln, Arbeitskräftemangel
- Abwanderung/Flucht von ca. 2,7 Mio. Menschen in die BRD (1949–1961)

Umgestaltung des Staates

- führende Rolle der SED →B, die sich als „Kaderpartei" verstand und nach dem Prinzip des „demokratischen Zentralismus" organisiert war (strenge Parteidisziplin, hierarchische Machtstrukturen, straffe Lenkung von oben nach unten)
- Einbindung der sog. Blockparteien →B (CDU, LDPD, NDPD und DBD) und Massenorganisationen →B (FDGB und FDJ) in das scheinparlamentarische System
- Blockwahlsystem zur Volkskammer: Zustimmung oder Ablehnung von vorher zusammengestellten festen Einheitslisten der sog. Nationalen Front (SED, Blockparteien →B und Massenorganisationen →B)
- Auflösung der fünf Länder; Neugliederung in 14 zentralistisch geleitete Bezirke
- Umformung der Justiz zu einem Teil des Unterdrückungsapparats
- Einrichtung des Ministeriums für Staatssicherheit (Stasi) →B
- Niederschlagung des Aufstands vom 17. Juni 1953 durch sowjetische Truppen (Bauarbeiterstreik wegen Erhöhung der Arbeitsnormen hatte sich zu Massenstreiks ausgeweitet)
- 13. August 1961: Beginn des Baus der Berliner Mauer, verstärkte Sicherung der Grenze (Schießbefehl)

Die DDR 1961 bis 1989

Konsolidierung in den 1960er-Jahren

Der Mauerbau war eine Art zweite Staatsgründung der DDR: Die Menschen arrangierten sich mit dem Regime, das den politischen Druck milderte und den Lebensstandard erhöhte:

- Lockerung der politischen Kontrolle, Beendigung der Zeit des Klassenkampfs, Ankündigung einer „sozialistischen Menschengemeinschaft"
- mehr Entfaltungsmöglichkeiten und Freiräume für die Kirchen
- Einführung des Neuen Ökonomischen Systems →B (1963), das Betrieben mehr Entscheidungsfreiheit zugestand und materielle Anreize für die Beschäftigten vorsah
- Ankurbelung der Konsumgüterindustrie
- erhebliche Investitionen in Naturwissenschaft und Technik, Vorrang des Sachwissens vor der Parteilinientreue in den Betrieben, Folge: Ausweitung der Schwerindustrie
- Erhöhung von Löhnen und Renten
- massive Ankurbelung des Wohnungsbaus (Plattenbauten)
- Verbesserung der Sozialleistungen (u. a. Kinderkrippen, Babyjahr)

Krise der 1970er-Jahre

- Ursachen: wirtschaftliche Schwierigkeiten durch steigenden Ölpreis, durch hohe Sozialleistungen und Subventionen für Grundnahrungsmittel, Wohnungen und Energie
- Folgen: wachsende Auslandsverschuldung, Stagnieren des Lebensstandards, Unterbleiben notwendiger Modernisierungen und Neuinvestitionen in der Industrie, Verfall der Bausubstanz in den Städten, starke Zunahme der Umweltverschmutzung
- Errungenschaften: kaum Arbeitslosigkeit, geringe Kriminalität, Gleichberechtigung der Geschlechter, bezahlbare medizinische Versorgung, bedarfsdeckende Kinderbetreuung
- Forderungen nach Einhaltung der Menschenrechte (Berufung auf KSZE-Schlussakte →B von Helsinki, 1975), mehr politischen Freiheiten und wirtschaftlichen Verbesserungen
- Ausbau des staatlichen Kontroll- und Unterdrückungsapparates
- seit Mitte der 1980er-Jahre: Friedensbewegung auch in der DDR trotz staatlicher Repressionen; Parole: „Schwerter zu Pflugscharen"

Die friedliche Revolution

Ursachen

- schwere wirtschaftliche Krise
- zunehmende Unzufriedenheit in der Bevölkerung wegen der wachsenden Bevormundung, Kontrolle und Unterdrückung, der einseitigen Berichterstattung in den Medien, der Versorgungsmängel sowie der erheblichen Reisebeschränkungen
- DDR-Regime nicht mehr von Sowjetunion gestützt (Glasnost und Perestroika →B)

Stationen der demokratischen Revolution

- Mai 1989: öffentliche Beschwerden und wiederholte Proteste gegen offensichtlich gefälschte Kommunalwahlergebnisse
- August 1989: Beginn einer Massenflucht von DDR-Bürgern über die Grenzen Ungarns und Österreichs und in die BRD-Botschaften in Budapest, Prag und Warschau
- September 1989: Beginn der wöchentlichen Montagsdemonstrationen in Leipzig; Folge: Hunderttausende in anderen Städten schlossen sich an; Parole: „Wir sind das Volk"
- Gründung neuer landesweiter Vereinigungen: Demokratie jetzt, Neues Forum, Demokratischer Aufbruch
- 30. September: Ausreisegenehmigung für DDR-Flüchtlinge in Prag und Warschau
- 7. Oktober: 40-Jahr-Feier der DDR, Staatsgast Gorbatschow plädiert für Reformen
- 18. Oktober: Rücktritt Honeckers →B, Egon Krenz wird neuer Staats- und Parteichef
- 9. November: Öffnung der innerdeutschen Grenze

Erschließen einer historischen Quelle

Ein internes Dokument auswerten

Interne Dokumente sind nicht für die Öffentlichkeit bestimmt. Sie bieten oft wesentliche Hintergrundinformationen über Einstellungen und Wertungen und machen sichtbar, wie Entscheidungen zustande kommen. Oft fehlt Ihnen allerdings der nötige Abstand zum Berichteten. Ein unzureichender Informationsstand oder das Vorherrschen einer Weltanschauung (Ideologie) können zu falschen Beurteilungen führen.

1 Formale Merkmale klären

- Textart, Verfasser, Zeit, Ort, Adressat
- Thema

2 Inhalt bestimmen

- Text gliedern
- Schlüsselwörter markieren
- Hauptthesen festhalten

3 Inhalt auswerten

- Welche Aspekte stellt der Autor in den Vordergrund?
- Gibt es Aspekte, die der Autor nicht sieht?
- Fehlen dem Autor Informationen?
- Ist der Autor in einer Weltanschauung befangen?
- Welche Einstellungen/Wertungen vertritt der Autor?

4 Historischen Kontext bestimmen

- In welchem historischen Kontext ist das Dokument entstanden?
- Was war die Intention des Verfassers?

5 Bewerten

- Was sagt das Dokument über das Denken der politischen Entscheidungsträger und die politische Situation aus?

MATERIAL

Aus einem Stasibericht vom 1. Juni 1989

(Information an Honecker, Krenz, Dohlus, Hager, Herrmann u. a., intern MfS)

Streng geheim! Um Rückgabe wird gebeten!

Eine der Hauptstoßrichtungen im subversiven Vorgehen des Gegners gegen den Sozialismus bilden Versuche der Schaffung und Legalisierung einer sogenannten inneren Opposition. [...] In Durchsetzung des von imperialistischen Kreisen der USA beschlossenen antisozialistischen „Programmes für Demokratie" wirken führende politische Kräfte der NATO-Staaten darauf hin, unter der Flagge einer „Demokratisierung, Liberalisierung und eines Eintretens für politischen Pluralismus westlicher Prägung in kommunistischen Ländern" in diesen Staaten Oppositionsparteien und -bewegungen zu entwickeln und zu fördern [...]. Dieses Vorgehen widerspiegelt sich sowohl in der Staatspolitik der imperialistischen Hauptmächte als auch in den vielfältigen subversiven Aktivitäten feindlicher Zentren und Organisationen [...]. (Diese Aktivitäten sind zunehmend darauf ausgerichtet, unter Missbrauch des KSZE-Prozesses und unter Berufung auf bestimmte Entwicklungen in einigen sozialistischen Staaten, in der DDR feindliche, oppositionelle Kräfte [...] zu unterstützen sowie gegen die sozialistische Staats- und Gesellschaftsordnung gerichtete Handlungen zu inspirieren und zu aktivieren.)

Es ist einzuschätzen, dass die politischen, ideologischen und subversiven gegnerischen Einwirkungen sowie die von der aktuellen Lageentwicklung in einigen sozialistischen Ländern ausgehenden Einflüsse unter Teilen der Bevölkerung der DDR gewisse Wirkungen erzielen. Sie zeigen sich insbesondere im Vorhandensein [...] personeller Zusammenschlüsse, entsprechender Gruppierungen und Gruppen, die in Übereinstimmung bzw. im Zusammenwirken mit reaktionären kirchlichen Personen und gemeinsam mit äußeren Feinden im Sinne dieser gegnerischen Strategie wirksam zu werden versuchen.

Seit Beginn der 80er-Jahre anhaltende Sammlungs- und Formierungsbestrebungen solcher Personen [...] führten zur Bildung entsprechender Gruppierungen und Gruppen. Diese sind fast ausschließlich in Strukturen der evangelischen Kirchen in der DDR eingebunden [...]

Aus: MfS, ZAIG, Nr. 150/89, in: „Ich liebe euch doch alle ..." Befehle und Lageberichte des MfS Januar bis November 1989, hg. von Armin Mitter und Stefan Wolle, Berlin: BasisDruck Verlagsgesellschaft 1990, S. 46–47.

1 Formale Merkmale klären

- Interner, streng geheimer Bericht des Ministeriums für Staatssicherheit der DDR, verfasst im Juni 1989, vermutlich in Ost-Berlin
- Adressaten: Honecker, Krenz und weitere Vertreter der Staatsführung der DDR
- Thema: Ursachen für die Entstehung regimekritischer Bewegungen und Gruppen in der DDR; die evangelischen Kirchen als wichtigste Sammel- und Organisationspunkte dieser Regimegegner

2 Inhalt bestimmen

- Hauptursache für die Entstehung einer „inneren Opposition" in der DDR: die staatliche Politik der USA und der NATO-Staaten sowie die diese unterstützende subversive Tätigkeit von „imperialistischem Kreisen"
- Ziel der Gegner: unter dem Deckmantel von Demokratisierung, Liberalisierung und Pluralismus und „unter Missbrauch des KSZE-Prozesses" die DDR von innen zu destabilisieren

- Dazu kommen „Entwicklungen in einigen sozialistischen Staaten", die die Oppositionsgruppen zusätzlich anspornten und inspirierten.
- Die evangelischen Kirchen bieten diesen regimefeindlichen Gruppierungen Anlaufstellen und einen organisatorischen Rahmen.

3 Inhalt auswerten

- Pauschal und undifferenziert macht der Bericht für die Unzufriedenheit der DDR-Bevölkerung die „Wühlarbeit" der imperialistischen Feindstaaten verantwortlich.
- Er fragt in keiner Weise nach den Ursachen der Unzufriedenheit, weswegen auch keine Reformansätze entwickelt werden.
- Man sucht nur nach einem feindlichen Urheber und findet ihn natürlich leicht im gegnerischen Lager. Im Innern werde er von „reaktionären kirchlichen Personen" unterstützt.
- Auf diese Weise bagatellisiert der Bericht die wirkliche Brisanz und Wucht der Kritik und missversteht die Rolle der Kirchen sträflich.
- Interessant ist der dezente Hinweis auf die Reformbestrebungen in einigen Ostblockstaaten (Polen, Ungarn, Tschechoslowakei) infolge von Gorbatschows Reformpolitik. Diesen steht der Verfasser des Berichts anscheinend äußerst skeptisch gegenüber.
- Der Stasibericht ist offensichtlich noch völlig im Denken des Kalten Krieges gefangen.

4 Historischen Kontext bestimmen

- Intention des Verfassers: versucht Weltbild, Ideologie und Herrschaftslegitimation der DDR zu retten, indem die Wirklichkeit ignoriert bzw. uminterpretiert wird; der Staatsführung der DDR (Honecker, Krenz) wird ein falsches Bild der Wirklichkeit vermittelt.
- Historischer Kontext:
  - Seit 80er-Jahren: oppositionelle Gruppen, Friedens- und Umweltgruppen entstehen, Einforderung von Menschenrechten (Berufung auf KSZE-Schlussakte)
  - Reformen von Generalsekretär Gorbatschow ab 1985 führen zu entsprechenden Reformforderungen der Opposition in der DDR.
  - Forderungen der Bürgerrechtsbewegungen in Polen, Ungarn und der ČSSR werden in der DDR aufgegriffen.
  - Mai 1989: Wahlfälschung bei Kommunalwahl durch Partei und Staat; Oppositionsgruppen protestieren.
  - Immer mehr Ausreiseanträge werden gestellt, besonders im 1. Halbjahr 1989.
  - Juli bis September 1989: DDR-Bürger besetzen Botschaften der BRD in Ost-Berlin, Budapest, Prag und Warschau, um die Ausreise zu erzwingen.
  - Spätsommer 1989: Erste parteiähnliche Gruppen bilden sich: Neues Forum, Demokratie jetzt, SDP, Demokratischer Aufbruch, die die führende Rolle der SED nicht anerkennen.

5 Bewerten

- Das Dokument macht die offensichtliche Blindheit gegenüber gesellschaftlichen und politischen Veränderungsprozessen deutlich und die völlig fehlende Bereitschaft, über mögliche Reformen nachzudenken.

AUFGABE 1

Stellen Sie die Haltung Barthels zum Volksaufstand vom 17. Juni 1953 und diejenige Brechts einander gegenüber und erläutern Sie die Hintergründe des Aufstands.

Karl Barthel, *Wie ich mich schäme*

Wie ich mich schäme! Maurer – Maler – Zimmerleute. Sonnengebräunte Gesichter unter weißleinenen Mützen, muskulöse Arme. Nacken – gut durchwachsen, nicht schlecht habt ihr euch in eurer Republik ernährt, man konnte es sehen. Vierschrötig kamt ihr daher. [...] Es gibt keine Ursache dafür, dass ihr an jenem, für euch – euch am allermeisten – schändlichen Mittwoch nicht Häuser bautet. [...] Schämt ihr euch so, wie ich mich schäme? Da werdet ihr sehr viel und sehr gut mauern und künftig sehr klug handeln müssen, ehe euch diese Schmach vergessen wird. Zerstörte Häuser zu reparieren, das ist leicht. Zerstörtes Vertrauen wieder aufbauen, das ist sehr, sehr schwer.

Bertolt Brecht, *Die Lösung*

Nach dem Aufstand des 17. Juni
Ließ der Sekretär des Schriftstellerverbands
In der Stalinallee Flugblätter verteilen,
Auf denen zu lesen war, dass das Volk
Das Vertrauen der Regierung verscherzt habe
Und es nur durch verdoppelte Arbeit
Zurückerobern könne. Wäre es da
Nicht doch einfacher, die Regierung
Löste das Volk auf und
Wählte ein anderes?

Aus: Ilse Spittmann und Karl Wilhelm Fricke (Hrsg.): 17. Juni 1953. Arbeiteraufstand in der DDR, Köln: Verlag Wissenschaft und Politik 1982.
Aus: Bertolt Brecht, Große kommentierte Berliner und Frankfurter Ausgabe, Band 2, Frankfurt am Main: Suhrkamp Verlag 1988.

TIPP

- Beachten Sie, dass die Aufgabe zwei Teile umfasst: 1. gegenüberstellen, 2. erläutern.
- Machen Sie sich klar, was die Operatoren von Ihnen verlangen:
  - **gegenüberstellen,** d. h. Sachverhalte, Probleme, Aussagen knapp wiedergeben und argumentierend gewichten;
  - **erläutern,** d. h. Sachverhalte in ihren komplexen Beziehungen an Beispielen und/oder Theorien verdeutlichen (auf Grundlage von Kenntnissen bzw. Materialanalyse).
- Brecht hat seine Stellungnahme in die Form eines Gedichtes gefasst. Gehen Sie auch auf die sprachlichen und rhetorischen Mittel ein, mit denen er seine Aussage verdeutlicht.
- Orientieren Sie sich an der Schrittfolge, die auf der Methodenseite „Sich mit einer Stellungnahme auseinandersetzen“ (S. 67) angegeben ist.

AUFGABE 2

1. Arbeiten Sie die hier genannten Probleme bei der Verwirklichung einer „sozialistischen Gesellschaft“ heraus.
2. Beurteilen Sie die in der Parteizeitung vorgenommene Ursachenanalyse.

Aus der SED-Bezirkszeitung „Freiheit“ vom 5. November 1953

In Wiehe, Kreis Artern, wird es bei näherem Hinsehen deutlich, dass hier die Feinde unserer demokratischen Staatsordnung Fuß gefasst haben. Im Sinne der westdeutschen Monopolisten und Junker versuchen sie, das ganze Dorf ihren Zielen untertänig zu machen. Diese Wühlarbeit des Feindes ist nicht zufällig, sie trägt systematischen Charakter und ist organisiert. Doch die Genossen der Parteiorganisation in Wiehe merken anscheinend von alledem nichts. [...]
Die landwirtschaftliche Produktionsgenossenschaft in Wiehe besteht heute nur noch aus zwei Mitgliedern; vor wenigen Monaten noch waren es acht Mitglieder. Sechs Mitglieder der Produktionsgenossenschaft sind den Einflüsterungen der

Feinde in Wiehe erlegen und traten aus der Produktionsgenossenschaft aus.
Auch ein neu erbautes Kulturhaus haben die Wieher. Oft führen hier Halbstarke ihre Boogie-Woogie-Tänze vor, während Genossen und Mitglieder der FDJ daneben stehen und den blödsinnigsten Verrenkungen Beifall klatschen. Es geschieht sogar, dass in Wiehe fortschrittliche Filme ausgepfiffen werden. Manche Genossen meinen, die Pfeifkonzerte richteten sich lediglich gegen technische Störungen bei den Filmvorführungen. Diese Genossen haben eine sehr naive Auffassung vom Klassenkampf. Es ist doch der Wunsch des Feindes, unsere Kulturhäuser zu Speichern amerikanischer Kulturbarbarei herabzuwürdigen.
Diese Beispiele beweisen eindeutig, dass die Parteiorganisation in Wiehe dem Klassenfeind das Feld überlässt. Sie hat jegliche politische Arbeit aufgegeben. Der Opportunismus in all seinen Schattierungen hat sich in die Parteiorganisation in Wiehe eingefressen. Sozialdemokratismus, linker Radikalismus, Cliquenwirtschaft bestimmen das ideologische Gesicht der Parteiorganisation. Von etwa 130 Mitgliedern leisten [...] ungefähr nur zwanzig Parteiarbeit, die sich aber auch nur auf den Besuch von Mitgliederversammlungen und den Besuch des Parteilehrgangs erstreckt. [...]
Die FDJ-Gruppe in Wiehe steht nur auf dem Papier, von der Parteiorganisation wird sie überhaupt nicht beachtet. Es ist klar, in Wiehe muss der Karren aus dem Dreck gezogen werden. Offensichtlich ist die Verbesserung der Parteiarbeit die Hauptaufgabe, die in Wiehe gelöst werden muss, um den Einfluss der Klassenfeinde ausrotten zu können.

Zit. nach: Christoph Kleßmann / Georg Wagner, Das gespaltene Land. Leben in Deutschland 1945–1990, Verlag C. H. Beck München 1993, S. 467 f.

TIPP

- Machen Sie sich klar, was die Operatoren von Ihnen verlangen:
  - **herausarbeiten,** d. h. aus Materialien bestimmte historische Sachverhalte herausfinden, die nicht explizit genannt werden, und Zusammenhänge zwischen ihnen herstellen.
  - **beurteilen,** d. h. den Stellenwert von Sachverhalten in einem Zusammenhang bestimmen und ohne persönlichen Wertebezug zu einem begründeten Sachurteil gelangen.
- Berücksichtigen Sie, welche Position eine SED-Bezirkszeitung hatte.
- Beachten Sie, zu welchem Zeitpunkt der Zeitungsartikel erschienen ist und ordnen sie ihn in den historischen Kontext ein.

AUFGABE 3

Interpretieren Sie die Karikatur vor dem Hintergrund der Ereignisse des Jahres 1989.

Karikatur von Walter Hanel, 1989.

Hinweise zur Karikatur:
Abgebildete Personen: Erich Honecker und weitere Politbüromitglieder; Die Begriffe „Wahlen", „Dialog", „Reformen", „Freiheit", „..kratie" standen am 3. 11. 1989 im Mittelpunkt einer Hörfunk- und Fernsehansprache des SED-Generalsekretärs und Staatsratsvorsitzenden der DDR, Egon Krenz. Darin versprach er den Bürgern der DDR eine „politische Wende", eine „Erneuerung des gesellschaftlichen Lebens".

TIPP

- Orientieren Sie sich bei Ihrer Bearbeitung an der Schrittfolge, die auf der Methodenseite „Eine Karikatur interpretieren“ (S. 15) angegeben ist.
- Versuchen Sie, Ihr Wissen über die Wendejahre ausgehend von der Karikatur in die Lösung sinnvoll einzubringen.

AUFGABE 4

Erläutern Sie ausgehend von den Materialien M1–M3 die wirtschaftliche Lage in der DDR in den 1980er-Jahren

M1 ***Auszug aus Unterlagen des Politbüros der SED zum Stand der technischen Ausstattung des Bauwesens (Mai 1988)***

Maschinengruppe	Bestand insgesamt	darunter nicht mehr modernisierungsfähig 1979 (%)	1987 (%)
Turmdrehkrane	907	35,2	36,0
Bagger 0,6–2,0 m^3	1950	20,0	91,1
Planierraupen	1349	41,0	90,5
Zugmaschinen und Sattelzugmaschinen	1902	21,6	34,1
Tieflader und Plattenanhänger	1159	18,7	73,0
LKW Kipper	7280	30,0	65,1

M2 ***Ausstattung privater Haushalte in der DDR mit langlebigen technischen Konsumgütern (in Prozent)***

	1960	1970	1980	1987
Personenkraftwagen	3,2	15,6	36,8	49,9
Fernsehgeräte	16,7	69,1	88,1	95,2
darunter Farbfernsehgeräte	–	0,2	16,8	46,5
Kühlschränke	6,1	56,4	99,0	99,0
Waschmaschinen	6,2	53,6	80,4	96,9
Telefon[1]	?	9,7[2]	11,6	15,5

[1] *Anzahl der Telefon-Hauptanschlüsse in Wohnungen* [2] *Angabe für 1976*

Zusammenstellung aus diversen Jahrgängen des Statistischen Jahrbuchs der DDR; aus: Werner Weidenfeld/Hartmut Zimmermann: Deutschland Handbuch. Eine doppelte Bilanz 1949–1989. Bonn 1989, S. 300.

M3 ***Preise ausgewählter Konsumgüter und Tarife (in Mark der DDR bzw. DM) sowie zum Kauf erforderliche Arbeitszeit (in Stunden: Minuten), Anfang 1979***

	Preis		Arbeitszeit	
	DDR	BRD	DDR	BRD
Herrenoberhemd	43,00	19,90	8:53	1:49
Herrenstraßenschuhe	58,00	32,00	11:58	2:56
Damenfeinstrumpfhose	18,00	3,95	3:43	0:22
Staubsauger	195,00	165,00	40:13	15:00
Kühlschrank	1400,00	338,00	288:10	30:44
Waschmaschine	1450,00	498,00	290:50	45:16
Fernsehapparat	2050,00	530,00	422:41	48:11
Elektrischer Strom (75 kWh)	8,00	21,60	1:39	1:58
Eisenbahnwochenkarte (15 km)	2,50	15,50	0:31	1:25
Straßenbahn, Busfahrt	0,20	1,35	0:02	0:07
Roggen-Mischbrot (1 kg)	0,52	2,36	0:06	0:13
Schweinkotelett (1 kg)	8,00	10,80	1:89	0:89
Bohnenkaffee (1 kg)	70,00	21,80	14:26	1:59

Aus: Zahlenspiegel. Bundesrepublik Deutschland/ Deutsche Demokratische Republik – Ein Vergleich. Hrsg. vom Bundesministerium für innerdeutsche Beziehungen. Bonn 1981, S. 57.

TIPP

- Machen Sie sich klar, was der Operator von Ihnen verlangt: **erläutern,** d. h. Informationen aus dem Material mit eigenem Wissen anreichern und in einen Zusammenhang einordnen, evtl. mit Beispielen verdeutlichen.
- Orientieren Sie sich bei der Auswertung der Tabellen an der Schrittfolge, die auf der Methodenseite „Statistiken auswerten“ (S. 25) angegeben ist.
- Entwerfen Sie eine Chronologie des wirtschaftlichen Niedergangs der DDR.

AUFGABE 5

Stellen Sie unter Einbeziehung der Materialien M 1–M3 die Auswirkungen wirtschaftlicher Faktoren in der DDR am Vorabend der friedlichen Revolution und in Frankreich in der Krise des Ancien Régime einander gegenüber.

TIPP

- Ziel der Aufgabe ist es, trotz aller zeitlicher und struktureller Unterschiede die wirtschaftliche Lage in der DDR mit der Krise in Frankreich am Vorabend der Revolution von 1789 zu vergleichen.
- Suchen Sie Vergleichskriterien (Oberbegriffe) und notieren Sie Vergleichspunkte in Form von Gemeinsamkeiten und Unterschieden.
- Achten Sie dabei darauf, kritisch mit möglichen Vergleichspunkten umzugehen, da die Tendenz besteht, zu schnell Gemeinsamkeiten zu sehen, wo doch eigentlich klare Differenzen zu erkennen wären.

Krieg und Frieden im 20. Jahrhundert

Imperialismus und Erster Weltkrieg

Leitfragen

- Welche innen- und außenpolitischen Ursachen hatte der europäische Imperialismus?
- Welche Ursachen führten zum Ersten Weltkrieg?
- Welchen Charakter hatte der Erste Weltkrieg im Vergleich mit Kriegen des 19. Jh.?
- Welches waren die besonderen Merkmale der Friedensordnung von Versailles?
- Welche Möglichkeiten und Grenzen einer gewaltfreien Konfliktregelung gibt es?

Wichtige Daten

1888–1918	Kaiser Wilhem II.
1890	Entlassung Bismarcks
1880–1918	Imperialismus
1914–1918	Erster Weltkrieg
1917	„Epochenjahr“: Kriegseintritt der USA und Revolution in Russland
28. Okt. 1918	Beginn der Novemberrevolution in Deutschland
11. Nov. 1918	Waffenstillstand
Juni 1919	Unterzeichnung des Friedensvertrages von Versailles
1920	Der Völkerbund nimmt seine Arbeit auf.

Wichtige Begriffe

14-Punkte-Programm Von US-Präsident → Wilson 1918 verkündete Prinzipien für eine Friedensordnung, u. a. ein Völkerbund, Abschaffung der Geheimdiplomatie, Rüstungsbeschränkungen, Selbstbestimmungsrecht der Völker.

Burgfrieden Im Mittelalter innerer Zusammenhalt einer Burg, die von außen belagert wird. Zu Beginn des Ersten Weltkriegs beschwor → Wilhelm II. die nationale Einheit: Die SPD-Fraktion des Reichstags stimmte gegen ihre Überzeugung den Kriegskrediten zu, die Gewerkschaften verzichteten auf Streiks, die Presse übte Selbstzensur.

Entente *(frz. Einverständnis)* kein förmliches Bündnis, sondern Absprache zur Zusammenarbeit. Für das Deutsche Kaiserreich war die Entente cordiale („herzliches Einverständnis“) zwischen GB und Frankreich 1904, erweitert um Russland 1907, eine Niederlage seiner Außenpolitik.

Heimatfront Bezeichnet die Einbeziehung der Zivilbevölkerung in die Kriegshandlungen, z. B. durch Zerstörung von Städten und Landschaften, Kriegswirtschaft, Lebensmittelknappheit, Einsatz in der Rüstungsindustrie.

Imperialismus *(lat. imperium: Großreich)* bezeichnet das Expansionsstreben von Staaten, speziell der Industriemächte nach Übersee. Als Zeitalter des I. gilt der Zeitraum zwischen 1880 und 1918, als die Hauptkonkurrenten GB und Frankreich, später auch Deutschland, Russland, die USA und Japan insbesondere Afrika und Asien untereinander aufteilten.

Kolonialismus Ausdehnung der Herrschaft europäischer Staaten auf außereuropäische Gebiete, mit dem Ziel, sie wirtschaftlich auszubeuten.

Panslawismus Bestrebungen nach einem politischen und kulturellen Zusammenschluss aller Slawen. Von Russland als Rechtfertigung für seinen Imperialismus auf dem Balkan benutzt.

Selbstbestimmungsrecht der Völker Das Recht auf freie Entfaltung der Persönlichkeit (Aufklärung) wird auf die → Nation übertragen: Jede Nation soll das Recht haben, einen eigenen Staat zu bilden. Diese Forderung führte zur Einigung Deutschlands und Italiens, bedrohte aber die Existenz von Vielvölkerstaaten. Teil des → 14-Punkte-Programms von US-Präsident → Wilson.

Stellungskrieg Form der Kriegsführung, bei der sich die Soldaten der feindlichen Linien in „Schützengräben" gegenüberliegen; auch nach monatelangem gegenseitigem Artilleriebeschuss ändert sich der Frontverlauf nur minimal. Gegenteil: Bewegungskrieg.

Totaler Krieg Schlagwort, das auf → Ludendorff zurückgeht. Missachtung der völkerrechtlichen Unterscheidung von Streitkräften und Zivilbevölkerung. Mobilisierung der gesamten Gesellschaft für den Krieg → „Heimatfront". Aufgegriffen 1943 von → Goebbels.

Völkerbund Internationale Organisation, auf Initiative → Wilsons 1919 gegründet, Vorläufer der UNO. Auftrag: Förderung der Zusammenarbeit unter den Nationen, Gewährleistung des internationalen Friedens und der internationalen Sicherheit. Scheiterte bei der Friedenswahrung, wenn Interessen von Großmächten berührt waren.

Wichtige Personen

Georges Clemenceau (1841–1929) Arzt, französischer Ministerpräsident 1906–1909 und 1917–1920, Vorsitzender bei den Versailler Friedensverhandlungen, bestand auf einer nachhaltigen Schwächung Deutschlands und Stärkung Frankreichs.

Bertha Freifrau von Suttner (1843–1914) Österreichische Pazifistin, spornte mit ihrem Roman „Die Waffen nieder!" (1889) die entstehende Friedensbewegung an und engagierte sich in deren Organisation. 1905 erhielt sie den Friedensnobelpreis.

Woodrow Wilson (1856–1924) Jurist und Nationalökonom, Präsident der USA (1913–1921). Stärkte mit seinem → 14-Punkte-Programm die Friedensbereitschaft in Deutschland, konnte sich aber in Versailles nicht durchsetzen. Hauptverdienst: Gründung des → Völkerbundes 1919. Erhielt 1919 den Friedensnobelpreis.

Wilhelm II. (1859–1941) 1888–1918 Kaiser des Deutschen Reiches und König von Preußen, autoritäres „persönliches Regiment", Entlassung → Bismarcks, betrieb aggressive „Weltpolitik", führte Deutschland in den Ersten Weltkrieg.

David Lloyd George (1863–1945) Jurist, britischer Premierminister 1916–1922, nahm bei den Friedensverhandlungen eine vermittelnde Position zwischen → Wilson und → Clemenceau ein, plädierte für einen Verständigungsfrieden mit Deutschland.

Erich Ludendorff (1865–1937) Im Ersten Weltkrieg zusammen mit → Paul Hindenburg Chef der Obersten Heeresleitung (OHL), übte nach innen eine Militärdiktatur aus, drängte 1918 die Reichsregierung zu Waffenstillstandsverhandlungen, nahm 1923 am Hitler-Putsch teil.

Erich Maria Remarque (1898–1970) Deutscher Schriftsteller und Pazifist, kämpfte 1916 an der Westfront, verfasste den Antikriegsroman „Im Westen nichts Neues" (1928) über den → Stellungskrieg. Als ihm 1938 die deutsche Staatsbürgerschaft aberkannt wurde, nahmen ihn die USA auf.

Kurzdarstellung

Imperialismus (1880–1918)

- Seit 1880 Kampf der europäischen Großmächte, der USA und Japan um die Aufteilung der Welt. Verbreitung der westlichen Zivilisation und Kultur.
- Folgen für Kolonialvölker: einerseits ökonomischer und zivilisatorischer Fortschritt, andererseits Ausbeutung, Fremdbestimmung, Ausrottung; Zerstörung ihrer Eigenständigkeit

Kennzeichen des Imperialismus

- Ziel: Machtgewinn für die eigene Nation durch die Beherrschung möglichst vieler Gebiete
- Voraussetzung: technischer Fortschritt der industriellen Revolution → B
- Unterstützung: Schichten übergreifend durch breite Kreise der Bevölkerung
- Rechtfertigungsideologien:
  - Nationalismus → B: Überzeugung, Rang und Größe einer Nation hänge von ihrer Weltmachtstellung ab, die sich u. a. in großem Kolonialbesitz zeige; Prestigedenken.
  - Rassismus und Sozialdarwinismus: Übertragung von Darwins biologischer Evolutionstheorie auf gesellschaftliche Verhältnisse: Kampf ums Dasein, Recht des Stärkeren, Vorstellung von der biologischen Überlegenheit der weißen Rasse (Rassentheorie → B).
  - Zivilisatorisches Sendungsbewusstsein: Überzeugung, die weißen Kulturvölker hätten den Auftrag, „unzivilisierten Naturvölkern" Glauben, Kultur, Fortschritt zu bringen.

Imperialistische Expansion europäischer Staaten

- Großbritannien: u. a. Indien 1876, Ägypten 1882, Nigeria 1885, Kenia 1886, Rhodesien 1888–91, Uganda 1894, Südafrikanische Union 1910
- Frankreich: u. a. Tunesien 1881, Kambodscha 1886, Sudan 1892, Frz.-Westafrika 1904
- Russland: Pamir 1895, Port Arthur 1898, Mandschurei 1900; vor allem Vergrößerung des eigenen Territoriums auf dem asiatischen Kontinent
- Deutsches Reich: u. a. Togo, Kamerun, Deutsch-Südwestafrika, Deutsch-Ostafrika 1885

Der Erste Weltkrieg (1914–1918)

Anlass und Ursachen für den Kriegsausbruch

- Anlass: Ermordung des österreichischen Thronfolgers in Sarajewo durch ein Attentat
- kurzfristige Ursachen, „Julikrise":
  - deutsche Zusicherung der vollen Rückendeckung und Bündnistreue (Blancoscheck)
  - österreichisches Ultimatum an Serbien mit unannehmbaren Bedingungen
  - überstürzte Mobilmachungen und Ultimaten
- mittelfristige Ursachen:
  - Verhärtung des Bündnissystems seit 1902: Verständigung zwischen England, Frankreich und Russland, Isolation des Deutschen Kaiserreiches durch Politik Wilhelms II.
  - internationale Krisen seit 1905 (1. und 2. Marokkokrise, Bosnienkrise): offensives Verhalten Deutschlands
  - Wettrüsten, deutsch-englische Flottenrivalität
  - „kriegerische" öffentliche Meinung
  - Vorstellung von der Unvermeidbarkeit eines begrenzten europäischen Kriegs
  - Schwäche des Osmanischen Reichs
- langfristige Ursachen:
  - internationale Beziehungen seit 1871
  - Imperialismus
  - Probleme des österreichischen Vielvölkerstaats (Autonomiestreben, Panslawismus)

Charakter des Krieges

- mörderischer Abnutzungskrieg in Stellungs- und Grabenkämpfen
- Einsatz moderner technischer Kampfmittel: schwere Artillerie, Flammenwerfer, Giftgas, Maschinengewehre, Panzer, Flugzeuge, U-Boote; ungeheure Menschenverluste
- Mobilisierung aller menschlichen, wirtschaftlichen und technisch-wissenschaftlichen Ressourcen
- Miteinbeziehung der Zivilbevölkerung: „Heimatfront" → B
- erster „totaler Krieg" → B der europäischen Geschichte

Kriegsverlauf

- Mittelmächte und die Entente cordiale → B standen einander feindlich gegenüber:
  - Mittelmächte: Deutschland, Österreich, Osmanisches Reich und Bulgarien (ab 1915)
  - Entente cordiale: Frankreich, Russland, England, Belgien, Serbien, Montenegro, Polen; im Verlauf des Krieges schlossen sich alle Staaten der Welt der Entente an.
- Ostfront: große Erfolge der Mittelmächte, konnte bis 1917 gehalten werden
- Westfront: rasches Vordringen deutscher Truppen durch das neutrale Belgien nach Frankreich (Schlieffenplan), um Zweifrontenkrieg zu vermeiden. Danach wandelte sich der Bewegungskrieg in einen verlustreichen Stellungskrieg → B: u. a. Schlachten von Ypern und Verdun
- Seekrieg: GB errichtete Seeblockade gegen Deutschland, beide Seiten setzten Minen- und U-Boote ein, Deutschland erklärte 1917 den uneingeschränkten U-Bootkrieg (auch gegen neutrale Schiffe), daraufhin Kriegseintritt der USA

Auswirkungen auf die Heimat („Heimatfront")

- Bei Kriegsausbruch nationale Einheit, „Burgfrieden" → B
- Mit zunehmender Dauer Anstieg der Belastungen:
  - Militärbehörden lenkten die Wirtschaft
  - Frauen arbeiteten in der Rüstungsproduktion
  - ab Dezember 1916 Arbeitspflicht für Männer
  - Versorgungsengpässe („Steckrübenwinter")

Ende des Ersten Weltkriegs

- Friede von Brest-Litowsk mit der Sowjetführung 1917: hohe Gebietsverluste für Russland
- August/September 1918 Zusammenbruch der Mittelmächte absehbar, die Oberste Heeresleitung (OHL) erklärt Fortführung des Krieges für sinnlos; deutsche Regierung nimmt Waffenstillstandsverhandlungen auf
- November 1918 Waffenstillstand auf Grundlage der „14 Punkte" → B Wilsons → P

Ergebnisse des Ersten Weltkriegs

- Untergang der drei großen Monarchien, Russland, Deutsches Reich, Österreich-Ungarn
- Siegermächte Frankreich und England: Verlust ihrer internationalen Machtstellung
- Aufstieg der USA zur neuen weltpolitischen Führungsmacht
- Beginn der Blockbildung zwischen demokratischen und sozialistischen Staaten nach der russischen Oktoberrevolution
- Entstehung neuer Staaten in Osteuropa (Selbstbestimmungsrecht der Völker): Finnland, die baltischen Staaten, Polen, Tschechoslowakei, Ungarn, Jugoslawien
- Gründung des Völkerbundes → B als erster Versuch in der Geschichte, Weltpolitik institutionell zu betreiben und den Frieden global zu sichern

Erschließen einer historischen Darstellung

Historische Darstellungen auswerten

Historische Darstellungen sind Texte, in denen Historiker oder Journalisten historische Ereignisse erklären und deuten. Solche Texte sind nicht objektiv, da die Autoren von bestimmten Prämissen ausgehen, bestimmte Erkenntnisinteressen verfolgen und oft nicht alle Quellen kennen. Man sollte daher kritisch mit Darstellungen umgehen. Hilfreich ist es, mehrere Texte zum selben Thema miteinander zu vergleichen.

1 Formale Merkmale klären

- Autor und Entstehungskontext des Texts
- Thema bzw. Fragestellung des Textes

2 Inhalt bestimmen

- Text gliedern
- Zentrale Aussagen und Schlüsselwörter markieren

3 Inhalt analysieren

- Welche Argumente führt der Autor an?
- Ist seine Argumentation logisch nachvollziehbar?
- Gibt es Einseitigkeiten, Übertreibungen?
- Fehlen Aspekte?
- Erklärt er multiperspektivisch oder monokausal?
- Will er sich gegen eine andere Position absetzen?

4 Sprache analysieren

- Von welchen Wertmaßstäben geht der Autor aus?
- Ist der Autor Vertreter einer bestimmten Weltanschauung?

5 Beurteilen

- Ist die Darstellung plausibel?
- Beim persönlichen Urteil ist eine begründete Zustimmung, Relativierung oder Ablehnung möglich.

MATERIAL

Der Schweizer Historiker Jörg Fisch über den Ersten Weltkrieg, 2002

Sucht man [...] nach strukturellen Ursachen für den Krieg, so liegen sie auf einer allgemeineren Ebene. Das System benötigte zu seinem Funktionieren keinen tatsächlich geführten Krieg – aber es benötigte den Krieg der Möglichkeit nach. Die Souveränität der Staaten war das oberste Prinzip, und zu ihr gehörte, innerhalb gewisser Schranken, das Recht, und sogar die Bereitschaft, den Krieg als Mittel der Politik einzusetzen. Das Risiko, ja die Möglichkeit und zuweilen sogar die Wahrscheinlichkeit eines Krieges wurde von allen Beteiligten in Kauf genommen, nicht zuletzt deshalb, weil die möglichen Folgen eines Krieges zu wenig erwogen wurden. So gesehen war der Weltkrieg kein unentrinnbares Verhängnis der Epoche; er war nicht die unvermeidliche Auflösung eines in den vorangegangenen Jahrzehnten geschürzten Knotens, auch wenn gerade in dieser Zeit die Auffassung, der Krieg gehöre gewissermaßen zum moralischen Haushalt der Menschheit, die ohne ihn degenerieren würde, weit verbreitet war – freilich nicht bei den Massen, die ihn schließlich auskämpften und in ihm starben. Aber man hatte andererseits auch nicht wirklich versucht, diese Möglichkeit zu bannen. Hierin äußerte sich die Unfähigkeit Europas, die potenziell destruktiven Wirkungen der Industriellen Revolution zu bändigen – eine Unfähigkeit, die 1939 noch bekräftigt wurde.

So gesehen ist der Erste Weltkrieg in der Tat, mit dem berühmten Wort George F. Kennans, die „Urkatastrophe des 20. Jahrhunderts", weil der Krieg inzwischen eine solche Zerstörungsgewalt gewonnen hatte, dass er alle früheren Kämpfe in den Schatten stellen musste. Aber er war nicht der notwendige Abschluss einer zum Untergang verurteilten Epoche. Daran ändert auch die Tatsache nichts, dass Prophezeiungen eines großen und verheerenden Krieges gerade in den letzten Jahren vor 1914 verbreitet waren.

Aus: Fisch, Europa zwischen Wachstum und Gleichheit 1850–1914, ©2002, Eugen Ulmer KG, Stuttgart.

1 Formale Merkmale klären

- Wissenschaftlicher Text eines Historikers, erschienen 2002
- Der Autor betrachtet den behandelten Abschnitt der Geschichte Europas, 1850–1974, unter den Aspekten „Wachstum und Gleichheit".
- Der Textauszug fragt nach den strukturellen Ursachen des Ersten Weltkriegs

2 Inhalt bestimmen

Strukturelle Ursachen des Krieges liegen auf einer allgemeineren Ebene

- Die Staaten benötigten den Krieg nicht tatsächlich, sondern als potenzielles Mittel der Politik („Krieg der Möglichkeit nach")
- Der Krieg war „kein unentrinnbares Verhängnis der Epoche", war auch nicht das Ergebnis einer politischen Eskalation der vorangegangenen Jahrzehnte („Auflösung eines geschürzten Knotens")
- Im Krieg zeigte sich „die Unfähigkeit Europas, die destruktiven Wirkungen der industriellen Revolution zu bändigen", die 1939 bekräftigt wurde
- Erster Weltkrieg war „Urkatastrophe des 20. Jahrhunderts" (Kennan)

3 Inhalt analysieren

- keine umfassende Erklärung, sondern nur strukturelle Ursachen
- strukturelle Ursache, die bisher kaum beachtet wurde: Unfähigkeit Europas die potenziell destruktiven Wirkungen der industriellen Revolution zu bändigen
- Argumente Fischs:
  - Krieg war Teil des staatlichen Selbstverständnisses, der Souveränität.
  - Allgemeine Bereitschaft, das Risiko des Krieges einzugehen.
  - Folgen des Krieges wurden wenig bedacht.
  - Es gab keine ernsthaften Versuche, den Krieg zu bannen.
- Fisch setzt sich mit seiner Erklärung gegen Versuche ab, den Krieg
  - als „unentrinnbares Verhängnis der Epoche" zu sehen,
  - als Folge einer verfehlten Außenpolitik der vergangenen Jahrzehnte zu sehen.

4 Sprache analysieren

- wissenschaftlich nüchtern, lehnt Mystifizierungen ab: „unentrinnbares Verhängnis"
- einziger unwissenschaftlicher Begriff: „Urkatastrophe" (Zitat), um die Zerstörungskraft des industriellen Krieges zu beschreiben

5 Beurteilen

- keine umfassende Erklärung der Kriegsursachen, sondern Hinweis auf einen neuen Aspekt auf der strukturellen Ebene: ungebändigte destruktive Wirkung der Industrialisierung
- wird auch auf Zweiten Weltkrieg bezogen, neue Perspektive auf Kriege des 20. Jh.
- Allerdings kann dieser neue Aspekt nur als einer von mehreren gesehen werden, da bei einem so komplexen Problem monokausale Erklärungen weder angebracht, noch tragfähig sind.

AUFGABE 1

Vergleichen Sie die kolonialpolitischen Motive bei Lüderitz mit denen Bismarcks und erläutern Sie, inwieweit die Kolonialpolitik zur außenpolitischen Grundkonzeption Bismarcks passt.

M1 ***Der Kaufmann Adolf Lüderitz in der „Deutschen Kolonialzeitung" (1905):***

Wir brauchen Absatzgebiete für unsere Industrie und wollen uns bei dem Bezuge von Rohmaterialien für diese Industrie und von tropischen Kolonialprodukten, für welche wir bis jetzt ganz enorme Summen an das Ausland zahlen, nach und nach unabhängiger machen, d. h., wir wollen unser Nationalvermögen vergrößern, kurz: Geld verdienen! Das ist der gleiche und erste Beweggrund, welcher alle europäischen Kulturvölker nach Afrika geführt hat. Das ist das Hauptziel aller Kolonialpolitik. Es ist falsch, den Schein zu erwecken, als ob irgendeine europäische Nation Kolonien in Afrika lediglich zu dem Zwecke erworben hätte, um eingeborenen, unzivilisierten Völkern die sogenannten „Begegnungen der Kultur" zu bringen.

M2 ***Mommsen über Bismarcks Wende zum Kolonialpolitiker nach 1879 (1993):***

Die Unterstützung der Idee einer deutschen Kolonisation eröffnete die Aussicht auf eine Stärkung des gemäßigten Flügels [...]. Eine Abspaltung der gouvernementalen Elemente vom Gros der Nationalliberalen Partei und ihre Einbeziehung in eine Koalition der staatsbejahenden Parteien, unter gleichzeitiger Frontstellung gegen den entschiedenen Liberalismus. [...] Es [war] ebenfalls erwägenswert, den kolonialpolitischen Strömungen in der öffentlichen Meinung entgegenzukommen. [...] Die Kolonialpolitik [...] eröffnete die Chance, von den inneren Schwierigkeiten abzulenken und die internationalistisch gesonnene Sozialdemokratie politisch zu isolieren.

Aus: Wolfgang J. Mommsen: Großmachtstellung und Weltpolitik 1870–1914. Die Außenpolitik des Deutschen Reiches, Berlin: Ullstein 1993.

TIPP

- Beachten Sie, dass die Aufgabe zwei Teilaufgaben umfasst: 1. vergleichen; 2. erläutern.
- Machen Sie sich klar, was die Operatoren von Ihnen verlangen:
  - **vergleichen,** d. h. Gemeinsamkeiten und Unterschiede gewichtend einander gegenüberstellen und ein Ergebnis formulieren;
  - **erläutern,** d. h. einen Sachverhalt oder Zusammenhang darlegen, einer Theorie (einem Modell) zuordnen und mit zusätzlichen Informationen/Beispielen verdeutlichen.

AUFGABE 2

Stellen Sie die Argumente Holsteins gegen die deutsche Flottenpolitik zusammen und vergleichen Sie diese mit dem Konzept der deutschen Weltmachtpolitik.

Friedrich von Holstein (1837–1909, von 1876 bis 1906 Vortragender Rat im Auswärtigen Amt): Privatbrief vom 20. November 1906

Ich glaube mich zu erinnern, dass wir in der Flottenfrage einer und derselben Ansicht waren, nämlich

1. je stärker wir zur See rüsten, desto fester drücken wir England an Frankreich heran;
2. wir können [...] niemals eine Flotte herstellen, die der englisch-französischen, ja auch nur der englischen allein gewachsen ist;
3. in einem Kriege gegen Frankreich allein spielt, wie das Jahr 70 zeigt, die Flotte eine Nebenrolle;
4. es ist eine Bedrohung und Herausforderung Englands, dass der Flottenverein es seit Jahren [...] offen ausspricht, die Rüstungen seien gegen England gerichtet [...].

Marschall [deutscher Botschafter in Konstantinopel] sagte mir im Sommer [...]: „Ja, die Flotte, das ist die größte Gefahr." Die Gefahr wird dadurch vergrößert, dass beim Schiffbau (Panzerplatten etc.) ungezählte Millionen zu verdienen sind, viel mehr als bei den Kolonien. [...] Deutschland steht und fällt mit seinem Landheer, dafür muss jedes Opfer gebracht werden. Die Flotte vermehrt die Zahl unserer Feinde, wird aber niemals stark genug sein, um sie zu besiegen. [...] Das Landheer muss – wie anno 70 – die Ungleichheit der Seestreitkräfte wettmachen. Es ist nicht Handelsrivalität allein, die England uns verfeindet. [...] Was die Engländer aufschreckt, ist unser beschleunigter Flottenbau und mehr noch die antienglische Motivierung desselben. Es ist tatsächlich, nicht einmal, sondern wiederholt und keineswegs nur von nicht amtlichen Stellen aus, erklärt worden, dass unsere Flottenrüstungen ihre Spitze gegen England richten und dass die Herrschaft auf dem Meere uns zukommt. Mit Erklärungen dieser Art steht Deutschland allein da. Wir können uns nicht beklagen, wenn man auf englischer Seite uns schließlich ernst nimmt. [...]

TIPP

- Beachten Sie, dass die Aufgabe zwei Teilaufgaben umfasst: 1. zusammenstellen, 2. vergleichen.
- Machen Sie sich klar, was die Operatoren von Ihnen verlangen:
  – **zusammenstellen,** d. h. Sachverhalte, Probleme, Aussagen benennen bzw. wiedergeben;
  – **vergleichen,** d. h. Gemeinsamkeiten, Ähnlichkeiten und Unterschiede kriterienorientiert darlegen.

AUFGABE 3

Interpretieren Sie den Text.

Erich von Falkenhayn (Generalstabschef des deutschen Heeres): „Weihnachtsdenkschrift", Dezember 1915 (Auszug)

Auch sprechen die Lehren, die man aus den missglückten Massenstürmen unserer Gegner ableiten kann, entschieden gegen eine Nachahmung dieser Kampfmethode. Massendurchbruchsversuche gegen einen moralisch intakten, gut bewaffneten und zahlenmäßig nicht erheblich unterlegenen Feind können auch bei größter Menschen- und Materialanhäufung nicht als aussichtsvoll betrachtet werden. Dem Verteidiger wird es in den meisten Fällen gelingen, die eingedrückten Stellen abzuriegeln. [...] Die Einbuchtungen, flankierender Feuerwirkung in hohem Maße ausgesetzt, drohen dann zum Massengrab zu werden. Die technischen Schwierigkeiten der Leitung und Versorgung der Massen darin werden so groß, dass sie kaum überwindlich erscheinen. [...]

Es wurde bereits betont, dass Frankreich in seinen Leistungen bis nahe an die Grenze des noch Erträglichen gelangt ist – übrigens in bewundernswerter Aufopferung. Gelingt es, seinem Volk klar vor Augen zu führen, dass es militärisch nichts mehr zu hoffen hat, dann wird die Grenze überschritten [...] werden. Das zweifelhafte und über unsere Kraft gehende Mittel des Massendurchbruchs ist dazu nicht nötig. Auch mit beschränkten Kräften kann dem Zweck voraussichtlich Genüge getan werden. Hinter dem französischen Abschnitt der Westfront gibt es in Reichweite Ziele, für deren Behauptung die französische Führung gezwungen ist, den letzten Mann einzusetzen. Tut sie es, so werden sich Frankreichs Kräfte verbluten, da es ein Ausweichen nicht gibt, gleichgültig, ob wir das Ziel selbst erreichen oder nicht. Tut sie es nicht und fällt das Ziel in unsere Hände, dann wird die moralische Wirkung in Frankreich ungeheuer sein. Deutschland wird nicht gezwungen sein, sich für die räumlich eng begrenzte Operation so zu verausgaben, dass alle anderen Fronten bedenklich entblößt werden.

TIPP

- Machen Sie sich klar, was der Operator von Ihnen verlangt: **interpretieren,** d. h. Sinnzusammenhänge aus Quellen erschließen und eine begründete Stellungnahme abgeben, die auf einer Analyse, Erläuterung und Bewertung beruht.
- Orientieren Sie sich an den allgemeinen Regeln der Quellenanalyse. Zeigen Sie Perspektive und Intention des Autors sowie mögliche Konsequenzen auf, die sich aus dem Text ergeben.

AUFGABE 4

Erläutern Sie die Haltung der SPD zum Krieg im Sommer 1915.

Aufruf der SPD vom 19. Juni 1915 (Auszug)

Forderungen, für die schon in früheren Monaten eine gewisse Presse [...] systematisch Stimmung gemacht [hatte], sind in den letzten Wochen von Persönlichkeiten in hervorragender Stellung sowie von einflussreichen Körperschaften in teilweise sogar noch verschärfter Form vertreten worden. Programme werden aufgestellt, die dem gegenwärtigen Kriege den Stempel eines Eroberungskrieges aufdrücken. [...] Angesichts aller dieser Kundgebungen muss sich die deutsche Sozialdemokratie die Frage vorlegen, ob sie es mit ihren Grundsätzen und mit den Pflichten, die ihr als Hüterin der materiellen und moralischen Interessen der arbeitenden Klassen Deutschlands obliegen, vereinbaren kann, in der Frage der Fortführung des Krieges an der Seite derjenigen zu stehen, deren Absichten in schroffstem Widerspruch sind zu den Sätzen der Erklärung unserer Reichstagsfraktion vom 4. August 1914, in denen diese aussprach, dass sie im Einklang mit der Internationale jeden Eroberungskrieg verurteilt. [...] In weiten Kreisen unseres Volkes und derjenigen Völker, mit denen das Deutsche Reich im Kriege liegt, macht sich denn auch immer stärkere Friedenssehnsucht geltend. Während die Herrschenden davor zurückschrecken, diesem Friedensbedürfnis zu entsprechen, blicken Tausende und aber Tausende auf die Sozialdemokratie, die man als die Partei des Friedens zu betrachten gewohnt war, und erwarten von ihr das erlösende Wort und das ihm entsprechende Verhalten. Nachdem die Eroberungspläne vor aller Welt offenkundig sind, hat die Sozialdemokratie die volle Freiheit, ihren gegensätzlichen Standpunkt in nachdrücklichster Weise geltend zu machen, und die gegebene Situation macht aus der Freiheit eine Pflicht. [...] Wir wissen, dass Friedensbedingungen, die von einer Seite der Kriegführenden der anderen aufgezwungen werden, keinen wirklichen Frieden bringen, sondern nur neue Rüstungen mit dem Ausblick auf neuen Krieg bedeuten. Ein wirklicher und dauernder Friede ist nur möglich auf der Grundlage freier Vereinbarung. Diese Grundlage zu schaffen, ist nicht der Sozialdemokratie eines einzelnen Landes gegeben. Aber jede einzelne Partei kann nach Maßgabe ihrer Stellung und ihrer Kräfte dazu beitragen, dass diese Grundlage hergestellt wird. [...]

TIPP

- Machen Sie sich klar, was der Operator von Ihnen verlangt: **erläutern,** d. h. Sachverhalte im Zusammenhang beschreiben und anschaulich mit Beispielen oder Belegen erklären.
- Gehen Sie von der Haltung der SPD zu Beginn des Krieges aus und setzen Sie sie zu diesem Aufruf in Beziehung.

AUFGABE 5

Beurteilen Sie, ob von einer alleinigen deutschen Kriegsschuld am Ersten Weltkrieg gesprochen werden kann.

TIPP

- Machen Sie sich klar, was der Operator von Ihnen verlangt: **beurteilen,** d. h. den Stellenwert von Sachverhalten oder Prozessen in einem Zusammenhang überprüfen, um kriterienorientiert zu einem begründeten Sachurteil zu gelangen.
- Sie können die These der alleinigen deutschen Kriegsschuld auch anhand der verschiedenen Sichtweisen während der Weimarer Republik, 1945 und heute untersuchen, um zu einem begründeten Urteil zu gelangen.

Zweiter Weltkrieg

Leitfragen

- Welche Möglichkeiten und Grenzen einer friedlichen Konfliktregelung hatte die Bündnis- und Appeasement-Politik?
- Welche besonderen Erscheinungsformen zeichneten die Weltkriege im 20. Jh. aus?
- Welche Zusammenhänge bestehen zwischen Zweitem Weltkrieg und Holocaust?
- Was veranlasste die USA, in den Zweiten Weltkrieg einzugreifen?
- Welche Stabilität hatten die Friedensregelungen im 20. Jh.?

Wichtige Daten

1. 9. 1939	Deutscher Überfall auf Polen
1940	Besetzung Dänemarks und Norwegens; Eroberung Frankreichs, Belgiens und der Niederlande
1941	Deutscher Überfall auf die Sowjetunion
1943	Kapitulation der 6. deutschen Armee in Stalingrad Goebbels ruft zum totalen Krieg auf
1944	Briten und Amerikaner landen in der Normandie
Mai 1945	Bedingungslose Kapitulation Deutschlands
Aug. 1945	Abwurf amerikanischer Atombomben auf Hiroshima und Nagasaki

Wichtige Begriffe

Alliierte Durch Verträge miteinander verbündete Kriegsmächte; im Ersten und Zweiten Weltkrieg die gegen das Deutsche Reich verbündeten Staaten.

Bedingungslose Kapitulation Auf der Konferenz von Casablanca (Jan. 1943) legten → Roosevelt und → Churchill die bedingungslose Kapitulation Deutschlands als Hauptkriegsziel fest.

„Blitzkrieg" Vom deutschen Generalstab entwickeltes Konzept der Kriegsführung, das auf einem schnellen massiven Angriff der Panzerverbände unterstützt durch die Luftwaffe beruhte. Als Blitzkriege gelten u. a. die Feldzüge gegen Polen, die Beneluxstaaten und Frankreich.

Flächenbombardements Ausdehnung der Luftangriffe auf Wohnbezirke und Zivilbevölkerung („Bombenterror"). Strategie Hitlers 1940, um den Widerstand Großbritanniens zu brechen (z. B. Zerstörung von Coventry). Ab 1942 britische und amerikanische Luftangriffe auf Wohnviertel deutscher Städte (z. B. Dresden).

Kriegskonferenzen Auf den Konferenzen von Casablanca (Jan. 1943), Teheran (Nov. 1943) und Jalta (Feb. 1945) verständigten sich „die Großen Drei", → Roosevelt, → Churchill, → Stalin, über Kriegsziele, Strategie der Kriegführung und Behandlung des besiegten Deutschlands.

Kriegsverbrechen Schwere Verstöße von Angehörigen eines Krieg führenden Staates gegen das im Krieg anwendbare Völkerrecht, z. B. vorsätzliche Angriffe auf die Zivilbevölkerung und zivile Objekte; Grausamkeiten gegen Zivilisten; Terror, Misshandlung und Tötung von Gefangenen; Zwangsarbeit und Völkermord.

Résistance *(frz. Widerstand)* Französische Widerstandsbewegung gegen die deutsche Besatzungsmacht sowie gegen die Politik der → Vichy-Regierung.

Vernichtungskrieg Der deutsche Krieg gegen die Sowjetunion wurde als „Weltanschauungs- und Vernichtungskrieg“ geplant und geführt. Ziel war die Ermordung der Führungseliten und die Vernichtung oder Versklavung der übrigen Bevölkerung („Untermenschen“).

„Vichy-Frankreich“ Frankreich war nach seiner Eroberung durch deutsche Truppen 1940 aufgeteilt in ein besetztes Gebiet im Norden und ein mit Deutschland kooperierendes Regime in Vichy, einem Dorf in der Auvergne im Süden.

Volkssturm Mobilisierung aller bisher nicht im Wehrdienst stehenden Männer und Jugendlichen zwischen 16 und 60 Jahren zur Heimatverteidigung 1945.

Wehrmacht Amtliche Bezeichnung für die Streitkräfte des Deutschen Reiches 1933–1945 nach Einführung der allgemeinen Wehrpflicht.

Zwangsarbeiter Um den Arbeitskräftemangel während des Krieges auszugleichen, wurden aus den besetzten Ländern Arbeitskräfte in das Deutsche Reich deportiert. Dort wurden sie oft unter entwürdigenden Bedingungen in allen Wirtschaftsbereichen, vor allem aber in der Rüstungsindustrie eingesetzt.

Wichtige Personen

Winston Churchill (1874–1965) Berufsoffizier, machte als Freund → Lloyd Georges politische Karriere, kritisierte → Appeasement-Politik, ab 1940 Premier- und Verteidigungsminister, Initiator der großen Allianz zwischen GB, USA und UdSSR gegen → Hitler. Warnte vor sowjetischem Einfluss in Europa.

Josef Stalin (1879–1953) (eigentl. Dschugaschwili) Sohn eines georgischen Schusters, Mitglied der Bolschewiki. Nach der Revolution von 1917 einer der Volkskommissare (Minister), 1922 Generalsekretär der Kommunistischen Partei der Sowjetunion, erlangte nach Lenins Tod 1924 eine diktatorische Machtstellung, die er mit Geheimpolizei und Terror absicherte.

Franklin Delano Roosevelt (1882–1945) Jurist, Mitglied der Demokraten, 1933–1945 Präsident der USA. Innenpolitisch Reformen des „New Deal“. Nach japanischem Angriff auf Pearl Harbor 1941 und deutscher Kriegserklärung Eintritt in den Zweiten Weltkrieg. An Gründung der UNO beteiligt. Befahl den Bau der Atombombe.

Benito Mussolini (1883–1945) Sohn eines Schmieds, „Duce“ („Führer“) der faschistischen Bewegung in Italien, 1922 Ministerpräsident, diktatorische Machtstellung. Bündnis mit → Hitler 1936 („Achse Berlin-Rom“). Sturz nach Landung der Alliierten in Sizilien, 1945 von Partisanen erschossen.

Dwight David Eisenhower (1890–1969) Berufsoffizier, führte im Zweiten Weltkrieg den Oberbefehl über die alliierten Truppen in Nordafrika und Europa. Oberbefehlshaber der US-Besatzungstruppen in Deutschland. 1953–1961 Präsident der USA.

Charles de Gaulle (1890–1970) Berufsoffizier, organisierte nach der Kapitulation Frankreichs 1940 die → Résistance von London aus. Nach Befreiung Frankreichs Regierungschef, 1959–1969 französischer Staatspräsident. Baute mit → Adenauer die deutsch-französische Freundschaft auf.

Karl Dönitz (1891–1981) Marineoffizier, seit 1943 Oberbefehlshaber der Marine. Nach → Hitlers Tod „Reichspräsident“, bildete eine Übergangsregierung, befahl die Gesamtkapitulation.

Kurzdarstellung

Der Zweite Weltkrieg (1939–1945)

Krieg in Europa

Bündnisse Hitlers

1934	Nichtangriffspakt mit Polen (gekündigt April 1939)
1935	Deutsch-britisches Flottenabkommen (gekündigt April 1939)
1936	Antikominternpakt mit Japan (gegen UdSSR); später Beitritt von Italien und Spanien
1936	Achse Berlin-Rom
1939	Nichtangriffspakt mit Sowjetunion (mit geheimem Zusatzprotokoll über die Festlegung der beiderseitigen Interessensphären in Osteuropa)

Eroberung Polens

Am 1. 9. 1939 überfiel die Wehrmacht →B Polen. Daraufhin erklärten Großbritannien und Frankreich dem Deutschen Reich den Krieg (3. 9.). Gemäß dem Hitler-Stalin-Pakt marschierten sowjetische Truppen in Ostpolen ein (17. 9.).

- Eingliederung Danzigs und der nach dem Ersten Weltkrieg an Polen abgetretenen Gebiete Posen und Westpreußen ins Deutsche Reich; Vertreibung der polnischen Bevölkerung
- Errichtung des „Generalgouvernements Polen“ im übrigen deutsch besetzten Polen
- Beginn der Liquidierung der Führungsschicht durch Ermordung und Zwangsarbeit
- Beginn der Gettoisierung der jüdischen Bevölkerung innerhalb polnischer Städte

Weitere Kriegsschauplätze in Europa

- April/Mai 1940: Besetzung Dänemarks und Norwegens
- Mai/Juni 1940: Eroberung Belgiens, der Niederlande und Frankreichs
- August 1940 bis Mai 1941: Luftschlacht um England: Die Lufthoheit über England kann Deutschland nicht erringen, weil England unter Premierminister Churchill →P erbitterten Widerstand leistet und von den USA mit Kriegsmaterial unterstützt wird.
- April 1941: Balkanfeldzug: Besetzung Jugoslawiens und Griechenlands, aber heftiger Partisanenkrieg gegen Deutschland

Überfall auf die Sowjetunion (22. 6. 1941)

- Deutscher Angriff auf den Bündnispartner ohne Kriegserklärung
- Ziel: den Bolschewismus vernichten und „Lebensraum im Osten“ erobern
- Deutscher Angriff blieb vor Moskau stecken; Gegenoffensive der russischen Armee
- Die militärischen Operationen waren von einem Vernichtungskrieg →B begleitet, v. a. gegen kommunistische Funktionäre und Juden:
  - Hinter den vorrückenden Truppen wurden Juden von Einsatzkommandos der Sicherheitspolizei und des Sicherheitsdienstes getötet oder in KZ →B deportiert.
  - Russische Kriegsgefangene und Zivilisten wurden zur Zwangsarbeit nach Deutschland verschleppt, mit Duldung oder Unterstützung der Wehrmacht.

Ausweitung zum Weltkrieg

Eintritt der USA in den Krieg (Dezember 1941)

- Haltung der USA: Unterstützung Großbritanniens und der UdSSR mit Material; Bildung einer Anti-Hitler-Koalition mit England und der UdSSR (April 1941)
- Anlass für Kriegseintritt: japanischer Überfall auf den amerikanischen Flottenstützpunkt Pearl Harbor auf Hawaii (7. 12. 1941), mit dem der größte Teil der amerikanischen Marine im Pazifik vernichtet werden sollte
- Folgen:
  – Ausweitung zum Weltkrieg
  – Das gewaltige Wirtschafts- und Militärpotenzial der USA entscheidet den Krieg.

Wende des Kriegs zugunsten der Alliierten

- Juni 1942: Vormarsch der Japaner kommt zum Stehen: Wende im Pazifik-Krieg
- Februar 1943: Niederlage der 6. deutschen Armee bei Stalingrad: Wende im Russlandfeldzug
- Sommer 1943: Beginn des massiven britischen und amerikanischen Luftkriegs gegen deutsche Städte und Industrieanlagen
- Juli–Oktober 1943: Landung der Briten und Amerikaner auf Sizilien, Sturz Mussolinis; Italien scheidet aus der Achsenkoalition aus und erklärt Deutschland den Krieg.
- Landung der Alliierten in der Normandie (6. 6. 1944), Befreiung Frankreichs
- Januar 1945: Vorstoß der alliierten Truppen zum Rhein
- 7./9. 5. 1945 bedingungslose Kapitulation Deutschlands
- 6./9. 8. 1945 Abwurf amerikanischer Atombomben auf Hiroshima und Nagasaki (Japan)
- 2. 9. 1945 bedingungslose Kapitulation Japans

Bilanz

- 55 Mio. Tote, davon durch Flucht, Vertreibung, Deportation, Besatzungsterror, Konzentrations- und Arbeitslager und Bombenkrieg 20 bis 30 Mio. Zivilisten

Alliierte Kriegskonferenzen

Bereits während des Kriegs verständigten sich die Alliierten (Anti-Hitler-Koalition) über ihr gemeinsames Vorgehen und die Behandlung Deutschlands nach dem Ende des Kriegs.

- Atlantikcharta (1941): Vereinbarung zwischen dem US-Präsidenten Roosevelt und dem britischen Premier Churchill; wandte sich vor allem gegen die Achsenmächte, forderte u. a. die Errichtung einer internationalen Friedensordnung unter vollständiger Entmilitarisierung von Staaten, die sich der Aggression schuldig gemacht haben; wurde Grundlage der Erklärung über die Vereinten Nationen (1942)
- Treffen Roosevelts und Churchills in Casablanca (Januar 1943): Forderung der „bedingungslosen Kapitulation“ Deutschlands, Italiens und Japans
- Konferenzen von Teheran (November 1943) und Jalta (Februar 1945): Vereinbarungen über die Aufteilung Deutschlands in Besatzungszonen, die Westverschiebung der UdSSR und Polens sowie die Abgrenzung der Interessensphären in Ost- und Südosteuropa

Erschließen einer historischen Quelle

Ein Foto analysieren

Die Pressefotografie setzte nach dem Ersten Weltkrieg ein. Ein Foto scheint die Wirklichkeit unmittelbar wiederzugeben. Der Fotograf hat jedoch großen Einfluss darauf, wie die Wirklichkeit wahrgenommen wird, durch die Wahl des Ausschnitts, die Perspektive, die Beleuchtung und durch nachträgliche Bildbearbeitung. Daher muss ein Foto mit anderen Quellen verglichen werden.

1 Formale Merkmale klären

- Wann ist das Foto entstanden?
- Aus welchem Anlass ist es entstanden?
- Wer ist der Fotograf? Auftragsfoto oder Privatfoto?
- Zu welchem Zweck wurde das Foto gemacht?

2 Inhalt analysieren

- Was ist auf dem Bild dargestellt? (Personen, Gegenstände, Bauwerke, Landschaft usw.)
- Wie ist das Bild komponiert? (Perspektive, Entfernung, Ausschnitt, Vorder- und Hintergrund)
- Gibt es eine Bildunterschrift?
- Wurde das Bild bearbeitet (Montage, Beschnitt, Retusche)?

3 Historischen Kontext bestimmen

- Historische Hintergrundkenntnisse einbringen
- Vergleich mit anderen Quellen

4 Deuten

- Gesamtaussage formulieren

5 Beurteilen

- Ist die Aussage durch andere Quellen gedeckt?
- Welcher Intention dient das Foto? (z. B. Dokumentation? Aufklärung? Propaganda?)

MATERIAL

M1 ***Konferenz von Jalta***
4.–11.2.1945
Gruppenfoto der Konferenzteilnehmer Churchill, Roosevelt und Stalin vom 9.2.1945

Zum Vergleich:

M2 ***Konferenz von Jalta***
4.–11.2.1945
Gruppenfoto der Konferenzteilnehmer Churchill, Roosevelt und Stalin vom 9.2.1945

1 Formale Merkmale klären

- Treffen der drei mächtigsten Männer der Welt – US-Präsident Franklin D. Roosevelt, der britische Premierminister Winston Churchill und der sowjetische Diktator Stalin mit ihren Delegationen – in Jalta vom 4. bis 11. Februar 1945, um ihr politisches und militärisches Vorgehen in der Endphase des Zweiten Weltkriegs abzustimmen.
- Das Foto entstand im Rahmen eines offiziellen Fototermins in einer Verhandlungspause (9.2.) im Innenhof des Tagungsortes. Es ist eines von einer ganzen Serie von Pressefotos, die sich in den Details voneinander unterscheiden.
- Der Fotograf ist nicht bekannt.

2 Inhalt analysieren

- Vordergrund: Das Foto M1 zeigt die großen drei Regierungschefs Churchill, Roosevelt und Stalin auf Lehnstühlen sitzend im Innenhof des Konferenzgebäudes.
- Hintergrund: Weitere Personen (Zivilpersonen und Militärs) der Delegationen stehen oder laufen umher, dahinter ein Arkadengang mit Rundbögen und Säulen.
- Die Szene wurde arrangiert: Ein Teppich wurde in den Innenhof gelegt, die Stühle darauf gestellt. Die Personen haben noch nicht ihre endgültigen Plätze eingenommen, der Hintergrund wirkt unruhig.
- Die „großen Drei" sind noch nicht ganz für den Fototermin fertig: Sie blicken nicht zu den Fotografen, sondern unterhalten sich.
  - Churchill arrangiert seinen Ärmel, raucht Zigarre und trägt eine auffällige schwarze Mütze (auf späteren Fotos liegt die Mütze auf seinem Schoß).
  - Roosevelt und Stalin sind erheitert, blicken Churchill an, amüsieren sich offensichtlich über dessen Mütze, die ihn wie einen Russen aussehen lässt.
  - Churchill und Roosevelt tragen Zivil, Stalin trägt als einziger Uniform, obwohl er nie beim Militär war (präsentiert sich als Feldherr).
  - Roosevelt sieht gesundheitlich angegriffen aus (zum Zeitpunkt der Konferenz war er bereits krank).

3 Historischen Kontext bestimmen

- Im Februar 1945 stand das Ende des Krieges unmittelbar bevor.
  - Die Sowjetarmee hatte die Oder erreicht.
  - Die Armeen der Briten und Amerikaner standen ca. 500 km vor Berlin.
- Stalin hatte auf die Krim eingeladen, weil er sein Land in dieser Situation nicht verlassen wollte.
- Dieser Konferenz vorausgegangen waren die Treffen in Casablanca (Januar 1943 Roosevelt und Churchill) sowie in Teheran (November 1943 Roosevelt, Churchill, Stalin).
- Verhandlungen in Jalta
  - Einigkeit über schnelle Beendigung des Krieges, Entmilitarisierung und Entnazifizierung Deutschlands
  - Unterschiedliche nationale Interessen: Stalin sah sich als Sieger, wollte Anerkennung der ost- und südosteuropäischen Länder als sowjetische Interessensphäre und Westverschiebung der Ostgrenze Polens (Curzon-Linie). Churchill und Roosevelt forderten die Beteiligung der Londoner Exilregierung an Regierungsbildung in Polen sowie freie demokratische Wahlen. Roosevelt wollte Sowjetunion zum Kriegseintritt gegen Japan gewinnen und am Aufbau der UNO beteiligen. Keine Einigung über Dauerhaftigkeit der staatlichen Teilung Deutschlands und Festlegung der polnischen Westgrenze.
  - Zunehmendes gegenseitiges Misstrauen erschwerte die Verhandlungen.
- Fortsetzung der Beratungen auf der Konferenz von Potsdam 1945

4 Deuten

- Zwischen den „großen Drei" herrschte nach dem Foto M1 während der schwierigen Verhandlungen auf Jalta eine heitere Harmonie. Ihr Bündnis ist stabil und tragfähig.

5 Beurteilen

- Das Foto zeigt einen Ausnahmemoment, der nicht verallgemeinert werden kann. Es entstand vor dem offiziellen Fotoshooting, ging aber um die Welt und prägte das allgemeine Bild von den großen Drei. Für die Menschen war es beruhigend, die großen Drei, von denen die Zukunft der Welt abhing, in heiterer Harmonie zu sehen.
- Auf den anderen offiziellen Fotos dieser Serie wie auch auf M2 findet kaum Kommunikation zwischen den Staatsmännern statt, die geradeaus in die Kameras blicken. Diese Fotos zeigen eine deutliche Distanz zwischen den „großen Drei".
- Aus den Protokollen der Verhandlungen ist bekannt, dass die Standpunkte der „großen Drei" weit auseinanderlagen und Churchill und Roosevelt den Vorstellungen Stalins weit entgegenkamen.

AUFGABE 1

Interpretieren Sie das Flugblatt. Bearbeiten Sie dabei folgende Aufgaben:
a) Erarbeiten Sie aus M1 die Sicht auf den Charakter des Zweiten Weltkriegs und erläutern Sie die Wirkungsabsicht des Flugblattes. Beziehen Sie dabei die Rolle der NS-Ideologie und den besonderen Charakter des Zweiten Weltkriegs ein.
b) Erarbeiten Sie aus M2 Parallelen zwischen Erstem und Zweitem Weltkrieg. Überprüfen Sie, inwiefern die Friedensregelungen nach beiden Kriegen Parallelen aufwiesen.

Britisches Flugblatt an Deutsche, verbreitet zwischen dem 21. 3. und 24. 4. 1940

M1 *Seite 1 (Vorderseite)*

M2 *Seite 2 (Rückseite)*

TIPP

- Beachten Sie, dass die Aufgabe mehrere Teilaufgaben umfasst:
  Aufgabe a) 1. erarbeiten; 2. erläutern; Aufgabe b) 1. erarbeiten; 2. überprüfen
- Machen Sie sich klar, was die Operatoren von Ihnen verlangen:
  - **erarbeiten,** d. h. aus Materialien bestimmte historische Sachverhalte herausfinden, die nicht explizit genannt werden, und Zusammenhänge zwischen ihnen herstellen.
  - **erläutern,** d. h. Informationen aus dem Material mit eigenem Wissen anreichern und in einen Zusammenhang einordnen, evtl. mit Beispielen verdeutlichen;
  - **überprüfen,** d. h. die Richtigkeit von Aussagen (Hypothesen, Thesen, Urteilen) über Sachverhalte untersuchen.
- Orientieren Sie sich bei Ihrer Bearbeitung an der Schrittfolge, die auf der Methodenseite „Ein Plakat analysieren" (S. 109) angegeben ist.

AUFGABE 2

Ordnen Sie die Quelle ein.

Flugblatt (Auszug) an die deutschen Soldaten der Ostfront (April 1945):

1 Lesen und den Kameraden weitergeben!
An die Offiziere und Soldaten in Schlesien!
Hitler fordert von den deutschen Soldaten und Offizieren die Fortsetzung des verlorenen Krieges „vor Berlin, in Berlin und hinter Berlin". Hitler, dieser lebende Leichnam, hat nichts mehr zu verlieren, er weiß, dass die Russen, Engländer und Amerikaner erst dann den Krieg beenden werden, wenn er, Goebbels, Göring, Himmler und ihre Helfershelfer vom Antlitz der Erde getilgt sind.
Um die Soldaten zu verzweifeltem Widerstand aufzupeitschen, erklärt die Hitlerpropaganda, dass die verbündeten drei Mächte auf der Krim-Konferenz [Konferenz von Jalta] angeblich die „Vernichtung Deutschlands" und die „Verschickung von 20 Millionen Deutschen nach Sibirien" beschlossen hätten. [...]
Offiziere und Soldaten!
Denkt an die ernste Warnung für das deutsche Volk, die in der Deklaration der Krim-Konferenz enthalten ist:
„Nazideutschland ist zum Untergang verurteilt. Wenn das deutsche Volk versucht, seinen hoffnungslosen Widerstand fortzusetzen, wird es seine Niederlage nur noch schwerer zu bezahlen haben."
Folgt dem Beispiel Eurer Kameraden!
STELLT DEN WIDERSTAND EIN!
Kapituliert!

Flugblatt an deutsche Soldaten vom 15. 4. 1945, aus: Stadtarchiv Bautzen, 62011

TIPP

- Machen Sie sich klar, was der Operator von Ihnen verlangt: **einordnen,** d. h. begründet eine Position/ein Material zuordnen oder einen Sachverhalt begründet in einen Zusammenhang stellen.
- Orientieren Sie sich an Zeit, Ort und Aufbewahrungsort des Flugblattes und überlegen Sie, wo zu dieser Zeit die Fronten verliefen.
- Gehen Sie auch auf die Situation der deutschen Soldaten in den letzten Kriegstagen ein, um die Intention des Flugblatts zu erläutern.

AUFGABE 3

Erläutern Sie den Zusammenhang von NS-Ideologie und dem besonderen verbrecherischen Charakter der deutschen Kriegführung im Osten.

TIPP

- Machen Sie sich klar, was der Operator von Ihnen verlangt: **erläutern,** d. h. einen Sachverhalt oder Zusammenhang darlegen, einer Theorie (einem Modell) zuordnen und mit zusätzlichen Informationen/Beispielen verdeutlichen.
- Legen Sie zuerst im Zusammenhang die NS-Ideologie dar. Zeigen Sie dann an Beispielen auf, welche Schlussfolgerungen daraus für die Kriegsführung im Osten gezogen wurden.

AUFGABE 4

Interpretieren Sie die Quelle.

Rundfunkansprache des Reichsministers Johann Ludwig Graf Schwerin von Krosigk am 7. Mai 1945 anlässlich der Gesamtkapitulation der deutschen Wehrmacht

Deutsche Männer und Frauen!

Das Oberkommando der Wehrmacht hat heute auf Geheiß des Großadmirals Dönitz die bedingungslose Kapitulation aller Truppen erklärt. Als leitender Minister der Reichsregierung, die der Großadmiral zur Abwicklung der Kriegsaufgaben bestellt hat, wende ich mich in diesem tragischen Augenblick unserer Geschichte an das deutsche Volk.

Nach einem fast sechsjährigen heldenmütigen Kampf von unvergleichlicher Härte ist die Kraft Deutschlands der überwältigenden Macht unserer Gegner erlegen. Die Fortsetzung des Krieges hätte nur sinnloses Blutvergießen und unnütze Zerstörung bedeutet. Eine Regierung, die Verantwortungsgefühl vor der Zukunft unseres Volkes besitzt, mußte aus dem Zusammenbruch aller physischen und materiellen Kräfte die Folgerung ziehen und den Gegner um Einstellung der Feindseligkeiten ersuchen.

Es war das vornehmste Ziel des Großadmirals und der ihn unterstützenden Regierung, nach den furchtbaren Opfern, die der Krieg gefordert hat, in seiner letzten Phase das Leben möglichst vieler deutschen Menschen zu erhalten. Daß der Krieg nicht sofort und nicht gleichzeitig im Westen und Osten beendet wurde, erklärt sich allein aus diesem Ziel. Wir verneigen uns in dieser schwersten Stunde des deutschen Volkes und seines Reiches in Ehrfurcht vor den Toten dieses Krieges, deren Opfer unsere höchste Verpflichtung ist. Unsere Anteilnahme und Sorge gilt vor allem den Versehrten, den Hinterbliebenen und allen, denen dieser Kampf Wunden geschlagen hat. Niemand darf sich über die Schwere der Bedingungen hinwegtäuschen, die unsere Gegner dem deutschen Volk auferlegen werden. Es gilt, ihnen ohne jede Phrase klar und nüchtern entgegenzusehen. Niemand kann im Zweifel darüber sein, daß die kommende Zeit für jeden von uns hart sein und auf allen Lebensgebieten Opfer von uns fordern wird. Wir müssen sie auf uns nehmen und loyal zu den Verpflichtungen stehen, die wir übernommen haben. Wir dürfen aber auch nicht verzweifeln und uns einer stummen Resignation hingeben. Wir müssen uns den Weg durch das Dunkel der Zukunft durch drei Sterne erleuchten und führen lassen, die stets das Unterpfand echten deutschen Wesens waren: Einigkeit und Recht und Freiheit.

Aus dem Zusammenbruch der Vergangenheit wollen wir uns eines bewahren und retten: die Einigkeit, den Gedanken der Volksgemeinschaft, die in den Jahren des Krieges in der Frontkameradschaft draußen, in der gegenseitigen Hilfsbereitschaft in allen Nöten daheim ihren schönsten Ausdruck gefunden hat. Wir werden diese Kameradschaft und Hilfsbereitschaft in den kommenden Nöten des Hungers und der Armut ebenso brauchen wie in den Zeiten der Schlachten und der Bombenangriffe. Nur wenn wir uns diese Einigkeit erhalten und nicht wieder in streitende Klassen und Gruppen auseinanderfallen, können wir die künftige harte Zeit überstehen.

Wir müssen das Recht zur Grundlage unseres Volkslebens machen. In unserem Volk soll Gerechtigkeit das oberste Gesetz und die höchste Richtschnur sein. Wir müssen das Recht als die Grundlage der Beziehungen zwischen den Völkern aus innerer Überzeugung anerkennen und achten. Die Achtung vor geschlossenen Verträgen soll uns ebenso heilig sein wie das Gefühl der Zusammengehörigkeit unseres Volkes zur europäischen Völkerfamilie, als deren Glied wir alle menschlichen, moralischen und materiellen Kräfte aufbieten wollen, um die furchtbaren Wunden zu heilen, die der Krieg geschlagen hat.

Dann können wir hoffen, daß die Atmosphäre des Hasses, die heute Deutschland in der Welt umgibt, einem Geist der Versöhnung in den Völkern weicht, ohne den eine Gesundung der Welt gar nicht möglich ist, und daß uns die Freiheit wieder winkt, ohne die kein Volk ein erträgliches und würdiges Dasein führen kann.

Wir wollen die Zukunft unseres Volkes in der Besinnung auf die innersten und besten Kräfte des deutschen Wesens sehen, die der Welt unvergängliche Werke und Werte gegeben haben. Wir werden mit dem Stolz auf den Heldenkampf unseres Volkes den Willen verbinden, als Glied der christlich-abendländischen Kultur in redlicher Friedensarbeit einen Beitrag zu liefern, der den besten Traditionen unseres Volkes entspricht.

Möge Gott uns im Unglück nicht verlassen und unser schweres Werk segnen!

Zitiert nach: Ursachen und Folgen. Vom deutschen Zusammenbruch 1918 und 1945 bis zur staatlichen Neuordnung Deutschlands in der Gegenwart. Eine Urkunden- und Dokumentensammlung zur Zeitgeschichte, Band 23: Das Dritte Reich. Der militärische Zusammenbruch und das Ende des Dritten Reiches, hrsg. v. Herbert Michaelis und Ernst Schraepler, Berlin o. J., S. 240 f.

Hinweis: *Johann Ludwig Graf Schwerin von Krosigk (1887–1977), 1932–1945 Finanzminister. Im Auftrag des Großadmirals von Dönitz bildete er nach dem Selbstmord Hitlers am 30. April 1945 eine geschäftsführende Reichsregierung. Bis zu seiner Verhaftung durch die Alliierten am 23. 5. 1945 übernahm er zusätzlich die Leitung des Auswärtigen Amtes. Am 14. April 1949 verurteilte ihn ein amerikanisches Militärgericht als Kriegsverbrecher zu zehn Jahren Gefängnis. Aufgrund einer Amnestie wurde er am 31. Januar 1951 aus der Haft entlassen.*

TIPP

- Machen Sie sich klar, was der Operator von Ihnen verlangt: **interpretieren,** d. h. Sinnzusammenhänge erschließen und dazu auf der Basis von Analyse, Sachurteil und Bewertung Stellung nehmen.
- Orientieren Sie sich bei Ihrer Bearbeitung der Rede an der Schrittfolge, die auf der Methodenseite „Historische Reden untersuchen“ (S. 36) angegeben ist.

Kalter Krieg

Leitfragen

- Wie kam es zum Zerbrechen der Anti-Hitler-Koalition?
- Wie wurden Konflikte im Kalten Krieg ausgetragen?
- Welche Bedeutung hatte der Kalte Krieg für die Entwicklung Deutschlands nach dem Zweiten Weltkrieg?
- Welche Bedeutung hatte der Kalte Krieg für die Staaten der „Dritten Welt"?
- Welche Entwicklungen führten zum Ende des Kalten Krieges?

Wichtige Daten

1947	Truman-Doktrin
1950–1953	Koreakrieg
1949	Gründung der NATO
1955	Gründung des Warschauer Pakts
1962	Kubakrise
1968	Breschnew-Doktrin
1970	Atomwaffensperrvertrag
Seit 1973	Konferenz für Sicherheit und Zusammenarbeit in Europa (KSZE)
1979	NATO-Doppelbeschluss
1989–1991	Zerfall des Ostblocks

Wichtige Begriffe

Abschreckung Politisch-militärische Strategie der NATO, die den Frieden dadurch erhalten will, dass der Gegner das Risiko eines eigenen Angriffs wegen der nicht kalkulierbaren Folgen als zu hoch einschätzt und daher darauf verzichtet; „Gleichgewicht des Schreckens".

Blockfreie Staaten Staaten, die sich im Ost-West-Konflikt als neutral bezeichneten, traten 1961 erstmals in einer Konferenz zusammen.

Breschnew-Doktrin Grundsatz von der beschränkten Souveränität der Staaten des sozialistischen Lagers: Verletzt ein Mitglied die Interessen der sozialistischen Gemeinschaft, hat die UdSSR das Recht, zu intervenieren.

„Eiserner Vorhang" Von → Churchill 1946 geprägtes Schlagwort, um die Maßnahmen der UdSSR zu kennzeichnen, mit denen sie ihren Einflussbereich gegenüber dem Westen abriegelte.

Entspannungspolitik Maßnahmen, um Krisensituationen zu entschärfen und politische Konflikte zu vermeiden. Speziell: politische Verständigung und Zusammenarbeit zur Entschärfung des Ost-West-Konflikts seit Beginn der 1970er-Jahre.

„Flexible Response" *(engl. flexible Reaktion)* Offizielle NATO-Strategie 1967–1990: Anstelle eines automatischen atomaren Gegenschlags sollte eine abgestufte Reaktion je nach militärischer Aktion des Gegners erfolgen.

„Friedliche Koexistenz" Strategie Chruschtschows gegenüber dem Westen: statt direkter militärischer Konfrontation zwischen den Blöcken friedliche Kontakte. Fortsetzung des Kampfes der Systeme durch Unterstützung von Befreiungsbewegungen in der Dritten Welt und durch friedlichen Wettbewerb.

KSZE-Prozess Konferenz für Sicherheit und Zusammenarbeit in Europa (1973–1975). In der KSZE-Schlussakte wurde u. a. die Unverletzlichkeit der Grenzen, Abrüstung und Achtung der Menschenrechte von 33 europäischen Staaten, den USA und Kanada vereinbart.

Marshall-Plan European Recovery Program (ERP) 1948: Nach US-Außenminister George Marshall benannter Plan, den europäischen Staaten durch Sachlieferungen (Rohstoffe, Lebensmittel, Waren) und Kredite Wiederaufbauhilfe zu leisten. Die Ostblockstaaten lehnten die Hilfen auf Druck der UdSSR ab.

„Massive Vergeltung" NATO-Strategie seit 1952: Jeder sowjetische Angriff, auch ein konventioneller, wird mit einem Atomschlag beantwortet.

NATO-Doppelbeschluss Antwort der NATO-Konferenz 1979 auf die sowjetische Aufrüstung mit Mittelstreckenraketen: entweder Vertrag über beiderseitige Begrenzung dieser Raketen in Europa bis 1983 oder Stationierung von US-Mittelstreckenwaffen in Europa.

Satellitenstaat Ein Staat, der trotz völkerrechtlicher Unabhängigkeit unter dem bestimmenden Einfluss einer Großmacht steht. Als Satellitenstaaten wurden die zwischen 1944/45 und 1989/90 im Einflussbereich der UdSSR stehenden sozialistischen Staaten Europas bezeichnet.

Stellvertreterkrieg Bezeichnet Kriege, in denen die USA und UdSSR mit ihren Verbündeten den Ost-West-Konflikt in Drittstaaten austrugen, z. B. Koreakrieg, Vietnamkrieg.

Truman-Doktrin Außenpolitischer Grundsatz der USA, „allen Völkern, deren Freiheit von bewaffneten Minderheiten oder durch einen äußeren Druck bedroht ist", Beistand zu gewähren (vor allem gegen die UdSSR gerichtet).

Wichtige Personen

Harry S. Truman (1884–1972) Mitglied der Demokraten, 1945–1953 US-Präsident, begegnete der sowjetischen Expansion mit der Politik der „Eindämmung" *(engl. Containment)* des Kommunismus. Maßnahmen: → Marshall-Plan, Gründung der → NATO

Nikita S. Chruschtschow (1894–1971) Nach dem Tod → Stalins 1953 Erster Sekretär des Zentralkomitees der KPdSU, leitete 1956 die Entstalinisierung ein („Tauwetter"). Bemühte sich dem Westen gegenüber um → Entspannung, Strategie der → „friedlichen Koexistenz". Wurde 1964 gestürzt.

Leonid I. Breschnew (1906–1982) Nach Sturz → Chruschtschows ab 1964 Erster Sekretär des ZK der KPdSU, setzte Politik der friedlichen Koexistenz fort. Außenpolitisch harter Kurs: schlug Prager Frühling nieder (1968), marschierte in Afghanistan ein (1979); gleichzeitig Entspannungspolitik: SALT-Abkommen mit den USA; Moskauer Vertrag mit der Bundesrepublik.

Ronald W. Reagan (1911–2004) Mitglied der Republikaner, US-Präsident 1981–1989, Anti-Kommunist, rüstete gegen die UdSSR auf. Mit den Reformen → Gorbatschows ging er jedoch zur Entspannungs- und Abrüstungspolitik über, beendete die Blockkonfrontation.

John F. Kennedy (1917–1963) Mitglied der Demokraten, ab 1961 US-Präsident. Riskierte in der Kubakrise 1962 einen Atomkrieg, um → Chruschtschow zum Verzicht auf die Stationierung von Mittelstreckenraketen auf Kuba zu zwingen. Wurde 1963 ermordet.

Kurzdarstellung

Kalter Krieg (1946–1991)

Begriffsklärung

- Nach dem Zweiten Weltkrieg Führungsrolle der USA und UdSSR in der Weltpolitik:
  - erbitterter Kampf um politischen Einfluss in der Welt
  - grundlegend gegensätzliche Gesellschaftsmodelle
  - Rivalität auf allen Gebieten: Politik, Gesellschaft, Wirtschaft, Wissenschaft, Kultur
  - Folge: Die Welt wurde weitgehend in zwei Blöcke aufgeteilt.
- „Kalter Krieg“: Bezeichnung für die Periode scharfer Spannungen und Konfrontationen zwischen beiden Mächten und ihren Verbündeten; gegenseitige atomare Bedrohung, jedoch ohne diese Waffen gegeneinander einzusetzen: Der Krieg blieb „kalt“.
- Der Begriff „Kalter Krieg“ ist umstritten, „heiße“ Kriege, in denen die beiden Mächte ihren Konflikt austrugen, fanden in Entwicklungsländern statt.

Entstehung der bipolaren Welt

- Ideologische Gegensätze:
  - USA: parlamentarische Demokratie, Kapitalismus, Individualismus, Marktwirtschaft
  - UdSSR: „Volksdemokratie“, Sozialismus, Kollektivismus, Planwirtschaft
- In der unmittelbaren Nachkriegszeit zerbricht die Anti-Hitler-Koalition. Die UdSSR verletzte das Jalta-Abkommens durch:
  - Annexionen, u. a. baltische Staaten, 46 % Polens, nördliches Ostpreußen
  - Aufbau eines Gürtels aus kommunistischen Satellitenstaaten → B in Osteuropa (Polen, ČSSR, Ungarn, Bulgarien, Rumänien)
- Beginn der Konfrontation: Auf jeden Machtgewinn der einen reagierte die andere Supermacht mit dem Bestreben, diesen auszugleichen:
  - Truman-Doktrin → B (März 1947) und Marshall-Plan → B (Juni 1947)
  - Gründung des Rats für gegenseitige Wirtschaftshilfe (RGW/COMECON, Januar 1949)
  - Gründung der NATO (April 1949)
  - Berliner Blockade (Juni 1948 bis Dezember 1949)
  - Gründung der BRD (Mai 1949) und Gründung der DDR (Oktober 1949)
  - Gründung des Warschauer Pakts (1955)

Die UdSSR und das östliche Lager (1953–1991)

Politik gegenüber dem westlichen Lager

- Chruschtschow → P (1953–1964): Strategie der „friedlichen Koexistenz“ → B, Abkehr von Stalins „Zwei-Welten-Theorie“, aggressive Frontstellung gegen kapitalistische Staaten
- Breschnew → P (1962–1982): Entspannung und Bewahrung des Status quo
  - Moskauer Vertrag mit Deutschland 1970
  - Viermächteabkommen über Berlin 1971 (ungehinderter Personen- und Güterverkehr zwischen den Westsektoren und der BRD)
  - SALT-Verträge (Strategic Arms Limitation Talks) 1972/1979 (Rüstungsbegrenzung)
  - KSZE-Schlussakte 1975 → B

Politik innerhalb des Ostblocks

Die UdSSR schlug Aufstände in ihrem Herrschaftsbereich militärisch nieder:

- Juni 1953: brutale Niederwerfung eines Arbeiteraufstands in der DDR
- Juni 1956: blutige Niederschlagung eines Arbeiteraufstands in Polen
- Oktober/November 1956: gewaltsame Unterdrückung eines Volksaufstands in Ungarn

- August 1968: Zerschlagung des Prager Frühlings in der ČSSR
- Rechtfertigung: Breschnew-Doktrin vom November 1968 → B
- Verschärfung des Ost-West-Gegensatzes durch Einmarsch in Afghanistan
- Druck auf die polnische Gewerkschaftsbewegung Solidarność (1980/81)

Die USA und das westliche Lager (1953–1993)

Politik gegenüber dem Ostblock

- Präsident Truman → P (1945–1953): Außenpolitik des „Containment" („Eindämmung"); Innenpolitik: Jagd auf (vermeintliche) Kommunisten (McCarthy-Ära)
- Präsident Eisenhower → P (1953–1961): Politik des „Rollback" (Zurückdrängen)
- Präsident Kennedy → P (1961–1963): Raketen-, Raumfahrt- und Rüstungsprogramme, Erhöhung der Mittel für Entwicklungshilfe, um Staaten der Dritten Welt zu gewinnen
  - Bau der Berliner Mauer 1961: keine Reaktion
  - Kubakrise: Eskalation bis an die Schwelle eines Atomkriegs
- Folge: Entspannungspolitik → B und Rüstungskontrolle unter Nachfolgern Kennedys, immer wieder unterbrochen von Konfrontationen

Ost-West-Konfrontation außerhalb Europas

Nach der Kubakrise Verlagerung der Systemauseinandersetzung in Dritte-Welt-Länder, „Stellvertreterkriege" → B

- UdSSR: Sozialismus als Befreiungsideologie, Verbreitung der Weltrevolution, Ausweitung des sozialistischen Lagers auf kolonialabhängige oder weniger entwickelte Länder
- USA: Domino-Theorie Eisenhowers: Sofern ein Land kommunistisch werde, bestehe die Gefahr, dass auch seine Nachbarländer kommunistisch würden.
- direktes militärisches Engagement der Großmächte: Koreakrieg und Vietnamkrieg
- direkte oder indirekte Einmischungen in koloniale Befreiungskriege oder nachkoloniale Konflikte in Afrika (z. B. Kongo, Angola)
- sozialistische Machtübernahmen in Lateinamerika, direktes bzw. indirektes Eingreifen der USA gegen sozialistische Regimes (Guatemala, Chile, Nicaragua)

Abschreckung und Abrüstung

- Die Strategie der Abschreckung → B wurde in den 1950er-Jahren im westlichen Lager entwickelt:
  - Voraussetzung: militärisches Gleichgewicht, atomares Patt
  - Analyse: Einsatz von (Atom-)Waffen birgt Risiko, selbst vernichtet zu werden
  - Folgerung: Massenvernichtungswaffen stabilisieren den Frieden
  - Auswirkung: Rüstungsspirale beginnt, um Gleichgewicht aufrechtzuerhalten
- Zwei Varianten der Abschreckung: „massive Vergeltung" → B; „flexible Reaktion" → B
- Rüstungsbegrenzung seit 1970 (Atomwaffensperrvertrag); Gründe: atomare und waffentechnische Pattsituation, enorme finanzielle Belastungen, Kriegsmüdigkeit

Das Ende des Kalten Krieges 1985–1991

- 1985 radikaler Kurswechsel in der Sowjetunion wegen gravierender wirtschaftlicher und innenpolitischer Probleme
  - Generalsekretär Gorbatschow → P, Reformprogramm Glasnost und Perestroika → B
  - Abzug der UdSSR aus Afghanistan
- 1986 INF- und START-Verträge zwischen US-Präsident Reagan → P und Gorbatschow: Abschaffung aller Mittelstreckenraketen in Europa; Halbierung aller strategischen Waffen
- 1990 Wiedervereinigung Deutschlands
- 1991 Zusammenbruch des Ostblocks und der Sowjetunion

Erschließen einer historischen Quelle

Ein Plakat analysieren

Auch im elektronischen Zeitalter haben Plakate ihre Bedeutung nicht verloren. Sie hängen überall im öffentlichen Raum, um unsere Einstellungen und Sichtweisen zu beeinflussen. Dazu knüpfen sie an unbewusste Ängste und Wünsche an. Für Historiker sind Plakate eine wertvolle Quelle. Sie geben Aufschluss über Entwicklungen und Diskussionen in Politik, Wirtschaft und Kultur.

1 Formale Merkmale klären

- Wer hat das Plakat gestaltet, wer ist Auftraggeber?
- Wann wurde das Plakat produziert?
- Aus welchem Anlass ist es entstanden?

2 Inhalt analysieren

- Was ist auf dem Plakat dargestellt?
- Welche gestalterischen Mittel wurden verwendet (z. B. Proportionen, Farben, Raumaufteilung)?
- Enthält das Plakat Textaussagen? Wie verhalten sie sich zu den Bildaussagen?
- Enthält das Plakat Symbole, Stereotype oder Metaphern?

3 Historischen Kontext bestimmen

- Kenntnisse über den historischen Kontext einbringen
- Absicht des Auftraggebers bestimmen
- Zielgruppe bestimmen

4 Deuten

- Welcher Gesamteindruck ergibt sich?
- Welche Wirkung soll vermutlich erzielt werden?

5 Beurteilen

- Welche Rückschlüsse lässt das Plakat auf Einstellungen geheime Ängste und Wünsche der Adressaten zu?
- Welche Rückschlüsse erlaubt es auf Einstellungen und Ziele der Auftraggeber?

MATERIAL

Wahlplakat der CDU und FDP zur Bundestagswahl am 14. 8. 1949
(existierte auch als CDU- und als CSU-Plakat)

1 Formale Merkmale klären

- Wahlplakat, gestaltet im Auftrag der CDU und FDP für den Bundestagswahlkampf 1949
- Gestalter: unbekannt

2 Inhalt analysieren

Darstellung und gestalterische Mittel

- Mittelgrund: Ausschnitt eines Globus, der Europa zeigt.
- Hintergrund: Über dem Rand des Globus erhebt sich das Gesicht einer gefährlich aussehenden schlitzäugigen, asiatisch anmutenden Person mit typischer russischer Fellmütze. Diese greift von Osten (Russland) her mit einer riesigen Hand nach Europa. Das Gesicht der Person ist zu einem Drittel hinter einem Schild verborgen, der die Aufschrift SPD trägt. Durch den Schild läuft von oben nach unten ein breiter Riss.
- Vordergrund: in großen Lettern der Schriftzug: „Die Rettung: CDU und FDP. Die Parteikürzel sind fett gedruckt.

Symbole, Stereotypen und Metaphern

- Die schlitzäugige Person steht für die UdSSR, knüpft an uralte Ängste vor den heidnischen Horden der Mongolen an, die bis 1240 Russland unterwarfen und Europa bedrohten. Russland stand 1240 bis 1480 unter mongolischer Herrschaft. Die Russen werden daher (unsachgemäß) mit den Mongolen identifiziert.
- Die SPD ist ein unsicherer Schutzschild: Schild ist gespalten, hält nicht zuverlässig stand; die SPD der sowjetisch besetzen Zone / DDR vereinigte sich mit der KPD, kein Schutz gegen Russland. Auch der westlichen SPD ist daher nicht zu trauen.

3 Historischen Kontext bestimmen

- Mai 1949 Gründung der Bundesrepublik, Oktober 1949 Gründung der DDR
- Am 14. August 1949 fand die Wahl zum ersten deutschen Bundestag statt.
- Die Blöcke hatten sich verfestigt, der Kalte Krieg hatte begonnen: Truman-Doktrin (März 1947), Marshall-Plan (Juni 1947), Gründung des Rats für gegenseitige Wirtschaftshilfe (RGW/COMECON, Januar 1949); Gründung der NATO (April 1949)
- Die Berliner Blockade war seit Juni 1948 im Gange (Juni 1948 bis Dezember 1949).
- Der Auftraggeber (CDU/FDP) präsentiert sich im Wahlkampf als Rettung vor der Bedrohung durch die Sowjetunion und warnt gleichzeitig vor der Unzuverlässigkeit der SPD.
- Zielgruppe: die wahlberechtigte Bevölkerung der Bundesrepublik

4 Deuten

- Die Situation 1949 ist vergleichbar mit Europa beim Mongolensturm vor 700 Jahren. Das Abendland ist in Gefahr, von „barbarischen Horden" aus dem Osten überrannt zu werden.
- Die Wähler sollen davon abgehalten werden, SPD zu wählen.

5 Beurteilen

- Die Ängste der Bevölkerung vor der Sowjetunion, die durch die Berlin-Blockade einen realen Anlass haben, werden durch Rückgriff auf ein uraltes Feindbild weiter geschürt.
- Ein möglicher Wahlsieg der SPD wird mit dem Untergang Deutschlands gleichgesetzt.
- Das Denken in Kategorien des Kalten Krieges hat sich bereits so weit verselbstständigt, dass eine demokratische deutsche Partei als Feind diffamiert wird.

AUFGABE 1

Ordnen Sie den Text historisch ein und entwickeln Sie mögliche politische Konsequenzen.

Winston Churchill: Telegramm an Harry S. Truman vom 12. Mai 1945

Die Lage in Europa beunruhigt mich zutiefst. [...] Ich habe mich stets um die Freundschaft der Russen bemüht; aber ihre falsche Auslegung der Jalta-Beschlüsse, ihre Haltung gegen Polen, ihr überwältigender Einfluss auf dem Balkan bis hinunter nach Griechenland, [...] die von ihnen inspirierte kommunistische Taktik in so vielen anderen Ländern und vor allem ihre Fähigkeit, lange Zeit große Armeen im Felde stehen zu lassen, beunruhigen mich ebenso sehr wie Sie. Wie wird sich die Lage in ein bis zwei Jahren darstellen, wenn die britischen und amerikanischen Armeen nicht mehr existieren und die Franzosen noch keine beachtliche Armee aufgestellt haben, sodass wir nur über eine Handvoll von Divisionen, davon die Mehrzahl französische, verfügen, während Russland zwei- bis dreihundert unter den Fahnen hält? Ein Eiserner Vorhang ist vor ihrer Front niedergegangen. Was dahinter vorgeht, wissen wir nicht. Es ist kaum zu bezweifeln, dass der gesamte Raum östlich der Linie Lübeck–Triest–Korfu schon binnen Kurzem in ihrer Hand sein wird. [...] Die Aufmerksamkeit unserer Völker aber wird sich mit der Bestrafung Deutschlands, das ohnehin ruiniert und ohnmächtig darniederliegt, beschäftigen, sodass die Russen, falls es ihnen beliebt, innerhalb sehr kurzer Zeit bis an die Küsten der Nordsee und des Atlantiks vormarschieren können.

Churchill, Winston: Telegramm vom 12.05.1945 (Auszug). Zitiert nach: W. Churchill, Der Zweite Weltkrieg.

TIPP

- Beachten Sie, dass zwei Teilaufgaben gestellt sind: einordnen und entwickeln.
- Machen Sie sich klar, was die Operatoren von Ihnen verlangen:
  - **einordnen,** d. h. Sachverhalte, Vorgänge begründet in einen vorgegebenen Zusammenhang stellen;
  - **entwickeln,** d. h. zu einem Sachverhalt oder zu einer Problemstellung eine Einschätzung, ein konkretes Lösungsmodell, eine Gegenposition oder ein Lösungskonzept inhaltlich weiterführend und/oder zukunftsorientiert darlegen.

AUFGABE 2

Interpretieren Sie Kirkpatricks Ausführungen in ihrem historischen Kontext und überlegen Sie mögliche Folgen für Nachkriegsdeutschland.

Sir Ivone Kirkpatrick (Hoher Kommissar Großbritanniens):
Rede vor amerikanischen Offizieren in Frankfurt am Main am 11. Oktober 1950 (Auszug)

Welches ist nun Deutschlands Platz in diesem Rahmen? Eines ist gewiss: Deutschland kann nicht die Neutralität wählen, selbst wenn es dies wollte, es sei denn, man versteht darunter die Neutralität der Maus gegenüber der Katze. [...]

Wenn die deutsche Republik weiter bestehen soll, müssen wir vor allen anderen Dingen die Verteidigung des gesamtdeutschen Gebietes sowie ganz Westeuropas sichern. [...]

Die notwendigen militärischen Maßnahmen, die Verstärkung unserer Truppen hier im Lande, fordern harte und fortgesetzte Anstrengungen von den westlichen Völkern. Persönlich bezweifle ich, dass unsere Völker auf die Dauer einen Zustand dulden würden, der von ihnen riesige Opfer an Gut und Blut zur Verteidigung eines Deutschlands fordert, das zwar gleiche Rechte beansprucht, aber von allen Verpflichtungen frei bleibt. [...]

Sollte Deutschland der Lage der Dinge nicht gerecht werden, während die westlichen Völker weitherzig und großzügig das Gebot der Stunde erkennen, sollte Deutschland die Gelegenheit wahrnehmen und versuchen, kleinliche Vorteile herauszuschlagen, sollte es sich in parteipolitischen Differenzen verlieren oder sich in Beschuldigungen der Alliierten gefallen, ohne die Bedeutung und die Dringlichkeit der gemeinsamen Aufgabe zu berücksichtigen, dann würde allerdings eine völlige Eingliederung Deutschlands in die Gemeinschaft des Westens unmöglich sein.

Zitiert nach: Europa Archiv. Zeitschrift für internationale Politik, Jahrgang 1950.

TIPP

- Machen Sie sich klar, was der Operator von Ihnen verlangt: „interpretieren", d. h. Sinnzusammenhänge erschließen und dazu auf der Basis von Analyse, Sachurteil und Bewertung Stellung nehmen.
- Orientieren Sie sich an der Schrittfolge, die auf der Methodenseite „Historische Reden untersuchen" (S. 36) angegeben ist.
- Die Aufgabe „Folgen überlegen" verlangt von Ihnen, mögliche Konsequenzen inhaltlich weiterführend bzw. zukunftsorientiert darzulegen.

AUFGABE 3

Beurteilen Sie die Bedeutung von Chruschtschows Schreiben für die Kubakrise und für den Ost-West-Konflikt.

Nikita Chruschtschow: Schreiben an John F. Kennedy vom 27. Oktober 1962 (Auszug)

Sehr geehrter Herr Präsident,
ich habe mich mit tiefer Genugtuung mit Ihrer Antwort an Herrn U Thant [UN-Generalsekretär] vertraut gemacht, wonach Maßnahmen getroffen werden sollen, um die Berührung unserer Schiffe auszuschließen und auf diese Weise nicht wiedergutzumachende verhängnisvolle Folgen zu vermeiden. Dieser vernünftige Schritt Ihrerseits bestärkt mich in der Meinung, dass Sie für die Erhaltung des Friedens Sorge tragen, was ich mit Befriedigung vermerke. [...]
Sie wollen die Sicherheit Ihres Landes gewährleisten, und dies ist verständlich. Das will aber auch Kuba. Alle Länder wollen ihre Sicherheit gewährleisten. Wie aber sollen wir, die Sowjetunion, soll unsere Regierung Ihre Handlungen bewerten, die darin Ausdruck finden, dass Sie die Sowjetunion mit Militärstützpunkten eingekreist haben, ihre Verbündeten mit Militärstützpunkten umgeben haben, buchstäblich rings um unser Land Militärstützpunkte angelegt und dort Raketenwaffen stationiert haben? Das ist kein Geheimnis. Verantwortliche amerikanische Männer erklären dies demonstrativ. Ihre Raketen sind in Großbritannien stationiert, sie sind in Italien stationiert, und sie sind gegen uns gerichtet. Ihre Raketen sind in der Türkei stationiert.
Ich denke, dass man den Konflikt schnell beenden [...] könnte. Dann würden die Menschen befreit aufatmen und der Ansicht sein, dass die Staatsmänner, denen die Verantwortung übertragen wurde, einen nüchternen Verstand besitzen, sich ihrer Verantwortung bewusst und fähig sind, komplizierte Fragen zu lösen und die Dinge nicht zu einer Kriegskatastrophe zu treiben. Deshalb mache ich den Vorschlag: Wir willigen ein, die Mittel aus Kuba zu entfernen, die Sie für offensive Mittel halten. [...] Ihre Vertreter geben eine Erklärung ab, dass die Vereinigten Staaten, der Beunruhigung und Besorgnis des Sowjetstaates Rechnung tragend, ihrerseits ihre entsprechenden Mittel aus der Türkei entfernen. Lassen Sie uns eine Vereinbarung treffen, welche Zeit für Sie und für uns notwendig ist, um dies zu verwirklichen.

Zitiert nach: Europa. Dokumente zur Frage der europäischen Einigung, hrsg. vom Forschungsinstitut für Auswärtige Politik, Bd. 1, München: R. Oldenbourg Verlag 1962.

TIPP

Machen Sie sich klar, was der Operator von Ihnen verlangt: **beurteilen,** d. h. den Stellenwert historischer Sachverhalte in einem Zusammenhang bestimmen, um ohne persönlichen Wertebezug zu einem begründeten Sachurteil zu gelangen.

AUFGABE 4

Arbeiten Sie aus der Quelle die Position Kissingers zum Verhältnis USA – UdSSR heraus.

Aus der Erklärung von US-Außenminister Henry Kissinger vor dem Außenpolitischen Ausschuss des Senats (19. 9. 1974):

Seit dem Anbruch des Nuklearzeitalters haben sich die Ängste der Welt vor einer Katastrophe und ihre Hoffnungen auf Frieden dem Verhältnis zwischen den Vereinigten Staaten und der Sowjetunion zugewandt. [...] So tragisch die Folgen der Gewaltanwendung in der Vergangenheit gewesen sein mögen, heute ist die Frage von Krieg und Frieden von einer bisher nie da gewesenen Dringlichkeit, da zum ersten Mal in der Geschichte zwei Nationen über die Fähigkeit verfügen, die Menschheit zu vernichten. [...] So sehr die beiden Haupt-Nuklearmächte auf manchen Ebenen ihrer Beziehungen in Konkurrenz stehen mögen, so müssen sie doch beide in ihrer Politik von der Prämisse ausgehen, dass keine von ihnen erwarten kann, der anderen ihren Willen aufzwingen zu können, ohne ein untragbares Risiko einzugehen. Die Herausforderung unserer Zeit besteht darin, die Realität der Konkurrenz mit dem Imperativ der Koexistenz zu vereinbaren. Es kann keine friedliche internationale Ordnung geben ohne ein konstruktives Verhältnis zwischen den Vereinigten Staaten und der Sowjetunion. Es wird keine internationale Stabilität geben, wenn sich nicht beide, die Sowjetunion und die Vereinigten Staaten, einer Zurückhaltung befleißigen und wenn sie nicht ihre gewaltige Macht zum Wohle der Menschheit einsetzen. [...] Diese Politik wird von einigen Grundprinzipien geleitet: Die Vereinigten Staaten können ihre Politik nicht lediglich auf die guten Absichten Moskaus gründen. [...] Was immer die sowjetischen Absichten sein mögen, wir sind bestrebt, dem Frieden durch einen systematischen Widerstand gegen Druck und durch versöhnliche Reaktionen auf gemäßigtes Verhalten zu dienen. Wir müssen aggressiven Handlungen und verantwortungslosem Handeln entgegentreten.

Aber wir dürfen die Konfrontation nicht leichthin suchen. [...] Was den uralten Antagonismus zwischen Freiheit und Tyrannei angeht, so sind wir nicht neutral. Aber andere zwingende Notwendigkeiten legen unserer Fähigkeit Grenzen auf, innere Veränderungen in anderen Ländern zu bewirken. Das Bewusstsein unserer Grenzen entspringt der Erkenntnis der Notwendigkeit des Friedens – nicht moralischer Gefühllosigkeit. Die Erhaltung des menschlichen Lebens und der menschlichen Gesellschaft sind auch moralische Werte.

Zitiert nach: Europa-Archiv, Folge 20/1974, S. 463 f.

TIPP

- Machen Sie sich klar, was der Operator von Ihnen verlangt: **herausarbeiten,** d. h. Materialien auf bestimmte, explizit nicht unbedingt genannte Sachverhalte hin untersuchen und Zusammenhänge zwischen den Sachverhalten herstellen.
- Orientieren Sie sich an der Schrittfolge, die auf der Methodenseite „Sich mit einer Stellungnahme auseinandersetzen“ (S. 67) angegeben ist.

AUFGABE 5

Der Untergang der Sowjetunion trug entscheidend zum Ende des Kalten Krieges bei. Stellen Sie innere und äußere Gründe für den Zusammenbruch der Sowjetunion zusammen und versuchen Sie ein abschließendes Urteil.

TIPP

- Beachten Sie, dass die Aufgabe zwei Teilaufgaben umfasst: 1. zusammenstellen, 2. beurteilen.
- Machen Sie sich klar, was die Operatoren von Ihnen verlangen:
  - **zusammenstellen,** d. h. Sachverhalte, Probleme, Aussagen benennen bzw. wiedergeben;
  - **beurteilen,** d. h. den Stellenwert von Sachverhalten oder Prozessen in einem Zusammenhang überprüfen, um kriterienorientiert zu einem begründeten Sachurteil zu gelangen.

Europäische Einigung

Leitfragen

- Welche Beweggründe gab es für die europäische Einigung?
- Welche Bedeutung hatte die EWG für den Einigungsprozess?
- Worin besteht die Attraktivität der EU für die Länder Osteuropas?
- Welche Rolle spielen Frankreich und Deutschland bei der europäischen Einigung?
- Welche Schwierigkeiten behindern den europäischen Einigungsprozess?

Wichtige Daten

1949	Gründung des Europarats	
1951	Montanunion (EGKS)	*Gründungsmitglieder*
1957/58	Römische Verträge	*F, BRD, I, B, NL, Lux.*
	– Europäische Wirtschaftsgemeinschaft (EWG)	***EU der 6***
	– Euratom (Europäische Atomgemeinschaft)	
1967	Europäische Gemeinschaft (EG) (Verschmelzung von EGKS, EWG und Euratom)	
1992/93	Vertrag von Maastricht:	*Erweiterung 1973–1994:*
	– Wirtschafts- und Währungsunion	***EU der 12***
	– Gründung der Europäischen Union (EU)	
1995	Schengener Abkommen	*Erweiterung 1995–2003:*
2002	Euro als Bargeld	***EU der 15***
2004	Beginn der Osterweiterung	*Erweiterung 2004*
2005	Ablehnung der EU-Verfassung	*bis heute:* ***EU der 28***

Wichtige Begriffe

Binnenmarkt Gemeinsamer europäischer Markt mit freiem Personen-, Kapital-, Waren- und Dienstleitungsverkehr, trat im Januar 1993 in Kraft.

EFTA Europäische Freihandelszone, 1960 als Reaktion auf die Bildung der EWG gegründet. Wegen des Erfolgs der EWG schlossen sich einzelne EFTA-Staaten, u. a. Großbritannien, der EWG an. EFTA heute: Schweiz, Norwegen, Island und Liechtenstein.

Europarat 1949 gegründet mit Sitz in Straßburg, um Zusammenarbeit und Verständigung der europäischen Völker zu fördern. Kein Organ der EU, sondern internationale Organisation; 47 europäische Staaten als Mitglieder (2016), darunter Russland und die Türkei.

Europäische Wirtschaftsgemeinschaft Durch die Römischen Verträge 1957 gegründet, wichtigste der drei europäischen Gemeinschaften. Ziel: Aufbau eines gemeinsamen Marktes durch Zollunion und gemeinsame Landwirtschaftspolitik.

Europäische Gemeinschaften (EG) Die EG gingen 1967 aus der Fusion der Europäischen Wirtschaftsgemeinschaft, Atomgemeinschaft und Montanunion hervor. Sie bildeten nach dem Vertrag von Maastricht die erste und wichtigste der drei Säulen der EU.

Montanunion *(lat. Bergbau betreffend)* Kurzbezeichnung für die Europäische Gemeinschaft für Kohle und Stahl (EGKS), 1951 als supranationale Organisation gegründet. Ziel war die Schaffung eines gemeinsamen Marktes (ohne Zölle) für Kohle, Eisenerz, Stahl und Schrott.

OSZE Organisation für Sicherheit und Zusammenarbeit in Europa, 1995 aus der → KSZE entstanden. Ziel der 57 europäischen Mitgliedstaaten (inkl. Russland, Türkei, USA, Kanada) ist die Friedenssicherung.

Schengenraum Territorium der EU-Staaten, die das Schengener Abkommen unterzeichnet haben; Inhalt: Abbau der EU-Binnengrenzen, Kontrolle der EU-Außengrenzen (seit 1995).

Eurozone Territorium der EU-Länder, die den Euro als offizielle Währung eingeführt haben, aktuell sind es 19 Staaten (Stand: 2016).

Europäische Verfassung Der Verfassungsentwurf wurde von den Staats- und Regierungschefs 2004 unterzeichnet. Um völkerrechtlich verbindlich zu sein, müssen ihn die Mitgliedstaaten ratifizieren. Frankreich und die Niederlande lehnten ihn in Volksabstimmungen ab.

Unionsbürgerschaft Die Bürgerschaft der Europäischen Union besitzen alle Staatsangehörigen der EU-Mitgliedstaaten (Vertrag von Maastricht 1992). Es ist keine eigenständige, sondern eine die nationale ergänzende Staatsbürgerschaft. Rechte u. a.: Freizügigkeit, Kommunalwahlrecht am Wohnort, Wahlrecht zum Europäischen Parlament.

Wichtige Personen

Winston Churchill (1874–1965) (Vgl. auch S. 95) Forderte in seiner Züricher Rede 1946, die „Vereinigten Staaten von Europa“ zu schaffen. Der erste Schritt dahin müsse eine Partnerschaft zwischen Frankreich und Deutschland sein.

Konrad Adenauer (1876–1967) (Vgl. auch S. 64) Trieb als deutscher Bundeskanzler zusammen mit Frankreich die europäische Einigung voran, weil er darin eine Chance zur Wiederherstellung der Gleichberechtigung Deutschlands sah.

Robert Schuman (1886–1963) Französischer Außenminister, arbeitete → Monnets Idee zum Schumanplan aus und gewann → Adenauer dafür. Die Gründung der → Montanunion gilt als Meilenstein auf dem Weg nach Europa.

Jean Monnet (1888–1979) Französischer Unternehmer, nach 1945 mit der Modernisierung der französischen Wirtschaft befasst. Hatte die Idee, die westeuropäische Stahlindustrie unter Einbeziehung des Feindstaates Deutschland zusammenzuschließen. 1952–1955 Vorsitzender der Hohen Behörde der Montanunion. 1976 zum ersten Ehrenbürger Europas ernannt.

Paul-Henri Spaak (1899–1972) Belgischer Sozialist und Außenminister, entwickelte die Konzepte für die Europäische Wirtschaftsgemeinschaft (EWG) und Europäische Atomgemeinschaft (Euratom), gilt als einer der Gründerväter der EU.

Michail S. Gorbatschow (geb. 1931) (Vgl. auch S. 74) Seine Reformen führten zur Auflösung des Ostblocks, zur Wiedervereinigung Deutschlands, zum politischen Ausbau der EG zur EU und ab 2004 zur Osterweiterung der EU.

Jean-Claude Juncker (geb. 1954) Luxemburgischer Politiker, 2004–2013 Vorsitzender der Eurogruppe, seit 2014 Präsident der Europäischen Kommission. Juncker setzt sich für europäischen Föderalismus und ein soziales Europa ein.

Kurzdarstellung

Europäische Einigung (1949–1991)

Entstehung des Europagedankens

Mittelalter bis 19. Jh.

- Wurzeln im Mittelalter: Reich Karls des Großen, Vorstellung des „christlichen Abendlandes" in Abgrenzung zum islamischen Orient
- Renaissance: Vorstellung einer Gelehrtenrepublik ohne Grenzen
- Aufklärung: Schrift von Immanuel Kant „Zum ewigen Frieden", denkt über die Bildung eines Staatenbundes nach, der Kriege überflüssig macht
- Wiener Kongress 1814/15: Versuch einer gesamteuropäischen Friedensordnung
- Elemente einer gemeinsamen europäischen Kultur: griechisch-römisches Erbe, Christentum, Aufklärung, Rechtsvorstellungen, Stadtrecht und städtische Kultur, Kunst und Musik, Literatur, Philosophie; politische Ordnungsvorstellungen: Demokratie, Menschenrechte, soziale Gerechtigkeit

Nach dem Zweiten Weltkrieg

- Bedeutungsverlust der europäischen Großmächte, Mitgestaltung auf internationaler Ebene nur noch durch Kooperation möglich
- Einigung Europas unumgänglich, um den Frieden zu sichern
- Ziel: Aussöhnung und Zusammenarbeit; Problem: „deutsch-französische Erbfeindschaft"

Die wirtschaftliche Integration

- 1946 Vorschlag Churchills → P zur Gründung der „Vereinigten Staaten von Europa"
- 1949 **Europarat** → B (Sitz in Straßburg): Organisation für die Zusammenarbeit der europäischen Staaten; Mitglieder: NATO-Länder und neutrale Staaten. Der Europarat
  - bot Raum für organisierte und permanente Kontakte,
  - aber: als institutionelle Grundlage für engere Beziehungen war er nicht geeignet.
- 1951 **Europäische Gemeinschaft für Kohle und Stahl** (EGKS, Montanunion → B) mit Sitz in Luxemburg
  - nach Schuman-Plan (Robert Schuman → P): Vorschlag eines gemeinsamen europäischen Marktes für Kohle und Stahl; Ziel: Kontrolle und Einbindung der deutschen Kohle- und Stahlproduktion zur Friedenssicherung
  - Gründungsmitglieder: Frankreich, BRD, Niederlande, Belgien, Luxemburg, Italien
  - Vorteile: Souveränitätsgewinn für BRD, Sicherheitsgewinn für Frankreich
- 1957 **Europäische Wirtschaftsgemeinschaft** (EWG) → B, **Europäische Atomgemeinschaft** (Euratom, zivile Nutzung der Kernenergie)
  - Römische Verträge, gleiche Gründungsmitglieder wie Montanunion
  - wirtschaftliche Zusammenarbeit im Mittelpunkt; Ausweitung der Montanunion auf das gesamte Wirtschaftsleben; Ziel: Freihandelszone ohne Zölle und Abgaben, Harmonisierung der Wirtschafts- und Sozialsysteme
  - Ergebnis: große wirtschaftliche Erfolge, Attraktivität für potenzielle Beitrittsländer
  - Schaffung von Kontrollinstitutionen: ab 1967 u. a. Kommission und Ministerrat
- 1967 **Europäische Gemeinschaften** (EG) → B: Fusion aus EGKS, EWG und Euratom
- 1968 Zollunion
- 1985/1995 Schengener Abkommen → B: Wegfall der Grenzkontrollen an den Binnengrenzen
- 1993 Binnenmarkt → B: Wegfall der Personen- und Warenkontrollen, gemeinsame Standards für Lebensmittel und Produkte, Vereinheitlichung von einigen Steuerbereichen
- 1999/2002 Einführung des Euro; Schaffung einer **Europäischen Zentralbank**

Die Europäische Union

- begründet durch den Vertrag von Maastricht, unterzeichnet 1992, in Kraft getreten 1993:

Die drei Säulen der Europäischen Union		
Gemeinsame Außen- und Sicherheitspolitik	**Europäische Gemeinschaften**	**Zusammenarbeit in der Innen- und Rechtspolitik**
Friedenserhaltung Menschenrechte Hilfe für Drittstaaten Westeuropäische Union (WEU, europäisches Verteidigungsbündnis) als Stütze Abrüstung Wirtschaftliche Aspekte der Rüstung Europäische Sicherheitsordnung	Zollunion und Binnenmarkt Agrarpolitik Strukturpolitik Handelspolitik Wirtschafts- und Währungsunion Unionsbürgerschaft Bildung und Kultur Verbraucherschutz Gesundheitswesen Forschung und Umwelt Sozialpolitik	Asylpolitik Außengrenzen Einwanderungspolitik Kampf gegen Drogenabhängigkeit Bekämpfung des organisierten Verbrechens Justizzusammenarbeit in Zivil- und Strafsachen Polizeizusammenarbeit Wegfall von Grenzkontrollen

- 2005 Plan einer EU-Verfassung → B scheiterte
- 2009 Vertrag von Lissabon: Modernisierung der Institutionen, Stärkung der Demokratie

Organe der Europäischen Union (Stand 2016)

Die Organe der EU (im Folgenden Auswahl) spiegeln die verschiedenen Ebenen und Interessen der Gemeinschaft auf nationalstaatlicher, übernationaler und parlamentarisch-demokratischer Ebene wider:

- Nationalstaatliche Ebene:
  - Europäischer Rat der Staats- und Regierungschefs (Grundsatzentscheidungen) mit einem Präsidenten an der Spitze, „höchster Repräsentant" der EU
  - Ministerrat der Fachminister der Länder (Legislative, „Oberhaus": Beschlüsse über EU-Haushalt und Gesetze); ab spätestens 2017 gilt die doppelte Mehrheit (wenn 55 % der Mitgliedsstaaten, die mindestens 65 % der Bevölkerung vertreten, zustimmen).
- Übernationale (supranationale) Ebene:
  - Europäische Kommission, je ein nicht weisungsgebundener Vertreter der Mitgliedsländer (Exekutive)
  - Hoher Vertreter der Union für Außen- und Sicherheitspolitik („EU-Außenminister")
  - Europäischer Gerichtshof als oberste Rechtsinstanz der EU-Länder, wacht über Verträge und Menschenrechte
- Parlamentarisch-demokratische Ebene:
  - Europäisches Parlament, Direktwahl für fünf Jahre (Legislative, „Unterhaus": Beschlüsse über EU-Haushalt und Gesetze)
  - EU-Bürger der 28 Mitgliedsstaaten: wählen das Europäischen Parlament, haben durch Bürgerbegehren direkten Einfluss auf die EU-Politik

Probleme und Perspektiven

- seit 2010 Staatsschuldenkrise (u. a. Griechenland, Irland, Portugal, Spanien)
- seit 2015 Flüchtlingskrise: Uneinigkeit über Aufnahme von Flüchtlingen
- Vertiefung der Zusammenarbeit wird nur von einem Teil der Mitglieder angestrebt; in einigen Ländern gibt es Parteien, denen der jetzige Stand bereits zu weit geht
- Erweiterung wird skeptisch gesehen; Erschwerung der Abstimmungsprozesse, wirtschaftliche Unterschiede; besondere Skepsis gegenüber einem EU-Beitritt der Türkei

Erschließen einer historischen Quelle

Ein Zeitungsinterview auswerten

Die Presse hat in Demokratien die Aufgabe, zu informieren, aktuelle Diskussionen aufzugreifen und die Politik zu kontrollieren. Das Grundgesetz, Art. 5, garantiert das Grundrecht auf freie Meinungsäußerung. In einem Presseinterview werden Positionen hinterfragt und Diskussionen ausgetragen. Es bietet daher einen unmittelbaren Einblick in die tagespolitische Diskussion der Zeit.

1 Formale Merkmale klären

- Wer interviewt wen, wann und zu welchem Anlass?
- Was ist das Thema des Interviews?
- Was weiß man über die Zeitung und ihren Leserkreis?

2 Inhalt bestimmen

- Interview nach Themenschwerpunkten gliedern
- Zentrale Fragen, Aussagen, Schlüsselbegriffe markieren

3 Inhalt analysieren

- Welche Position vertritt der Interviewer?
- Welche Position vertritt der Befragte?
- Gibt es Fragen, denen der Befragte ausweicht?
- Gibt es Antworten, denen der Interviewer widerspricht?
- Gibt es Stellen, die besonders emotional sind?

4 Historischen Kontext bestimmen

- Kenntnisse über den historischen Kontext einbringen
- Absicht des Interviewers / der Zeitung bestimmen
- Wirkung des Interviews bestimmen

5 Beurteilen

- Welchen Beitrag leistet das Interview zur aktuellen Diskussion?
- Eröffnet es neue Perspektiven?

MATERIAL

Interview mit dem Ministerpräsidenten von Estland, Mart Laar, Oktober 2000

(Auszug)

Spiegel: Estland war – abgesehen von der Unabhängigkeitsepisode zwischen den beiden Weltkriegen – über die Jahrhunderte hin fremdbestimmt. Warum wollen Sie die mit dem Zusammenbruch der Sowjetunion gerade errungene Souveränität wieder an Brüssel abgeben?

Laar: Eigentlich ist es das erste Mal, dass diese Nation selbst entscheiden kann, wohin sie geht und was sie macht …

Spiegel: … es wird ein Referendum zum Beitritt geben?

Laar: Ja. Wir wissen, wie es ist, Teil eines fremden Staates zu sein, gegen den Willen des Volkes. Estland war 1940 besetzt und annektiert worden. Der Beitritt wird die freie Entscheidung dieser Nation sein. […]

Spiegel: Ist Moskau gegen den EU-Beitritt Estlands?

Laar: Offiziell nicht, inoffiziell lässt man uns den Unwillen über den Verlust des estnischen Absatzmarktes spüren.

Spiegel: Noch im Januar haben Sie dem Parlament gesagt: Wir wollen schnell in die EU, weil wir Sorge haben, es könnte eine Grauzone entstehen, wobei wir zwischen den beiden großen Blöcken liegen.

Laar: Das ist immer noch möglich. Aber bei dieser Grauzone geht es nicht nur um die militärische Frage, sondern auch um politische, kulturelle und wirtschaftliche Probleme. Wir Esten müssen wissen, wohin wir gehören.

Spiegel: Ist nach Ihrem geopolitischen Verständnis die Ostgrenze Estlands an der Narva die Ostgrenze Europas?

Laar: Ja, eigentlich schon.

[…]

Spiegel: Herr Laar, Sie gelten mit Ihren gerade mal 40 Jahren als Vater des „estnischen Wirtschaftswunders". Die „Neue Zürcher Zeitung" lobt Ihr Land, es setze den „Maßstab für politische Reformen in Osteuropa". Wie wollen Sie das Europa der kommenden Generation mitprägen?

Laar: Für mich ist wichtig, dass Europa nicht nur ein wirtschaftlicher Bund ist, sondern auch eine kulturelle und historische Identität hat. Ich denke, Europa sollte sich so viel wie möglich um seine Grundlagen kümmern, so dass für die Menschen Europäische Union nicht nur heißt: ein Euro-Geld. Es muss auch eine Idee, ein Traum sein. Dafür ist noch viel Arbeit zu leisten.

Spiegel: Wie definieren Sie Europa? Ist Ihr Europa geprägt vom Begriff des christlichen Abendlandes?

Laar: In vielerlei Hinsicht ja. Denn die Idee des Europa hat christliche Grundlagen. Ich bin Christdemokrat, deshalb ist das für mich sehr wichtig. Zugleich stimmt auch, dass nirgendwo sonst auf der Welt in einem so kleinen Territorium so viel verschiedene Kulturen zusammenleben. Es geht darum, dieses Mosaik als Ganzes noch schöner wirken zu lassen.

Spiegel: Die neuen EU-Mitglieder werden in der Gemeinschaft zweitklassig sein. Stört es Sie, dass sich die alten kerneuropäischen Staaten als Erster-Klasse-Club organisieren, zum Beispiel mit der Euro-Währung?

Laar: Eigentlich nicht. […] Wie Finnland wird sich Estland sehr bald für die Mitgliedschaft in der Euro-Währungsunion qualifizieren. Wir sind nicht daran interessiert, Mitglied in einer schwachen Union zu sein. Die Beitrittskriterien müssen streng gehandhabt werden. Nur solch eine Europäische Union vermag unsere Träume zu realisieren. Wir wissen, wohin wir gehören.

Aus: Der Spiegel Nr. 40 (2000), S. 182–184 (Interview: Dirk Koch). (http://www.spiegel.de/spiegel/print/d-17483279.html) (Zugriff 9. 5. 2016)

1 Formale Merkmale klären

- Interview des deutschen Nachrichtenmagazins „Der Spiegel“ mit dem estnischen Ministerpräsidenten Mart Laar im Oktober 2000.
- Thema: Estland möchte der EU beitreten und befindet sich in Beitrittsverhandlungen.
- Der Spiegel: linksliberal ausgerichtet, Einfluss auf Meinungsbildung in Deutschland.

2 Inhalt bestimmen

- Warum will Estland in die EU eintreten und einen Teil seiner Souveränität abgeben?
  - erste freie Entscheidung der estnischen Nation
  - nicht nur militärische Gründe, sondern auch politische, kulturelle, wirtschaftliche
- Was erwartet Estland von der EU?
  - nicht nur ein Wirtschaftsbündnis, sondern auch kulturelle und historische Identität
  - Vielfalt der verschiedenen Kulturen pflegen
- Organisation der EU in Eurogruppe („Erster-Klasse-Club“) und andere Mitglieder
  - Stört nicht, Estland wird sich bald für die Eurozone qualifizieren.
  - EU soll eine starke Union mit strengen Beitrittskriterien sein.

3 Inhalt analysieren

- Interviewer konfrontiert Estland mit Kritik, die gegenüber der EU geäußert wird:
  - Einschränkung der Souveränität der Mitgliedstaaten zugunsten der EU
  - Widerstand Moskaus gegen EU-Erweiterung
  - Vorbehalte gegen Weiterentwicklung der EU über eine Wirtschaftsunion hinaus
  - „Europa der zwei Geschwindigkeiten“: Eurogruppe als Eliteclub
- Laar zeigt eine überaus positive Einstellung gegenüber der EU
  - EU als Ideal, einen Traum, den er weiter verwirklichen möchte
  - EU als Chance für Estland, sein europäisches Selbstverständnis weiterzuentwickeln
  - EU als Chance für Estland, als kleines Land seine Kultur einzubringen (Vielfalt)
- Interview verläuft sachlich, harmonisch, die Gesprächspartner gehen aufeinander ein.

4 Historischen Kontext bestimmen

Estland

- 1940 von der Sowjetunion annektiert, seit 1991 wieder ein unabhängiger Staat
- 2003 entschied sich die Bevölkerung in einem Referendum für den EU-Beitritt
- 2004 Aufnahme in die NATO (März) und in die EU (Mai), 2011 Mitglied der Eurozone

Europäische Union

- 1999 Einführung des Euro; die Einführung des Euro als Bargeld stand bevor
- Vorbehalte in zahlreichen EU-Mitgliedstaaten gegenüber dem Ausbau der Union

5 Beurteilen

- Das Interview zeigt die Haltung eines kleinen Landes zur EU, das in einer EU-Mitgliedschaft große Vorteile für die eigene politische Position sieht und für den weiteren Ausbau der EU plädiert.
- Gegenposition zu der im großen EU-Land Deutschland verbreiteten EU-kritischen Haltung

AUFGABE 1

Arbeiten Sie, so weit möglich, Churchills Konzept eines vereinten Europas im Rahmen einer neuen Weltordnung heraus.

Winston Churchill: *Rede in Zürich, 1946 (Auszug)*

Wir müssen etwas wie die Vereinigten Staaten von Europa schaffen. Nur so können Hunderte von Millionen schwer arbeitender Menschen die einfachen Freuden und Hoffnungen zurückgewinnen, die das Leben lebenswert machen. [...] Ich glaube, dass die größere Zusammenfassung [UNO] nur dann überleben kann, wenn sie sich auf zusammenhängende natürliche Gruppen stützt. In der westlichen Hemisphäre gibt es bereits eine solche natürliche Gruppe. Wir Briten haben unser eigenes Commonwealth of Nations. Sie schwächen nicht, im Gegenteil, sie stärken die Weltorganisation. Sie sind sogar ihre Hauptstützen. Und warum sollte es keine europäische Gruppe geben, die den irregeleiteten Völkern dieses unruhigen und machtvollen Kontinents das Gefühl eines weiter gespannten Patriotismus und einer gemeinsamen Staatszugehörigkeit einflößen könnte, und warum sollte sie nicht bei der Gestaltung des menschlichen Schicksals ihren rechtmäßigen Platz neben anderen großen Gruppen einnehmen? [...] Der erste Schritt ist die Bildung eines Europarats. Wenn zu Anfang auch nicht alle Staaten Europas willens oder in der Lage sind, der Union beizutreten, müssen wir uns dennoch ans Werk machen, [...]. Bei dieser so dringenden Aufgabe müssen Frankreich und Deutschland die Führung zusammen übernehmen. Großbritannien, das Britische Commonwealth of Nations, das mächtige Amerika und, ich hoffe, Sowjetrussland – denn dann wäre in der Tat alles gut – müssen die Freunde und Förderer des neuen Europas sein und für sein Recht auf Leben und Glanz eintreten.

Zitiert nach: Europa. Dokumente zur Frage der europäischen Einigung, hrsg. vom Forschungsinstitut für Auswärtige Politik, Bd. 1, München: R. Oldenbourg Verlag 1962.

TIPP

- Machen Sie sich klar, was der Operator von Ihnen verlangt: **herausarbeiten,** d. h. nicht explizit genannte Sachverhalte darlegen und erklären.
- Orientieren Sie sich bei der Auswertung der Tabellen an der Schrittfolge, die auf der Methodenseite „Historische Reden untersuchen“ (S. 36) angegeben ist.

AUFGABE 2

Analysieren Sie die ökonomischen und politischen Motive des Schuman-Plans.

Robert Schuman: Über die Gründung einer „Montanunion“ am 9. Mai 1950

Der Friede der Welt kann nicht gewahrt werden ohne schöpferische Anstrengungen, die der Größe der Bedrohung entsprechen. Der Beitrag, den ein organisiertes und lebendiges Europa für die Zivilisation leisten kann, ist unerlässlich für die Aufrechterhaltung friedlicher Beziehungen. [...] Die Vereinigung der europäischen Nationen erfordert, dass der Jahrhunderte alte Gegensatz zwischen Frankreich und Deutschland ausgelöscht wird. Das begonnene Werk muss in erster Linie Deutschland und Frankreich erfassen. Zu diesem Zweck schlägt die französische Regierung vor, in einem begrenzten, doch entscheidenden Punkt sofort zur Tat zu schreiten.
Die französische Regierung schlägt vor, die Gesamtheit der französisch-deutschen Kohle- und Stahlproduktion einer gemeinsamen Hohen Behörde zu unterstellen, in einer Organisation, die den anderen europäischen Ländern zum Beitritt offensteht. Die Zusammenlegung der Kohle- und Stahlproduktion wird sofort die Schaffung gemeinsamer Grundlagen für die wirtschaftliche Entwicklung sichern – die erste Etappe der europäischen Föderation – und die Bestimmung jener Gebiete ändern, die lange Zeit der Herstellung von Waffen gewidmet waren, deren sicherste Opfer sie gewesen sind.
Die Solidarität der Produktion, die so geschaffen

wird, wird bekunden, dass jeder Krieg zwischen Frankreich und Deutschland nicht nur undenkbar, sondern materiell unmöglich ist. Die Schaffung dieser mächtigen Produktionsgemeinschaft, die allen Ländern offensteht, die daran teilnehmen wollen, mit dem Zweck, allen Ländern, die sie umfasst, die notwendigen Grundstoffe für ihre industrielle Produktion zu gleichen Bedingungen zu liefern, wird die realen Fundamente zu ihrer wirtschaftlichen Vereinigung legen.

Zitiert nach: http://europa.eu/abc/symbols/9-may/decl_de.htm (Zugriff: 10. 5. 2016).

TIPP

- Machen Sie sich klar, was der Operator von Ihnen verlangt: **analysieren,** d. h. Quellen oder Sachverhalte nach Kriterien erschließen.
- Verfassen Sie einen gut strukturierten Text.

AUFGABE 3

1. Stellen Sie die Argumente de Gaulles zu einem möglichen Beitritt Großbritanniens zur EWG zusammen.
2. Inwiefern spiegeln sie grundsätzliche Probleme der europäischen Integration wider?

Charles de Gaulle: in einer Pressekonferenz am 14. Januar 1963

England ist ein Inselstaat, ausgerichtet auf die See. Es ist durch seinen Handel, seine Märkte und seine Versorgung an die verschiedensten, oftmals weit entlegenen Länder gebunden. Es ist in erster Linie ein Industrie- und Handelsstaat, der nur wenig Landwirtschaft betreibt. Es besitzt in all seinem Tun Gewohnheiten und Traditionen, die sehr ausgeprägt und eigener Art sind. Kurzum, das Wesen, die Struktur und die Umstände, die England eigen sind, unterscheiden es weitgehend von den kontinentalen Staaten.
Was soll man nun unternehmen, um England mit seinen eigenen Lebens-, Produktions- und Handelstraditionen in den Gemeinsamen Markt einzugliedern, so wie dieser nun einmal geschaffen wurde und wie er funktioniert? Die Art der Lebensmittelversorgung der Bevölkerung Großbritanniens – z. B. Einfuhr sehr billiger Lebensmittel aus Nord- und Südamerika und den ehemaligen Dominions bei gleichzeitiger beträchtlicher Subventionierung der englischen Landwirtschaft –, diese Art ist natürlich unvereinbar mit dem System, das die Sechs ganz natürlich für sich selbst geschaffen haben. Das System der Sechs besteht darin, die Agrarprodukte innerhalb ihrer Gemeinschaft als ein Ganzes zu behandeln, die Preise für ihre Agrarprodukte rigoros festzusetzen, die Subventionen zu verbieten, ihren Verbrauch zu organisieren und jedem Partner zur Auflage zu machen, jeglichen Gewinn, den er erzielt, wenn er von außerhalb Lebensmittel einführen würde, anstatt die zu verbrauchen, die der Gemeinsame Markt anbietet, an die Gemeinschaft abzuführen.
Ich frage nochmals, wie kann man nun England, so wie es ist, in dieses System einfügen? Man hat manchmal annehmen können, dass unsere englischen Freunde sich mit ihrem Antrag auf Beitritt zum Gemeinsamen Markt so weit umstellen würden, dass sie sich alle Bedingungen auferlegen würden, die von den Sechs schon akzeptiert wurden und praktiziert werden. Aber die große Frage ist und bleibt, ob Großbritannien sich gegenwärtig wie der Kontinent, und genauso wie dieser, in den Rahmen eines wahrhaft gemeinsamen Zolltarifs einfügen kann, [...]. Auf diese Frage allein kommt es an. Man kann nicht sagen, dass sie gegenwärtig gelöst ist.

Charles de Gaulle: Pressekonferenz am 14. 1. 1963.
Zitiert nach: Hans Stercken (Hg.), Vive la France – Vive l'Europe! Aus den Reden Charles de Gaulles 1958–1968, München: dtv 1969.

TIPP

- Beachten Sie, dass die Aufgabe zwei Teilaufgaben umfasst: 1. zusammenstellen, 2. darlegen (ist nicht genannt, aber gemeint).

- Machen Sie sich klar, was die Operatoren von Ihnen verlangen:
  – **zusammenstellen,** d. h. zielgerichtet Informationen zusammentragen, ohne diese zu kommentieren;
  – **darlegen,** d. h. Zustände oder Zusammenhänge beschreiben, erklären, beurteilen.

AUFGABE 4

Erläutern Sie die Schwierigkeiten einer europäischen Verfassung.

Roman Herzog (deutscher Bundespräsident a. D.) und Lüder Gerken (Direktor des Centrums für Europäische Politik) zu Problemen der EU-Verfassung, im Januar 2007:

1 Diese Probleme sind zurückzuführen auf die Existenz zweier sich ausschließender Vorstellungen über die endgültige Gestalt der EU. Auf der einen Seite stehen [diejenigen], die einen Verbund dauerhaft souveräner Staaten, ein „Europa der Vaterländer" anstreben. Sie konstatieren mit Sorge eine zunehmende Zentralisierung der Politik auf EU-Ebene, die mit einer Ausdünnung der Befugnisse der Mitgliedstaaten einhergeht. [...]

Auf der anderen Seite stehen die Föderalisten, die einen europäischen Bundesstaat anstreben. Sie beklagen massive institutionelle Defizite bei den Organen und Entscheidungsverfahren auf EU-Ebene, die ineffektiv, intransparent und undemokratisch seien, und empfinden diese Defizite als umso gewichtiger, je weiter sich die Europäische Union entwickelt. Sie fordern vollständige staatliche Strukturen für die EU im Sinne der klassischen Gewaltenteilungslehre, insbesondere ein Parlament als souveräne Legislative und eine Regierung als souveräne Exekutive – ohne dass die Regierungen der Mitgliedstaaten über den Rat Sand ins Getriebe streuen können. Der institutionelle Aufbau der EU ist ein Kompromiss aus diesen beiden idealtypischen Vorstellungen. [...]

Aus: Roman Herzog und Lüder Gerken: „Europa entmachtet uns und unsere Vertreter. Zu Problemen der EU-Verfassung im Januar 2007", Welt Online, 17. 2. 2007 (http://www.welt.de/dossiers/eu-macht/article720463/Europa-entmachtet-uns-und-unsere-Vertreter.html; Zugriff: 10. 5. 2016)

TIPP

- Machen Sie sich klar, was der Operator von Ihnen verlangt: **erläutern,** d. h. Informationen aus dem Material mit eigenem Wissen anreichern und in einen Zusammenhang einordnen, evtl. mit Beispielen verdeutlichen.
- Finden Sie Beispiele für die beiden einander gegenüberstehenden Konzeptionen der EU und nennen Sie Mitgliedstaaten, die die eine oder andere dieser Konzeptionen bevorzugen.

Lösungen

REVOLUTION UND PARTIZIPATION

AUFGABE 1

Für Paine sprechen viele Gründe für eine Trennung der amerikanischen Kolonien von ihrem Mutterland Großbritannien:

1. Das Mutterland bzw. seine Führung legten es darauf an, die Kolonien mit Gewalt zu unterwerfen. Die Bezeichnung „Mutterland" sei nur eine Phrase, um die wahren Absichten zu verschleiern. In Wirklichkeit beabsichtigten sie, die andersgläubigen puritanischen Amerikaner wieder unter die Herrschaft der offiziellen Staatskirche zu bringen, die Paine im Grunde für papistisch hält.
2. Nur in den Kolonien herrsche dagegen bürgerliche und religiöse Freiheit, sodass viele Menschen vor den Verfolgungen in Europa dort Asyl gesucht hätten. Insofern sei in Wirklichkeit Europa das Mutterland Amerikas.
3. Eine Bindung an Großbritannien verwickle die Amerikaner in europäische Konflikte und erschwere so die Handelsmöglichkeiten mit anderen europäischen Staaten. Der Handel mit den Ländern Europas sei jedoch das Lebenselixier der amerikanischen Kolonien.
4. Überall in der Alten Welt (Europa), in Afrika und Asien herrschten Unterdrückung und Tyrannei, nur Amerika sei ein Hort der Freiheit. Alle Freunde der Menschheit und der Freiheit müssten sich also für eine Unabhängigkeit der amerikanischen Kolonien von Großbritannien einsetzen.

AUFGABE 2

Die von Thomas Jefferson formulierte Unabhängigkeitserklärung beruft sich auf „natürliches und göttliches Gesetz". Demzufolge entsprechen das Recht der Menschen auf „Leben, Freiheit und das Streben nach Glück" sowohl den göttlichen Grundsätzen, wie sie in der Bibel formuliert sind, als auch dem Naturrecht, das mithilfe der Vernunft erfasst werden kann. Jefferson liefert also sowohl eine religiöse als auch eine vernunftgemäße Begründung für die Unabhängigkeit der amerikanischen Kolonien. Im weiteren Verlauf argumentiert er jedoch kaum noch auf religiöser Basis, auch wenn er den Begriff „Schöpfer" noch einmal benutzt. Ganz im Sinne aufklärerischen Denkens überprüft er die Regierungspraxis der Briten dahin gehend, ob sie den oben genannten Zielen dient oder nicht. Dabei leugnet er die Vorstellung einer göttlichen Legitimation der Herrscher und formuliert dagegen die These einer Herleitung der Regierungsautorität aus der Zustimmung der Regierten. Demnach wäre das Volk der Souverän, nicht der Herrscher. Die britische Regierung habe nun durch ihre ständigen Rechtsverletzungen, ihren „unumschränkte(n) Despotismus" und ihre „Tyrannei" ihr Herrschaftsrecht und ihren Anspruch auf den Gehorsam der Regierten verwirkt. Also hätten die Menschen der Kolonien das Recht, ihre Regierungsform zu ändern und sich von der britischen Krone zu lösen.

AUFGABE 3

Der Verfasser des Flugblattes muss ein Vertreter des Dritten Standes sein, da er eindeutig Partei für Bauern und Bürger ergreift und deren Interessen formuliert. Er wird wahrscheinlich aus dem gebildeten Bürgertum stammen. Bauern konnten in aller Regel nicht schreiben. Ausdrucksweise und Wortwahl (z. B. „Katechismus") setzen eine gute Bildung voraus. Das Anliegen des Verfassers ist aufklärerisch und erzieherisch. Aufklärerisch ist er insofern, als er die Bauern und gewerbetreibenden Bürger über ihre wahre Bedeutung für den Staat aufklären will. Und erzieherisch ist er, weil er sie mit seinem „Unterweisungshandbuch" zu erwachsenen Menschen heranbilden will, die selbstbewusst ihre Interessen vertreten. Seine Gegner sind die ersten beiden Stände, der Adel und die Geistlichkeit, die seiner Meinung nach kaum etwas zum Wohle des Staates beitragen, während der Dritte Stand als Entschädigung für seine Opferbereitschaft mit Hunger und Tod rechnen müsse.

AUFGABE 4

Beschreibung: Die Karikatur zeigt eine Hinrichtungsszene: Eine gefesselte Person liegt unter der Guillotine. Der Henker, der gerade das Fallbeil betätigt, ist gut gekleidet und mit den Farben der Revolution geschmückt. Er sitzt auf einem Sarg, mit den Schuhen tritt er auf zwei Ausgaben der Verfassung von 1791. Im Vordergrund steht ein Korb mit Leichenteilen. Im Hintergrund sieht man eine Grabpyramide mit einer aufgespießten Jakobinermütze auf der Spitze. Die Pyramide trägt die Inschrift „Hier ruht ganz Frankreich". Im Hintergrund sieht man einen Wald von Guillotinen.

Erklärung und historischer Hintergrund: Die Karikatur stammt aus dem Jahr 1794, als in Frankreich das Terrorregime Robbespieres herrschte. Ganz Frankreich ist als Hinrichtungsstätte dargestellt. Der letzte Überlebende – offensichtlich Robbespierre selbst – richtet die letzte noch lebende Person hin, den Henker. Die Verfassung der Französischen Revolution tritt er mit Füßen. Der Karikatur bezeiht sich auf den Höhepunkt der Terrorherrschaft Robbespierres, als niemand mehr vor dem Schafott sicher war und eine Verurteilung durch das Revolutionstribunal zwangsläufig die Todesstrafe zur Folge hatte. Robespierre ließ selbst seine Weggenossen hinrichten, bis er im Juni 1794 selbst verhaftet und hingerichtet wurde.

Interpretation: Robbespierre brachte ganz Frankreich unter die Guillotine und missachtete wesentliche Errungenschaften der Revolution (Verfassung).

AUFGABE 5

Anlass und Ursache: In beiden Revolutionen hatte der Unmut über die königliche Steuerpraxis einen entscheidenden Anteil an ihrem Ausbruch.

- In Frankreich begehrte der 3. Stand gegen das Bestreben der Regierung auf, eine durch Kriege verursachte Finanz- und Schuldenkrise durch Erhebung weiterer Steuern und Zölle zu lösen. Er verlangte entsprechend seiner finanziellen Belastungen politische Mitwirkungsrechte und forderte, die privilegierten Stände in das System der Besteuerung einzubeziehen.
- Dem entsprach aufseiten der amerikanischen Kolonisten die Forderung nach Beteiligung an der Steuerbewilligung durch Vertretung im englischen Parlament (no taxation without representation) und damit nach Gleichstellung mit den Bürgern des Mutterlands. Hinzu kam der Widerstand gegen Englands Bemühungen, die Herrschaft über die Kolonien auf Kosten der lokalen Selbstverwaltung und Repräsentativversammlungen zu intensivieren.

Programm: Beide Revolutionen rechtfertigten ihre Forderungen mit dem Naturrechtsdenken der Aufklärung und fanden hierfür in der Glorious Revolution Englands ein historisches Vorbild. Die französische Erklärung der Menschen- und Bürgerrechte war überdies von der Amerikanischen Unabhängigkeitserklärung inspiriert.

Gesellschaft: Beide Gesellschaften waren, sozial und ökonomisch, von Ungleichheit geprägt.

- In Frankreich war diese Ungleichheit ständisch fundiert, die lange Tradition der sozialen und politischen Verhältnisse stärkte die Beharrungskraft des Alten und förderte beim Bürgertum anfänglich die Neigung zum politischen Kompromiss. In der Phase der Radikalisierung hingegen wurde sie zum Faktor, aus dem der Konflikt mit den alten Gewalten seine besondere Schärfe bezog.
- In den amerikanischen Kolonien war die Gesellschaft offener und freiheitlicher verfasst (Ausnahme: Sklaverei!). Geringere soziale Barrieren und Überfluss an Raum boten dem Individuum mehr Chancen zur Entfaltung und begünstigten die Entstehung eines spezifischen Pioniergeistes. Gleichzeitig reduzierten sie das Potenzial für innere Konflikte, die einer Radikalisierung der Revolution oder aber dem Entstehen einer machtvollen Gegenrevolution hätten Vorschub leisten können.

Verfassung: Es entstanden Verfassungsstaaten, in denen Gewaltenteilung durchgesetzt und die Grundrechte deklaratorisch gewährt waren.

- Dabei behielt Frankreich zunächst die Monarchie als Staatsform bei und wandelte sich erst später zur Republik. Der dem Absolutismus entstammende Zentralismus des Staatsaufbaus als Verfassungsmerkmal behauptete sich über alle Verfassungsänderungen hinweg.
- Demgegenüber schlossen sich die amerikanischen Kolonien, unter Wahrung ihrer Eigenstaatlichkeit, nach ihrer Lossagung von England zu einem republikanisch verfassten Bundesstaat zusammen, mit einem Präsidenten als Staatsoberhaupt und einem Zweikammersystem in der Legislative, die auf der Grundlage eines sorgfältig austarierten Systems von „checks and balances“ miteinander kooperierten und sich kontrollierten.

Bedeutung des Krieges: In beiden Revolutionen waren Kriege von entscheidender Bedeutung für deren Verlauf und Wirkung. Nur durch Kriege ließen sich die Errungenschaften der Revolution gegen feindliche Interventionen dauerhaft sichern, zugleich förderten sie, als Kämpfe von Bürgerheeren (levée en masse) gegen königliche Söldnertruppen, die Entstehung eines revolutionären Patriotismus und einer neuen nationalen Identität. Nicht zuletzt sorgten die Kriege dafür, dass sich die Revolutionsideen über die eigenen Grenzen hinaus verbreiteten.

- In Frankreich war dies der Fall nach dem Sieg in den Revolutionskriegen und der Errichtung der Hegemonie in Europa. Der von der Revolution ausgehende Reformimpuls überdauerte die Restauration der politischen Verhältnisse auf dem Wiener Kongress und wirkte weit in das 19. Jh. hinein.
- Eine vergleichbare Wirksamkeit erlangte die Amerikanische Revolution, zunächst ein folgenlos scheinendes Ereignis an der Peripherie, erst später, dann aber umso nachhaltiger: Durch den Aufstieg der USA zur Weltmacht in den Weltkriegen des 20. Jahrhunderts vollzog sich, greifbar werdend in Wilsons 14 Punkten und der Atlantikcharta, die Transformation der amerikanischen Revolutionsidee in ein Programm zur Umgestaltung der Welt.

INDUSTRIALISIERUNG

AUFGABE 1

Smith stellt die These auf, dass das Allgemeinwohl und der Wohlstand einer Volkswirtschaft am besten gefördert würden, wenn jeder Einzelne im Rahmen der Gesetze in völliger Freiheit danach trachte, einen möglichst großen Gewinn zu erwirtschaften. Deshalb dürfe der Staat weder fördernd noch regulierend in das Marktgeschehen eingreifen. Seine These begründet er folgendermaßen: Der Einzelne sei bestrebt, sein Kapital möglichst gewinnbringend einzusetzen. Deshalb investiere er in diejenigen einheimischen Gewerbe, die den größten Ertrag versprechen. Wenn jeder so handele, wachse zwangsläufig das Volkseinkommen eines Landes, das aus der Summe aller Wirtschaftserträge bestehe. Indem der Einzelne nach dem eigenen Gewinn strebe, fördere er, ohne es eigentlich zu wollen, wie „von einer unsichtbaren Hand geleitet“ das Allgemeinwohl. Darum müsse ihm von staatlicher Seite völlig freie Hand bei der Befolgung seiner wirtschaftlichen Ziele im ungehinderten Wettbewerb mit anderen gelassen werden.

AUFGABE 2

Wirtschaftsliberalismus bedeutet, dass alle am Wirtschaftsgeschehen teilnehmenden Menschen frei und ungebunden sind. Das bedeutet für die Unternehmer, dass ihre Entscheidungsfreiheit nicht durch staatliche Regeln oder Eingriffe eingeschränkt wird. Für die Arbeiter heißt das, dass sie ihren Arbeitsplatz frei wählen und die Lohn- und Arbeitsbedingungen frei mit dem Unternehmer aushandeln können. Der Staat soll nur die gesetzlichen Rahmenbedingungen (z. B. Schutz des Eigentums) sichern.

AUFGABE 3

Leitfrage: Wie verlief die Industrialisierung in Großbritannien und Deutschland?

Themen der Statistiken: Steinkohleförderung, Roheisenproduktion, Länge des Streckennetzes der Eisenbahn, Verbrauch an Rohbaumwolle.

Beschreibung: Die Statistiken behandeln den Zeitraum 1830/39 bis 1900/1910. Sie beziehen sich auf Deutschland und Großbritannien. Die Werte sind in absoluten Zahlen angegeben (Tonnen und km).

Kritische Prüfung: Deutschland wird als Gesamtgebiet behandelt, obwohl die staatliche Einigung erst 1870/71 gelang. Die Statistiken enthalten für beide Länder lückenlos Werte in Abständen von 10 Jahren.

Zentrale Aussagen:
Steinkohleförderung
– Sie war in GB bereits 1830 auf einem Niveau das in D erst Ende der 1860er-Jahre erreicht wurde.
– Beide Länder steigerten Ihre Produktion bis 1910 erheblich.
– GB wies zwischen 1880 und 1910 in 10 Jahren Steigerungsraten um bis zu 23 % auf.
– D wies zwischen 1880 und 1910 in 10 Jahren Steigerungsraten um bis zu 55 % auf. Weitere Daten wären nötig, um zu sehen, ob es den englischen Vorsprung einholen konnte.
Roheisenproduktion
– GB steigerte seine Produktion von 1830 bis 1910 von 688 auf 10 173 Tonnen.
– D startete 1830 auf einem niedrigeren Niveau als GB, überholte GB aber 1910 mit 13 000 Tonnen.
Eisenbahnnetz
– Deutschland begann später als GB sein Eisenbahnnetz zu bauen, überholte GB aber bereits 1880 mit der Streckenlänge und verfügte 1900 über ca. 1/3 mehr Eisenbahnkilometer.
Verbrauch von Rohbaumwolle
– GB hatte bereits 1839 einen hohen Verbrauch an Rohbaumwolle, während in Deutschland diese Industrie unbedeutend war.
– Deutschland holte zwar auch hier langsam auf, erreichte 1910 nur 50 % der britischen Produktion.

Interpretation: England war der Vorreiter der Industrialisierung, Deutschland folgte mit Verspätung, holte aber im Verlauf des 19. Jh. auf. Die Gründung des deutschen Zollvereins 1834 hat diesen Prozess beschleunigt. Während in England die Textilindustrie die Schlüsselindustrie war (Baumwolle aus den Kolonien), lag der deutsche Schwerpunkt auf Roheisenproduktion und Eisenbahn. Wichtigste deutsche Industrieregion war das Ruhrgebiet mit seinen Kohlevorkommen.

AUFGABE 4

1. Friedrich Engels (1820–95), Sohn eines Textilfabrikanten in Barmen (Wuppertal), hielt sich 1842–44 im Rahmen seiner kaufmännischen Ausbildung in Manchester auf. Die dort gemachten Erfahrungen, die er in seinem Buch „Die Lage der arbeitenden Klasse in England" von 1845 verarbeitete, machten ihn zum Sozialisten. Engels, der lange in England lebte und in der Fabrik seines Vaters in Manchester arbeitete, wurde ein enger Freund von Karl Marx und verfasste mit ihm zusammen des „Kommunistische Manifest" von 1848. Er unterstützte Marx finanziell und beschäftigte sich sein Leben lang mit sozialistischer Theorie und Politik.

2. Mögliche Kriterien: Wohnen, Gesundheit/Hygiene, Moral.
Wohnen: äußerste Enge, pro Familie ein Zimmer und ein Bett, feuchte Kellerräume, dazu Kost- und Schlafgänger, überbelegte Logierhäuser.
Gesundheit/Hygiene: schmutzige Strohdecken, Feuchtigkeit, Schweinehaltung im Wohnraum, Unsauberkeit, Gestank.
Moral: Liederlichkeit und Stumpfsinn, moralische Probleme durch Schlafgänger, Kriminalität, Unsittlichkeit.

AUFGABE 5

Das Konzept des Wirtschaftsliberalismus bevorzugt die Starken und benachteiligt die Schwachen. Bei einem Überangebot an Arbeitskräften wie im 19. Jahrhundert ist die Wahl- und Verhandlungsfreiheit des Arbeiters nur eine Scheinfreiheit. Wollte er überleben, musste er die Bedingungen der Fabrikherren akzeptieren. Die Unternehmer andererseits verfügten über eine starke Position, die sie zu ihren Gunsten ausnutzen konnten.

AUFGABE 6

1. **Beschreibung:** Die Karikatur zeigt in grober Schwarz-Weiß-Grafik zwei Männer. Im Vordergrund steht eine große, kräftige männliche Gestalt mit Arbeitermütze, langem Vollbart, langer Hose und aufgekrempelten Hemdsärmeln, die sich auf eine Spitzhacke stützt. Hinter ihr kniet der zweite Mann, der einen schwarzen Mantel und einen Zylinder trägt, und legt dem anderen zwei Fußfesseln an. An den Fußfesseln hängen mit einer Kette verbunden zwei Kugeln mit der Aufschrift „Pensionskasse" und „Arbeiterwohnungen".

2. **Interpretation:** Die beiden männlichen Gestalten sind mit den typischen zeitgenössischen Attributen einerseits eines Arbeiters (Spitzhacke, Mütze, aufgekrempelte Hemdsärmel) und andererseits eines wohlhabenden Bürgers (Zylinder, Mantel bzw. Gehrock) ausgestattet. Der Karikaturist bezieht sich in seiner Zeichnung offensichtlich auf die unter den damaligen Unternehmern weitverbreitete Praxis, ihren Arbeitern Betriebswohnungen, Pensionskassen und Ähnliches

zur Verfügung zu stellen. Diese „Wohlthaten" der Unternehmer will er als nur scheinbare Hilfe entlarven. In Wirklichkeit beraube der Unternehmer den Arbeiter seiner Freiheit, indem er ihn an den Betrieb und damit letztlich an die Unternehmerinteressen fessele. Diese Aussage wird durch die Bildunterschrift unterstrichen. Der Zeichner steht offensichtlich auf dem linken Flügel der Sozialdemokratie. Er favorisiert vermutlich statt unternehmerischer „Wohlthaten" die Überführung der Produktionsmittel in die Hände der Arbeiterklasse. Soziale Hilfen vonseiten der Unternehmer hält er hingegen nur für ein Trostpflaster, das wie eine Fessel wirkt, da es nichts an den wirklichen Machtverhältnissen in der Gesellschaft ändert.

POLITISCHE ORDNUNGSSYSTEME IM 19. JAHRHUNDERT

AUFGABE 1

Charakterisierung des Volkes

- Das Volk führe einen blutigen, opferreichen Barrikadenkampf für Freiheit in Berlin (z. B. „Und abwärts durch die Straßen rann / Ihr Blut in allen Gossen").
- Es wird zum erbarmungs- und kompromisslosen Weiterkämpfen aufgefordert („Tod gilt es oder Leben"), um die politischen Ziele zu erreichen.
- Als politische Ziele benennt der Verfasser des Gedichts die Ideale der liberalen und nationalen Bewegung („Doch einig wird es nur, wenn frei, / Und frei nur ohne Fürsten!").

Charakterisierung des Königs

- Der preußische König wird eindeutig negativ und polemisch gezeichnet und als Tyrann dargestellt („So helfe dir nun Gott, Tyrann!").
- Der Dichter macht den König für die Gewalt während der Berliner Märzereignisse verantwortlich („Erst gestern ließ Er schlachten dich –").
- Als deutscher Kaiser ist er daher für den Dichter untragbar. („Und heute deutscher Kaiser?!").

Politische Einordnung des Gedichts

Es handelt sich um politische Kampflyrik, die während der Barrikadenkämpfe 1848 entstand. Die Kämpfe kosteten mehr als 300 Menschen das Leben, als königliche Truppen und Bürger zusammenstießen. Das Gedicht will die sozialen und freiheitlichen Ideale der Revolutionäre verwirklicht wissen. Der Verfasser spricht sich eindeutig gegen die monarchische Staatsform aus („Schmach! mit dem Blute wild verspritzt / Bei jenem freud'gen Sterben, / Mit dem jetzt möcht' Er sich verschmitzt / Den Kaiserpurpur färben! / Allein, dass das unmöglich sei, / Dafür noch stehn wir Wache, / Dafür bleibt unser Feldgeschrei: / Hie [= Hoch] Republik und Rache!") und lässt radikaldemokratische Züge erkennen.

AUFGABE 2

Beide Autoren zählen eine Reihe von Gründen auf, die zum Scheitern der Revolution von 1848/49 in Deutschland beigetragen haben. Schieder nennt u. a. den „Widerstand der alten Dynastien" und die „Lethargie der bäuerlichen Massen", Nipperdey das „großdeutsch-kleindeutsche Problem". In den Mittelpunkt ihrer Überlegungen stellen beide Autoren jedoch die „innere Schwäche der revolutionären Bewegung" bzw. den „Zwiespalt zwischen Linken und Mitte" im bürgerlichen Lager. Die Rolle, die dieser innere Zwiespalt für das Scheitern der Revolution gespielt hat, beurteilen die beiden Autoren allerdings sehr verschieden.
Schieder nennt die Schwäche des Bürgertums zwar als einen Faktor unter mehreren, aber durch seine intensive Beschäftigung mit dem Thema zeigt er, welch große Bedeutung er ihm beimisst. Das Bürgertum war nach Schieder in zweierlei Hinsicht zu schwach, um eine erfolgreiche Revolution zu führen: Es sei in bürgerliche Liberale und radikale Demokraten gespalten gewesen, die mit jeweils eigenen Strategien die alten Mächte bekämpft hätten, dem liberalen „Weg der Vereinbarung" und dem demokratischen Weg der „Konfrontation". Darüber hinaus sei das Bürgertum nicht in der Lage gewesen, sich mit anderen Gesellschaftsklassen, z. B. den Bauern, Handwerkern oder Arbeitern, zusammenzutun und so seine revolutionäre Stoßkraft zu verstärken. Wegen dieser beiden fundamentalen Schwächen des Bürgertums sei die Gegenrevolution der alten Mächte letztlich siegreich geblieben.
Nipperdey meint dagegen, die Revolution sei nicht an der von Schieder monierten Schwäche des Bürgertums gescheitert. Überhaupt lehnt er eine Schuldzuweisung für das Scheitern der Revolution ab. Der Gegensatz innerhalb des Bürgertums sei „unvermeidlich" gewesen und daher einerseits „legitim", andererseits aber auch „tragisch" im Sinne eines verhängnisvollen Schicksals. Vielmehr sei die Gegenseite zu fest geschlossen und zu stark und die Probleme, die auf der Tagesordnung der Revolution standen, seien zu gegensätzlich und schwierig gewesen, als dass sie auf einen Schlag hätten bewältigt werden können. Für die größte Schwierigkeit hält Nipperdey das Problem der nationalen Frage, wie es am Beispiel des „österreichischen Nationalitätenstaates" offen zutage getreten sei. Dadurch seien die Einheitlichkeit und die Stoßkraft der Revolution erschüttert worden, sodass sich schließlich die alten Mächte mit Preußen an der Spitze durchsetzen konnten.
Die Klärung einer historischen Schuld ist im Nachhinein immer schwierig. Es fällt zwar leicht, in Kenntnis des Ausgangs der Revolution aus heutiger Sicht Schuldzuweisungen auszusprechen. Doch die Beteiligten steckten mitten im Geschehen und konnten in der Regel nur im Rahmen ihrer gedanklichen und sozialen Möglichkeiten handeln. Insofern erscheint Nipperdeys Urteil angemessener zu sein, da er die objektiven historischen Probleme und Schwierigkeiten in den Mittelpunkt stellt, nicht aber die Schuld einzelner beteiligter Gruppen.

AUFGABE 3

Jacoby verhehlt zwar nicht seine Bewunderung für den errungenen militärischen Erfolg Preußens gegen Österreich, das politische Ergebnis, die Gründung des Norddeutschen Bunds, kritisiert er jedoch. Dieser sei mit militärischen Mitteln Preußens „von oben" und nicht vom Volk „von unten" verwirklicht worden. Darüber hinaus diene die Einigung Norddeutschlands primär preußischen Machtinteressen. Und diese bestehen nach Jacobys Ansicht nicht in einer Verwirklichung der deutschen Einheit auf demokratischem Wege und in Freiheit, sondern in „dem unumschränkten Herrschertum, der Machtvollkommenheit des obersten Kriegsherrn", also der Stärkung der preußischen Monarchie und des preußischen Militärstaats. Jacoby hält also die Gründung des Norddeutschen Bunds nach dem Sieg von Königgrätz für eine ausschließlich preußischen Sonderinteressen dienende „Zwangseinheit". Diese aber sei tatsächlich eine „Sklaveneinheit", da sie keinen Wert auf die Verwirklichung von Recht und Verfassung, von „bürgerliche(r) und staatliche(r) Freiheit" lege.

AUFGABE 4

Jacoby stand auf dem linken Flügel der Liberalen und hielt an den genuin liberalen politischen Freiheitsprinzipien fest. Für ihn war die politische Freiheit wichtiger als die nationale Einheit („Zwangseinheit, Einheit ohne Freiheit, ist eine Sklaveneinheit"). Für die mit Bismarck kooperierenden Nationalliberalen hatte die Verwirklichung nationaler Einheit hingegen Vorrang.

AUFGABE 5

Die Verfassung des Deutschen Reiches war ein Kompromiss zwischen dem konservativ monarchischen Staat und den Forderungen der Liberalen.

Konservative Merkmale der Verfassung

- Der Kaiser stand an der Spitze der Verfassung (Erbkaisertum aus dem Hause Hohenzollern). Er ernannte den Reichskanzler, berief den Reichstag und den Bundesrat ein und löste den Reichstag auf. Zudem besaß er den Oberbefehl über das Militär.
- Die Hegemonie Preußens war unübersehbar. Schon die Bevölkerung Preußens betrug 62 % der Bevölkerung im Deutschen Reich (Fläche 65 %). Preußen hatte im Bundesrat ein Übergewicht. Der „Deutsche Kaiser" war zugleich „König von Preußen" und der Reichskanzler war zugleich preußischer Ministerpräsident.
- Das Reich war als ein Fürstenbund mit föderalistischer Struktur strukturiert, in dem der Bundesrat als oberstes Organ agierte. In jedem Bundesstaat (außer in den freien Reichsstädten) bestand die konstitutionelle Erbmonarchie fort, das traditionelle Regierungssystem wurde beibehalten. Besonders in der Außenpolitik offenbarte sich die relative Bedeutungslosigkeit des Parlaments. Demnach war das Kaiserreich für die Mehrheit der alten konservativen Eliten ein Staat, der ihrer Weltanschauung in vielerlei Hinsicht entsprach.

Liberale Merkmale der Verfassung

Der konstitutionelle Charakter des Reiches entsprach den liberalen Forderungen nach den klassischen Rechten eines Parlaments. So war der Reichstag als Gesamtvertretung des Volkes vom Volk gewählt und ein allgemeines, geheimes und gleiches Männerwahlrecht etabliert. Das Parlament hatte das Gesetzgebungs- und Budgetrecht inne, jedoch keinen Einfluss auf die Berufung des Reichskanzlers und der Staatssekretäre (= Regierung). Allerdings war der Reichskanzler für die Verwirklichung seiner Gesetzesvorhaben auf eine Mehrheit im Reichstag angewiesen.
Demnach war für die Liberalen das Deutsche Reich die Erfüllung des jahrzehntelangen Strebens der deutschen Nationalbewegung nach einem Nationalstaat mit einer Zentralgewalt und einheitlicher Gesetzgebung.

Die Reaktion der liberalen Parteien fiel unterschiedlich aus:

- Die Nationalliberalen identifizierten sich mit dem Kaiserreich, da sie auf eine liberale Weiterentwicklung hofften. Zudem schätzten sie die Liberalisierung der Wirtschaft und des Rechtswesens weitgehend als gelungen ein.
- Die Deutsche Fortschrittspartei (ab 1884: Deutsch-Freisinnige Partei) war demokratisch-liberal eingestellt und stand zu Bismarck in Gegnerschaft. Sie kritisierten den ihrer Meinung nach zu stark obrigkeitsstaatlichen Charakter des Reichs offen.

Fazit: Die Verfassung des Kaiserreichs symbolisierte sicherlich nicht den bürgerlich-demokratischen Verfassungsstaat im heutigen Sinne. Jedoch war die Verfassung der konstitutionelle Rahmen, der bis zum Ersten Weltkrieg mehrheitlich in Deutschland Akzeptanz fand. Aus diesem Grund forderten weder Liberale und noch viel weniger Konservative mehrheitlich einen grundlegenden Umbau der Verfassung in Richtung eines parlamentarischen Systems, das die Abhängigkeit der Regierung direkt vom Vertrauen des Parlaments bedeutet hätte.

WEIMARER REPUBLIK

AUFGABE 1

Strikte Ablehnung des Vertrags: Kahl betrachtet den Völkerbund und Wilson als Instrument der Versklavung der Deutschen. Der deutsche Staat (gemeint ist der Staat in den Grenzen des Deutschen Kaiserreichs) werde dadurch vernichtet. Es müsse um den Erhalt der sehr wirtschaftlichen deutschen Ostprovinzen gehen, denn nur dadurch seien deutsche Siedlungsmöglichkeiten für die Zukunft gegeben. Des Weiteren bemängelt er am Vertragswerk die fehlende deutsche Finanz- und Militärhoheit. Schuld hätten an diesem „Schandfrieden" diejenigen, die die Auflösung des Heeres durch Generalstreiks zu verantworten hatten, also die SPD („Dolchstoßlegende"). Der Abgeordnete gehörte der antidemokratischen Rechten an.

AUFGABE 2

Die Karikatur zeigt acht Männer, die sich durch ihre Kleidung deutlich unterscheiden. Sie tragen an langen Stangen die acht Buchstaben des Wortes „Republik". Der die Karikatur kommentierende Text macht die Absicht des Zeichners deutlich. Nach seiner Meinung haben die dargestellten Gestalten in Wirklichkeit keine republikanische Gesinnung, auch wenn sie die Buchstaben der Republik vor sich hertragen, also formal Mitglieder der Republik sind. Die Männer lassen sich anhand ihrer Kleidung mit einiger Wahrscheinlichkeit bestimmten gesellschaftlichen Gruppen zuordnen, denen es nach Meinung des Karikaturisten am republikanischen Geist mangelt (von links nach rechts): katholische Geistliche, hohe Beamte, Angehörige des Militärs, Arbeiter, revolutionäre Anarchisten, Wirtschaftsbürger, Akademiker und Mitglieder rechter Kampfverbände (vermutlich SA). Nach Heine stehen also breite Gruppen des Bürgertums und der Arbeiterschaft der Republik feindlich oder fremd gegenüber.

AUFGABE 3

Vorbemerkung: Vereinfachende und sehr fragwürdige Thesen zur sog. Erbfeindschaft kennzeichneten schon seit Langem die Propaganda im deutsch-französischen Verhältnis, und zwar auf deutscher wie auch französischer Seite. Derartige Thesen fanden sich in Reden, Pamphleten oder auf Plakaten. Die komplexe historische Situation wurde dementsprechend nie adäquat dargestellt. Auf beiden Seiten prägten Emotionen das Bild des Gegenübers. So wurde beständig auf die verzerrt und vereinfacht wahrgenommene Vergangenheit verwiesen, um aktuelle Politik zu rechtfertigen. Der Ruhrkampf wurde also im Bewusstsein des Mythos Erbfeindschaft von beiden Seiten ausgetragen. Unversöhnlichkeit war das vorherrschende Prinzip.

Der Ruhrkampf aus deutscher propagandistischer Sicht: Der Ruhrkampf könnte als Fortsetzung des französischen Bestrebens seit dem 17. Jahrhundert dargestellt werden, Deutschlands Größe zu vermindern, indem es nun die linksrheinischen Gebiete annektieren und regieren wolle. Als Beispiele – propagandistisch verzerrt – ließen sich anführen:
– Gebietsaneignungen Ludwigs XIV. (Okkupation Elsass-Lothringens)
– Napoleon als Besatzer, Unterwerfer und Neugestalter großer Teile des alten Reichs; nationale Befreiungskriege deutscher Menschen und Länder gegen diese französische, menschenverachtende Besatzung
– nach der französischen Niederlage im Deutsch-Französischen Krieg Rückführung des deutschen Elsass-Lothringens ins Deutsche Reich
– Zwang für Deutschland, den Schandfrieden von Versailles zu akzeptieren; dadurch erneut unrechtmäßige Annexion des urdeutschen Elsass-Lothringens durch Frankreich; Darstellung des Versailler Vertrags als unberechtigte Strafe bzw. Rache Frankreichs; Gebietsabtretungen und hohe Reparationsleistungen vor allem wegen französischer, egoistischer Interessen.

Fazit: Der deutsche Widerstand im Ruhrkampf konnte als neuer nationaler Befreiungskrieg (vgl. Napoleon) betrachtet werden. Gegen den französischen, gewalttätigen und herrschaftssüchtigen Erbfeind müsse entschieden gekämpft werden, da es um urdeutsche kulturelle, wirtschaftliche und politische Interessen gehe.

Der Ruhrkampf aus französischer propagandistischer Sicht: Die wirtschaftliche Potenz Deutschlands schwäche Frankreichs Wirtschaft. Die damit zusammenhängende Arbeitslosigkeit in der Schwerindustrie in Frankreich könne nicht länger hingenommen werden. Die florierende Schwerindustrie werde Deutschland wieder zur Militärmacht machen. Dies müsse verhindert werden, denn Frankreich müsse immer wieder mit einer neuen Bedrohung des mehrfachen Aggressors Deutschland rechnen, da:
– schon der Deutsch-Französische Krieg (1870/71) von Bismarck forciert worden war und das französische Elsass-Lothringen von Deutschland annektiert wurde;
– das Deutsche Kaiserreich 1914 wieder einen verheerenden Krieg begann, der eine noch nie da gewesene Anzahl französischer Menschen das Leben gekostet und zudem nicht mehr bezifferbaren Sachschaden angerichtet habe.

Fazit: Frankreich nimmt nur seine Rechte in Anspruch, die im Versailler Vertrag völkerrechtlich festgelegt wurden. Für seine Gewalttaten müsse Deutschland Reparationen bezahlen. Zudem müsse Deutschlands Macht beschnitten werden, sodass von Deutschland für Frankreich nicht – wie schon so oft – eine Kriegsgefahr ausgehen könnte.

AUFGABE 4

Wahlergebnisse werden meist nur auf die Anzahl der abgegebenen Stimmen bezogen. Dies ist problematisch, da der Anteil der Nichtwähler generell übersehen wird. Ein weiteres Problem besteht bei der Umrechnung der prozentualen Wahlergebnisse auf die Parlamentssitze. Heute ist die Zahl der Bundestagsabgeordneten grundsätzlich fixiert; hinzu können nur wenige Überhangmandate treten. Zugleich ist der exzessiven Aufsplitterung durch die Fünfprozentklausel ein Riegel vorgeschoben. In der Weimarer Republik herrschte jedoch ein reines Verhältniswahlrecht. Die Zahl der Reichstagssitze änderte sich zudem bei jeder Wahl (1 Sitz auf 60 000 Stimmen).
Dieses Faktum wird bei Diagrammen, die die Wahlergebnisse auf 100 % der Abgeordnetensitze beziehen, nicht ersichtlich. Bei hoher Wahlbeteiligung scheint es, dass Parteien Wähler verlieren, obwohl die Stimmenzahl stabil bleibt. Während diese Parteien noch immer absolut die gleiche Anzahl von Wählerstimmen auf sich vereinigen, verlieren sie jedoch relativ gesehen Wählerstimmen, was sich auch auf die Sitzverteilung im Parlament auswirkt.

Diagramm 1: Scheinbar sanken die Stimmenanteile der „Weimarer Koalition" von 1919 bis 1933 auf die Hälfte, während der Anteil der NSDAP um diesen Anteil erstarkte. Es scheint demnach, als wechselten die Wähler von der SPD, vom Zentrum, von DDP und DNVP zur NSDAP.

Diagramm 2: Nur die Zahl der Abgeordneten berücksichtigend, hielten SPD, Zentrum, aber auch USPD/KPD ihre Wählerstimmen 1919–33 nahezu stabil. Dagegen waren deutlich weniger Abgeordnete der DDP und DVP im Reichstag.

Interpretation: Es mussten also viele bisherige Nichtwähler sein, die die NSDAP wählten. Gingen mehr Menschen zur Wahl, so bedeutete das auch mehr Abgeordnete. Die Abgeordnetenzahl wuchs zwischen 1919 und 1933 um fast 50 %. Im ersten Diagramm ist die unterschiedliche Anzahl der Abgeordneten nicht deutlich ersichtlich, während diese Besonderheit im zweiten Diagramm deutlich wird (wichtiger Unterschied zum Wahlsystem der BRD).

AUFGABE 5

Kershaw konzentriert seine Ausführungen über die Gründe für das Scheitern der Weimarer Republik auf vier Problemkomplexe: die Schwächen der Demokratie, die Belastungen durch die Niederlage, die mangelnde Akzeptanz der Republik durch die gesellschaftlichen Eliten und die durch die Weltwirtschaftskrise hervorgerufene allgemeine Empörung und Enttäuschung, die Sündenböcke benötigten und die Menschen für nationale Heilslehren empfänglich machten.

Schwächen der Demokratie: Die Weimarer Verfassung wies vier fundamentale Schwächen auf: (1) Das Verhältniswahlrecht ohne Sperrklausel begünstigte eine Parteienzersplitterung und erschwerte eine Regierungsbildung. (2) Mit dem Notstandsartikel 48 hatte der Reichspräsident ein Instrument in der Hand, an Parlament und Verfassung vorbei zu agieren und so die Verfassung auszuhöhlen. (3) Die Verfassung enthielt keine wirksamen Werkzeuge zur Bekämpfung von Verfassungsfeinden (z. B. Parteienverbot), sodass die Gegner der Republik ungehindert den Staat bekämpfen konnten. (4) Der Staat konnte ohne parlamentarische Regierung dastehen, wenn keine Koalition zustande kam oder eine bestehende Regierung keine Mehrheit mehr hatte.

Belastungen durch die Niederlage: Zu nennen wären hier der als demütigend hart und ungerecht empfundene Versailler Vertrag mit seinen erzwungenen Gebietsabtretungen und Reparationen und dem Kriegsschuldartikel, der den Republikfeinden Munition gegen die Republik lieferte („Novemberverbrecher").

Mangelnde Akzeptanz durch soziale Eliten: Der Beamtenapparat, die Justiz, das Militär, das Wirtschaftsbürgertum und die Großagrarier standen – wenn überhaupt – nur formal hinter dem neuen Staat. Obrigkeitliche und undemokratische Traditionen dominierten. Die Justiz z. B. war „auf dem rechten Auge blind" und bagatellisierte rechte Gewalt. Dagegen verfolgte sie linke Republikfeinde mit aller Härte.

Folgen der Weltwirtschaftskrise: Die hohe Arbeitslosigkeit, die Verarmung des Mittelstands und der Arbeiterschaft (auch durch die Inflation von 1923) sowie die daraus resultierenden sozialen Spannungen machten die Menschen anfällig für alte Feindbilder, radikale Lösungen und nationale Heilsversprechen.

NATIONALSOZIALISMUS

AUFGABE 1

Eine Gewaltenteilung war beim nationalsozialistischen „Ermächtigungsgesetz" nicht mehr vorhanden. Gesetze wurden erlassen, auch wenn sie ausdrücklich der Verfassung widersprachen. Somit wurde die Verfassung als legaler Bezugsrahmen außer Kraft gesetzt. Die Mütter und Väter des Grundgesetzes von 1949 haben mit dem Grundgesetzestext solchen legalen Brüchen der Verfassung einen Riegel vorgeschoben. Änderungen des Grundgesetzes sind zwar grundsätzlich mit der Zustimmung von zwei Dritteln der Mitglieder des Bundestages und des Bundesrates möglich, jedoch kann der materielle Verfassungskern (Artikel 1 und 20 GG) nicht geändert werden. Die freiheitlich-demokratische Verfassung kann demnach nie auf legalem Wege zerstört werden (Art. 79 (3) GG), sie ist gewahrt.

AUFGABE 2

In dem Aufruf der DAF spiegeln sich in der Verneinung von Klassengegensätzen und Interessenunterschieden einerseits und der Betonung der innerbetrieblichen Struktur von Führer und Gefolgschaft andererseits die nationalsozialistischen Grundsätze der Volksgemeinschaft und des Führerprinzips. Es ging der DAF also nicht um ein Aushandeln von Lohn- und Arbeitsbedingungen zwischen Betriebsführung und Belegschaft, sondern um „die Erziehung aller im Arbeitsleben stehenden Deutschen zum nationalsozialistischen Staat und zur nationalsozialistischen Gesinnung". Damit wurde die DAF zum Instrument der NSDAP zur Umsetzung und Verankerung ihrer ideologischen Grundsätze in den Betrieben und zur Entmachtung der Gewerkschaften. Die Stellung der Unternehmer dagegen wurde durch das Führerprinzip gestärkt. Insofern liegt der Unterschied der DAF zu den Gewerkschaften auf der Hand: Diese gingen (und gehen) von klaren Interessengegensätzen zwischen Unternehmern und Belegschaft aus, sie wollten und wollen höhere Löhne und bessere Arbeitsbedingungen erreichen. Streik war und ist für sie ein wichtiges Kampfmittel, während in der DAF Streiks ausgeschlossen waren.

AUFGABE 3

Das Foto zeigt vor dem Eingangsbereich der Potsdamer Garnisonkirche im Vordergrund halb von hinten den Reichspräsidenten und ehemaligen kaiserlichen General Paul von Hindenburg. Vor ihm ist Adolf Hitler in dunkler Zivilkleidung zu erkennen, der Hindenburg die Hand reicht und sich vor ihm verbeugt. Umringt sind die beiden von uniformierten Angehörigen der Reichswehr.
Der Anlass des Fotos war die feierliche Eröffnung des neu gewählten Reichstags, die nicht im ausgebrannten Berliner Reichstag, sondern in der alten Garnisonkirche von Potsdam stattfand. Der Auftritt Hitlers in Zivil und seine Verbeugung vor Hindenburg konnten (und sollten) folgende Eindrücke beim Betrachter hervorrufen:

Die Unterordnung Hitlers unter den Reichspräsidenten als Repräsentanten der Republik, aber auch als Vertreter der alten konservativen Traditionen des Deutschen Reichs; umgekehrt die Anerkennung des Emporkömmlings Hitler durch Hindenburg per Händedruck; die Akzeptanz Hitlers durch die Reichswehr; gleichzeitig die Eingliederung Hitlers in die preußisch-deutsche Geschichte (Potsdam als ehemalige Residenz Friedrichs d. Gr. und die Garnisonkirche als Gotteshaus des preußischen Militärs). Durch den (von Goebbels bewusst inszenierten) Akt vor der Garnisonkirche sollten also durch den Naziterror aufgeschreckte Bürgerliche beruhigt und die alten preußischen und militärischen Eliten mit Hitler versöhnt werden.

AUFGABE 4

Gleich zu Anfang verweist Hitler auf zwei für seine außenpolitische Konzeption wesentliche ideologische Elemente, den Rassismus und das völkische Denken. Das Ziel einer an diesen Elementen orientierten Außenpolitik müsse sein, dem zwar in einem Staat zusammengefassten, aber im Kern rassisch verstandenen deutschen Volk das Überleben zu sichern und ihm die Ressourcen und den Raum für ein künftiges Wachstum zu verschaffen. Geschehe das nicht, bestehe die Gefahr, dass das deutsche Volk im Kampf der Völker und Rassen den Kürzeren ziehe und untergehe. Hitler denkt dabei nicht nur an die Ernährungsgrundlage für das Volk, sondern auch an die Rohstoffquellen, die Deutschland infolge des Raumgewinns zufallen und die militärische Schlagkraft erhöhen würden. Er grenzt sich klar von der vor dem Ersten Weltkrieg an rein ökonomischen und nicht an völkischen Kriterien orientierten „Kolonial- und Handelspolitik“ ab. Als vorrangigen Ausdehnungsraum für das deutsche Volk sieht er Osteuropa und Russland an. Insofern hat Hitler bereits 1925 klar die außenpolitische Perspektive entwickelt, die er 1937 im „Hoßbach-Protokoll“ der Militärführung mitgeteilt, bei der Aufteilung Osteuropas im Hitler-Stalin-Pakt vorangetrieben und spätestens mit dem Angriff auf Russland 1941 zu vollenden versucht hat. So lange wie möglich hat er diese Zielsetzung vor der deutschen Bevölkerung und den europäischen Mächten verheimlicht und statt dessen behauptet, es ginge ihm nur um eine Revision des Versailler Vertrags.

AUFGABE 5

Himmler fußt in seinen Äußerungen zur Moral auf rein rassistischen und antisemitischen Wertvorstellungen. Seine Worte zeigen die extremen und menschenverachtenden Konsequenzen dieses dem Nationalsozialismus zugrunde liegenden Wertesystems. Zur Kritik dieses Wertesystems muss man sich auf andere Normen als die rassistischen beziehen. Uns Westeuropäern stehen grundsätzlich zwei Wertesysteme zur Wahl, ein christliches oder ein humanistisches. Beide stellen die Würde des einzelnen Menschen in den Mittelpunkt, unabhängig von Rasse oder Volkszugehörigkeit, und zwar entweder als Geschöpf Gottes, dem die Nächstenliebe zu gelten hat, oder als grundsätzlich autonomes, freies und gleiches mit Vernunft begabtes Einzelwesen, wie es der Humanismus z. B. der Aufklärung formuliert hat. Beide Vorstellungen sind im Artikel 1 des Grundgesetzes gebündelt, der die Unantastbarkeit der Würde des Menschen als höchsten Verfassungsgrundsatz ausweist.
Himmlers Worte offenbaren also eine von allen Bindungen gelöste Herrenmoral, die nur einer bestimmten Menschengruppe dient, aber nicht als allgemein verbindliches Moralsystem gelten kann. Eine rassistische Moral ist inakzeptabel, da ein tragfähiges Moralsystem zumindest in seinen entscheidenden Werten allgemeingültig sein und von allen Menschen akzeptiert werden muss.

DEUTSCHLAND ZWISCHEN 1945 UND 1990 – DIE BUNDESREPUBLIK DEUTSCHLAND

AUFGABE 1

Das „Paulskirchenmanifest“ zeigt, dass Westorientierung und Wiederbewaffnung der BRD innenpolitisch höchst umstritten waren. Wichtige gesellschaftliche und politische Gruppen wie SPD, Gewerkschaften und die beiden christlichen Kirchen standen ihr grundsätzlich ablehnend gegenüber. Sie waren der Meinung, dass dadurch die deutsche Spaltung auf Dauer verfestigt werde. Statt einer Zustimmung zu den Pariser Verträgen forderten sie vom Bundestag und der Regierung ein Engagement für Viermächteverhandlungen zur Wiederherstellung der deutschen Einheit. Angesichts der außenpolitischen Realitäten des Kalten Krieges war Mitte der 1950er-Jahre eine einvernehmliche Viermächtekonferenz zur Lösung der deutschen Frage im Sinne einer Wiedervereinigung so gut wie aussichtslos. Zwar haben die Verfasser des Manifests recht, wenn sie sagen, dass die Chancen auf eine Wiedervereinigung bei einer Wiederbewaffnung der BRD und ihrer Westintegration auf „unabsehbare Zeit“ zunichte gemacht würden. Angesichts der politischen Gegebenheiten konnte das Manifest aber kaum mehr als nur einen demonstrativen Effekt haben.

AUFGABE 2

Ziele des Grundgesetzes
Bei der Ausarbeitung des Grundgesetzes hatten zwei Ziele, die nicht ohne Weiteres miteinander zu vereinbaren waren, die Beratungen bestimmt:
– Das Grundgesetz sollte eine möglichst große Stabilität der politischen Verhältnisse gewährleisten und die Demokratie in Deutschland dauerhaft sichern. Eine Zerrüttung der Demokratie wie in der Weimarer Republik und die Entartung zur Diktatur sollten sich nicht wiederholen können.
– Zugleich sollte eine Festlegung in der Frage der nationalen Einheit und der endgültigen Gestalt der politischen Ordnung um jeden Preis vermieden werden. Der westliche Teilstaat Bundesrepublik sollte nicht das letzte Wort in Sachen Deutschland, sondern bloßes Provisorium sein.

Das Bemühen um Stabilität

Das Bemühen um Stabilität fand seinen Niederschlag in Änderungen gegenüber dem Staatsaufbau der Weimarer Republik und im Kompetenzzuschnitt der oberen Staatsorgane. Die Väter und Mütter des Grundgesetzes

– beschränkten die Aufgaben des Bundespräsidenten weitgehend auf die Repräsentation als Staatsoberhaupt;

– stärkten die Stellung des Bundeskanzlers, indem sie ihm Richtlinienkompetenz zusprachen, und sicherten dessen Stellung gegenüber dem Parlament, indem sie seine Abwahl an ein konstruktives Misstrauensvotum knüpften;

– verzichteten auf Elemente direkter Demokratie, indem sie eine Bundesversammlung und nicht das Volk mit der Wahl des Staatsoberhaupts betrauten und die Möglichkeit eines Volksentscheides verwarfen;

– richteten ein Wahlrecht ein, das Elemente des Verhältnis- und Mehrheitswahlrechts miteinander kombinierte und den Einzug von Parteien an die Erfüllung der Fünfprozentklausel (ab 1952) band;

– schrieben die Mitwirkung der Parteien an der politischen Willensbildung fest, verlangten von diesen aber die Vereinbarkeit ihres Programms mit der freiheitlich-demokratischen Grundordnung und die Ausgestaltung ihrer inneren Ordnung nach demokratischen Prinzipien;

– formulierten, dem Gedanken einer wehrhaften Demokratie verpflichtet, ein Recht zum Widerstand;

– stellten, in Abgrenzung von der menschenverachtenden Gewaltherrschaft des Nationalsozialismus und seines Menschenbilds, den übrigen Artikeln einen – im Kernbestand nicht veränderbaren – Katalog der Grundrechte als Wertbasis programmatisch voran und erhoben die Würde der Person zum höchsten Wert, den alle staatliche Gewalt zu achten und zu schützen hat.

Der provisorische Charakter des Grundgesetzes

Die provisorische Qualität des Grundgesetzes kam in der Wahl der Begriffe zum Ausdruck: Ein parlamentarischer Rat – und keine Nationalversammlung - hatte ein Grundgesetz – und keine Verfassung - verabschiedet. Sie zeigte sich in der Wahl der Hauptstadt, die auf Bonn statt auf Frankfurt fiel, und der Präambel des Grundgesetzes, die die neue Ordnung als Ordnung für eine Übergangszeit verstand und das ganze deutsche Volk dazu aufrief, in freier Selbstbestimmung die Einheit und Freiheit der Nation zu vollenden.

Bewertung

Rückblickend lässt sich sagen, dass das Grundgesetz – neben der wirtschaftlichen Entwicklung – einen erheblichen Anteil an der Stabilisierung demokratischer Verhältnisse in Deutschland gehabt hat. Dass aus der BRD eine geglückte Demokratie geworden ist, ist unzweifelhaft auch sein Verdienst. Andererseits trug die Art und Weise, unter der die Wiedervereinigung am 3.10.1990 vollzogen wurde, nämlich durch Beitritt der neuen Bundesländer gemäß Artikel 23 GG, dem Status der BRD als Provisorium nur ansatzweise Rechnung. Deren Fortexistenz in den verfassten Formen, nur in größerer Gestalt, wurde nicht hinterfragt, sondern stillschweigend vorausgesetzt, die Gelegenheit für eine grundlegende Neukonstituierung nicht genutzt. Dies schien den maßgeblichen Politikern – angesichts des Erfolgs der bewährten Ordnung und der umständehalber gebotenen Eile, mit der die Einheit herbeizuführen war – weder notwendig noch machbar oder wünschenswert. Dass damit der urdemokratische Impuls der Bürgerrechtsbewegung und des Volksaufstands kaum angemessen gewürdigt wurde, nahm man in Kauf. Dass damit aber auch Chancen verspielt wurden, die Akzeptanz der bewährten Ordnung durch die neuen Bürger sicherzustellen, wurde erst später bewusst.

AUFGABE 3

Beschreibung

Das Werbeplakat von VW zeigt ein junges Paar in einem Volkswagen „Käfer" vor einem alpinen Bergidyll, vermutlich auf dem Weg in den Urlaub nach Italien. Die Frau betrachtet – stehend und mit lässig ausgebreiteten Armen auf das geöffnete Wagendach gestützt - die Bergwelt, während ihr Partner am Steuer sitzt und ebenfalls die Landschaft bewundert. Rechts oben prangt das weiße VW-Emblem im schwarzen Quadrat.

An der Farbgestaltung fällt der Kontrast zwischen den Landschaft, Straße und Fahrzeug vorbehaltenen hellen Blau- und Grautönen und den kräftigen, warmen Farben der Gesichter und der Kleidung auf.

Analyse

In den Fünfzigerjahren erlebte die Bundesrepublik einen geradezu rasanten wirtschaftlichen Aufschwung, der die wirtschaftliche Not und Entbehrung der Nachkriegsjahre rasch vergessen ließ. Man sprach vom Wirtschaftswunder, dessen Voraussetzungen durch Marshallplan, Währungsreform und Einführung der sozialen Marktwirtschaft geschaffen worden waren. Die Bundesrepublik hatte sich zu einer Dienstleistungs- und Massenkonsumgesellschaft gewandelt, in der breite Bevölkerungsschichten am steigenden Wohlstand partizipierten. Waschmaschinen, Staubsauger, Kühlschränke erleichterten die Arbeit im Haushalt, viele Menschen konnten sich auch bei durchschnittlichem Verdienst ein eigenes Auto oder eine Urlaubsreise leisten. Die wirtschaftliche Entwicklung ging mit einem Wandel der Mentalität einher: Die Sehnsucht nach dem privaten Glück, intakter Familie, heiler Welt und die Freude am Konsum bestimmten nach den Entbehrungen der Nachkriegszeit die Erwartungen vieler Menschen. Die politische Wirklichkeit wurde vergessen oder verdrängt. Das Plakat für den VW Käfer, der in jenen Jahren zum Symbol des Wirtschaftswunders wurde, spricht diese Sehnsüchte an und verheißt ihre Erfüllung.

AUFGABE 4

Der zentrale Punkt, in dem sich die drei Stellungnahmen grundsätzlich unterscheiden, ist das Problem einer möglichen Einheit der deutschen Nation in der Zukunft. Außenminister Scheel spricht hier für die sozialliberale Bundesregierung, die den Vertrag ausgehandelt

hat. Für ihn ist der Vertrag nur Teil einer allgemeinen Entspannungspolitik in Richtung Osten, die für die Zukunft bessere Möglichkeiten zu einer künftigen Wiederherstellung der deutschen Einheit „in freier Selbstbestimmung" des deutschen Volkes eröffnet. Insofern sei er nur ein Zwischenschritt in diese Richtung. Für Scheel ist dabei maßgeblich, dass in dem Vertrag an der Vorstellung einer einheitlichen deutschen Nation mit gemeinsamer Sprache und Geschichte sowie einem „Geflecht von Bindungen" festgehalten werde. Darüber hinaus stehe eine endgültige Friedensregelung für Gesamtdeutschland nur den vier Mächten zu.
Heinz Barche als hochrangiger SED-Funktionär vertritt demgegenüber vermutlich die offizielle Sichtweise der DDR-Führung. Diese sieht in dem Vertrag die Festschreibung der Eigenstaatlichkeit der DDR bzw. eine Bekräftigung der Existenz von zwei deutschen Staaten. Er grenze die DDR von der BRD ab und diene nicht einer künftigen Annäherung der beiden deutschen Staaten. Wenn überhaupt von einer Annäherung die Rede sein könne, dann von einer allmählichen Angleichung der BRD an die DDR, indem durch verwandtschaftliche Kontakte die „Schar der friedliebenden, progressiven, demokratischen und revolutionären Kräfte der BRD" gestärkt würde.
Karl Carstens schließlich spricht für die CDU/CSU-Opposition im Deutschen Bundestag. Er beklagt die faktische Aufgabe des Ziels der deutschen Einheit und der Vorstellung einer deutschen Nation in diesem Vertrag. Diese Begriffe seien bewusst ausgeklammert bzw. vermieden worden. Nach Carstens handelt es sich dabei um einen schwerwiegenden deutschlandpolitischen Fehler. Für ihn und die CDU/CSU wird offensichtlich durch den Grundlagenvertrag das Hauptziel der Wiederherstellung der deutschen Einheit aufgegeben.

AUFGABE 5

Die studentische Protestbewegung, die Mitte der 1960er-Jahre in der Bundesrepublik entstand, war in vielem ein Ableger der Studentenbewegungen der USA und Frankreichs. Sie war aus ähnlichen Motiven entstanden und teilte mit diesen Formen und Ziele des Protests. Dieser Protest richtete sich
– gegen den als Imperialismus gegeißelten Vietnamkrieg der USA,
– den Kapitalismus als Wirtschafts- und Werteordnung der westlichen Welt,
– die Konsum- und Wohlstandsorientierung.
– Der Protest galt generell tradierten Autoritäten jeder Art, gleich ob in Schule, Elternhaus, Staat und Gesellschaft. Vokabular, Parolen, auch Argumente bezog die Protestbewegung u. a. aus der Lektüre neomarxistischer Schriften im Umkreis der Frankfurter Schule (z. B. Herbert Marcuse). Für die theoretische Fundierung spielte die Rezeption psychoanalytischen Gedankenguts eine Rolle.
Historisch bedingt setzte sich die außerparlamentarische Opposition (APO) in der Bundesrepublik zudem vor allem mit der NS-Vergangenheit auseinander. Der Generation der Eltern und Großeltern wurde, auch unter dem Eindruck der Auschwitz-Prozesse in Frankfurt und des Eichmann-Prozesses in Jerusalem, der Vorwurf gemacht, die NS-Vergangenheit beschwiegen und verdrängt zu haben. Grundsätzlich wurde die BRD, wie es der Rückgriff auf die sozialistische Ideologie nahelegte, als ein kapitalistisch-faschistischer Staat wahrgenommen, in dem „die Herren von einst die Herren von heute" waren. Das zeige sich nicht zuletzt darin, dass viele Karrieren hochrangiger Funktions- und Würdenträger in Politik, Wirtschaft und Gesellschaft der BRD im NS-Staat ihren Anfang nahmen.
Zu den – in der Universität und auf der Straße erprobten – Protestformen zählten neben Demonstrationen Sit-ins und Go-ins. Stets handelte es sich um teils geplante, teils spontane Aktionen, die, jedenfalls anfangs, friedlich abliefen und kaum mehr waren als Störungen der öffentlichen Ordnung, sei es des Straßenverkehrs, sei es des Lehrbetriebs. Jedoch nahmen die Gewaltbereitschaft der Protestierenden und die Gewaltsamkeit der Proteste zu, je länger der Konflikt währte, während die Fronten sich verhärteten. Er eskalierte, als am 2. 6. 1967, während der Demonstrationen gegen den Schahbesuch, der Student Benno Ohnesorg von der Polizei angeschossen wurde und an den Verletzungen starb, erreichte seinen Höhepunkt nach dem Attentat auf Rudi Dutschke am 11. 4. 1968, ebbte dann aber, nach der Verabschiedung der Notstandsgesetze im Mai 1968 zusehends ab. Die APO löste sich allmählich auf bzw. trat den sog. Marsch durch die Institutionen an.

Bewertung

Die Bewertung der Bedeutung der 68er-Bewegung für die Geschichte der Bundesrepublik fällt zwiespältig aus und ist längst noch nicht abgeschlossen.
– Gemessen an ihren revolutionären Ansprüchen ist sie gescheitert, eine Wirkung auf die Masse, besonders die Arbeiter, die sie gewinnen wollte, hatte sie nie.
– Unmittelbar bewirkte sie, dass das intellektuelle Klima sich änderte und politisches Interesse und politische Beteiligung besonders der Jüngeren stiegen.
Mittelfristig kommt ihr, zeitlich in etwa zusammenfallend mit den Jahren der sozialliberalen Koalition (1969–82), das Verdienst zu, eine nachhaltige Veränderung der politischen Kultur der BRD bewirkt zu haben. Am Entstehen der neuen sozialen Bewegungen in den 1970er-Jahren hatten ihre politisch nachhaltig sensibilisierten Anhänger entscheidenden Anteil. Insofern hat sie, indem sie die Spielregeln des demokratischen Rechtsstaats ausreizte und auch überreizte, einen politischen und gesellschaftlichen Modernisierungsschub mit angestoßen, der die Demokratie in der Bundesrepublik langfristig gestärkt haben dürfte.
Im Mai 2009 wurde die Debatte um die „68er" erneut entfacht, als bekannt wurde, dass Karl-Heinz Kurras, der Polizist, der Benno Ohnesorg getötet hatte, inoffizieller Mitarbeiter der DDR-Staatssicherheit und Mitglied der SED war.

Dass es der APO nicht gelang, ihr Verhältnis zur Gewalt eindeutig zu klären und von überkommenen Feindbildern zu lassen, blieb nicht folgenlos. Eine Minderheit radikalisierte sich und glitt in den Terrorismus ab (Rote-Armee-Fraktion, RAF).

DEUTSCHLAND ZWISCHEN 1945 UND 1990 – DIE DEUTSCHE DEMOKRATISCHE REPUBLIK

AUFGABE 1

Barthel (1914–67) kommentiert die Geschehnisse vom 17. Juni aus Sicht eines SED-Propagandisten, der, in geradezu niederträchtiger Verkehrung der wahren Zusammenhänge, den Bauarbeitern der Stalinallee, die am 16. Juni gegen die erhöhten Arbeitsnormen protestiert hatten, die Schuld an den Ereignissen des folgenden Tages gibt. Er verleiht seiner Scham darüber Ausdruck, dass Arbeiter es wagen konnten, sich gegen das Regime der SED zu stellen. Dass es für die blutig niedergeschlagenen Proteste einen berechtigten Anlass gegeben haben könnte, will er nicht sehen. Er stellt sie hin als Ergebnis des Übermuts von Grobianen, denen es in der Republik zu gut gegangen sei. Das Verhalten der Arbeiter hält er für eine Schmach, die sie nur durch Fleiß und Klugheit wiedergutmachen könnten.
Brechts Gedicht stellt eine ironische Kritik und indirekte Verurteilung der Position von Barthel dar. Er kommentiert Barthels Vorwürfe, indem er, ihren Tenor sarkastisch überspitzend, als Lösung des Problems vorschlägt, die Regierung möge sich ein anderes Volk wählen.
Dichterische Mittel Brechts sind
– Ironie: Divergenz, nicht notwendigerweise Gegensatz, von wörtlicher und wirklicher Bedeutung,
– Sarkasmus: beißender, bitterer und/oder verletzender Spott und Hohn; oft unter Verwendung von Ironie,
– Paradox: scheinbare Widersprüchlichkeit oder Formulierung einer Idee, die der üblichen Meinung widerspricht.

Hintergründe des Aufstands
Aus Protest gegen eine im Sommer 1953 verkündete Erhöhung der Arbeitsnormen war es am 16. 6. 1953 in vielen Industriestädten der DDR zu Demonstrationen gekommen, bei denen die Rücknahme der Normerhöhung gefordert worden war. In Ostberlin, Halle, Leipzig und Magdeburg weiteten sich die Proteste am nächsten Tag zum offenen Aufstand aus. Neben den Forderungen nach Verbesserung der Arbeits- und Versorgungsbedingungen wurden nun auch Forderungen nach politischer Freiheit und Wahlen, nach Abzug der Roten und einer Wiedervereinigung laut. Hiergegen gingen DDR-Führung und SMAD gewaltsam vor. Die Aufstände wurden mithilfe der Volkspolizei und der Roten Armee blutig niedergeschlagen, mehr als 300 Menschen verloren ihr Leben.
Auch wenn der Volksaufstand auf seinem Höhepunkt in eine politische Fundamentalkritik umschlug, so war er in erster Linie das Ergebnis der Schwierigkeiten und Probleme, die der Aufbau einer sozialistischen Wirtschaft der DDR-Führung bereitete.
– Ab 1948 intensivierte sie die Maßnahmen, um diese zu errichten. Im Juli 1950 war erstmals ein Fünfjahresplan beschlossen worden. Dieser sah u. a. die Einrichtung landwirtschaftlicher Produktionsgenossenschaften (LPG) und die weitere Verstaatlichung von Betrieben vor, zudem forcierte er den Ausbau der Schwerindustrie zulasten der Konsumgüterindustrie.
– Diese Politik führte zu Versorgungsengpässen und
– einer weitverbreiteten Unzufriedenheit in der Bevölkerung, die sich auch in einer Fluchtwelle niederschlug.
– Der immer deutlicher zutage tretende Rückstand gegenüber der BRD, aber auch Frustration über eine unterbliebene Neuausrichtung der Politik nach Stalins Tod im März 1953 waren weitere Motive des Protests, der sich im Juni Bahn brach.

AUFGABE 2

Der Artikel der SED-Zeitung vom 5. November 1953 zeigt an zwei Beispielen, dass das angestrebte Ziel einer sozialistischen Gesellschaft bei Weitem nicht erreicht ist. So sträuben sich offensichtlich die Bauern, ihren Besitz in „landwirtschaftliche Produktionsgenossenschaften“ zu überführen. Der Text lässt vermuten, dass sich zwar einige – wohl unter Druck – zum Beitritt zu einer LPG hatten bewegen lassen, aber bei der nächstbesten Gelegenheit wieder ausgetreten sind. Das zweite von der Zeitung aufgeführte Beispiel bezieht sich auf Musik und Film, also den Kulturbereich. Offensichtlich ziehen die Dorfjugendlichen amerikanische Musik und Filme den von der Staatsführung geförderten „fortschrittlichen“ Produkten vor. Die Umgestaltung zu einer sozialistischen Gesellschaft wird also in verschiedenen Bereichen von der Bevölkerung nicht mitgetragen.
Für diesen offensichtlichen Mangel an sozialistischem Geist macht die Zeitung einerseits nicht näher beschriebene ausländische Feinde verantwortlich, die angeblich mit systematischer „Wühlarbeit“ die sozialistische Staats-und Gesellschaftsordnung „im Sinne der westdeutschen Monopolisten und Junker“ untergraben. Andererseits wirft sie der örtlichen SED-Parteiorganisation vor, dass sie das Feld dem „Klassenfeind“ überlasse. „Opportunismus“, „Sozialdemokratismus, linker Radikalismus, Cliquenwirtschaft“ hätten sich in der örtlichen Partei breitgemacht. Als wichtigste Maßnahme, um die Situation zu verändern, fordert die Zeitung eine Verbesserung der Parteiarbeit.
Beurteilung: Der Artikel erschien im November 1953, nach dem Volksaufstand vom 17. Juni in der DDR. Er zeigt die Tendenz der SED-Führung, Unzufriedenheit, Kritik und Ablehnung in der Bevölkerung gegen ihre Politik der sozialistischen Umgestaltung zu leugnen und äußere Gründe („Wühlarbeit des Klassenfeindes“) für das „widerspenstige“ Verhalten der Bevölkerung zu suchen. Schon hier zeigt sich, wie die Ideologie sich vor die Realität schiebt, die von der Führung nicht mehr wahrgenommen wird – was später einer der Gründe für den Zusammenbruch der DDR war.

AUFGABE 3

Die Karikatur von Walter Hanel aus dem Jahre 1989 ist eine Bildquelle zur öffentlichen Rezeption der Situation in der DDR 1989. Sie stellt die drohende Vernichtung der SED durch westliche Demokratieprinzipien dar.

Beschreibung der Karikatur

– Linke Bildhälfte: Eine Gruppe von drei Männern flüchtet, eine SED-Flagge vorantragend.
– Rechte Hälfte: Von rechts rollt eine gewaltige Dampfwalze heran; die vordere Walze trägt die Wörter „Wahlen", „Dialog", „Reformen", „Freiheit" sowie die Wortsilbe „kratie".
– Im Zentrum des Bildes liegt einer der Männer bereits von der Walze erfasst am Boden.

Analyse der Bildelemente

– Männer in schwarzen Anzügen: Vertreter des Politbüros unter Leitung Honeckers
– Unaufhaltsam rollende Dampfwalze: Forderungen der Bürgerbewegung
– Im Zentrum liegt das ehemalige Staatsoberhaupt, der langjährige Führer der SED, Erich Honecker, der bereits von der Dynamik der Ereignisse 1989 (der Walze) erfasst wurde.
– Honecker ist das erste „Opfer" der Demokratiebewegung; im Bild wurde sein Körper vom ersten Teil des Wortes „Demokratie" niedergewalzt.
– Den fliehenden Kollegen droht offensichtlich das gleiche Schicksal.

Interpretation unter Einbeziehung des historischen Kontextes

– Die auf der Walze dargestellten Schlagwörter stellte die SED (Krenz) im November 1989 ins Zentrum ihrer Reformbekundungen.
– Karlkatur und Reformbekundungen der SED stehen sich dabei kontrastiv gegenüber: Einerseits gibt die SED-Führung vor, die Forderungen der Bürgerrechtsbewegungen aufzunehmen; andererseits wird sie laut Karikatur von ihnen eingeholt und vernichtet.
– Diese Analyse Hanels kann sich auf die weiteren Entwicklungen des Herbstes 1989 stützen: Honecker trat ab, Krenz wurde neuer Generalsekretär (18.10.), Rücktritt der DDR-Regierung (7.11), personelle Änderungen im Politbüro (8.11.), Öffnung der Grenzübergänge (9.11); Fazit: Die Dynamik der Ereignisse und die Kraft der Bewegung beseitigten innerhalb kürzester Zeit das SED-Regime und schließlich auch die DDR.
Fazit: Hanels Karikatur ist als sehr realitätsnah, ja geradezu als prophetisch einzuordnen. Allerdings ist die Einheitlichkeit der Bürgerrechtsbewegung, wie durch die Walze dargestellt, umstritten.

AUFGABE 4

Einleitung

– Anspruch der DDR-Wirtschaftspolitik (auch noch in den 1980er-Jahren): allen Menschen eine Grundversorgung zur Verfügung zu stellen durch Planwirtschaft im Sinne des Sozialismus; jedoch in der Realität in zunehmendem Maße nicht mehr erfüllbar.
– Sich verschärfender wirtschaftlicher Krisenzyklus in den 1980er-Jahren: wachsende Staatsverschuldung, enorme Subventionszahlungen, wachsende Abhängigkeit vom Import, Versorgungsengpässe und mangelnde technische Ausstattung.
– Neue Investitionen durch die desolate Finanzsituation des Staates zunehmend unmöglich; Beschleunigung des ökonomischen Rückstands des Landes.
– Es waren nicht zuletzt diese wirtschaftlichen Krisenmomente, die schließlich maßgeblich zu den politischen Umbrüchen am Ende des Jahrzehnts beitrugen.

Momente der Wirtschaftskrise

Quellenkritik
– M1, M2 und M3 sind Statistiken, die die wirtschaftliche Situation und Versorgung der DDR-Bevölkerung zu verschiedenen Zeitpunkten und mit unterschiedlicher Schwerpunktsetzung beschreiben.
– M1 (1988) aus der DDR; M2 (1989) und M3 (1981) in der BRD erstellt

M1: Stand der technischen Ausstattung in der DDR 1987
– rückständige bzw. schlechte technische Ausstattung, Großteil der Baumaschinen nur zum Teil oder nicht mehr modernisierungsfähig
– Die deutliche Verschlechterung der technischen Ausstattung des Bauwesens zwischen 1979 und 1987 zeigt der Mangel an Investitionen in den 1980er-Jahren; Grund: wachsende Zahlungsunfähigkeit des Staates.

M2: Versorgung privater Haushalte mit langlebigen technischen Konsumgütern 1960 bis 1987
– deutliche Steigerung von 1960 bis 1987 in allen Bereichen
– Effizienz der Einheit von Wirtschafts- und Sozialpolitik unter Honecker wird deutlich.
– Aber: Nur jeder zweite Haushalt besaß ein Auto, nur 15,5 % der Haushalte Telefonhauptanschlüsse.
– Stagnation der Entwicklung in den 1980er-Jahren

M3: Vergleich des Aufwands zum Erwerb ausgewählter Güter in BRD und DDR
– In der DDR waren lediglich Güter der Grundversorgung (Strom, Eisenbahnwochenkarte, Straßenbahn-/Busfahrt, Roggen-Mischbrot) für weniger zeitlichen Arbeitsaufwand zu haben als in der BRD.
– Vermeintliche „Luxusprodukte" wie Bohnenkaffee hingegen erforderten einen exorbitant höheren zeitlichen Arbeitsaufwand.
– Gleiche Beobachtung gilt auch für die Preise.
– Dies entsprach dem Kerngedanken von Honeckers Wirtschafts- und Sozialpolitik, allen Bürgern eine Grundversorgung zu sichern, was nur durch staatliche Subventionen gelang.
– Folgen: einseitige Wirtschaftspolitik, wachsende Unzufriedenheit in der Bevölkerung beim Vergleich mit dem Lebensstandard im Westen: wirtschaftlicher Niedergang.

AUFGABE 5

Vergleicht man die wirtschaftliche Situation am Vorabend der friedlichen Revolution in der DDR 1989 sowie im Vorfeld der Französischen Revolution 1789, werden Gemeinsamkeiten und Unterschiede deutlich. Entscheidend ist die zentrale Steuerung der Wirtschaftspolitik durch die jeweilige politische Führung und die daraus resultierenden Missstände, unter denen die Bevölkerungen zu leiden hatten und die wesentlich zur jeweiligen Revolution beitrugen.

Gemeinsamkeiten
– Zentral gelenkte Wirtschaftsorganisation (Planwirtschaft/Merkantilismus) durch eine politisch herrschende Minderheit (SED / Adel und Klerus);
Folgen: fehlende Identifizierung und Motivation aufseiten der DDR-Bevölkerung bzw. des Dritten Standes.
– Fehlende Teilhabe am internationalen Markt aufgrund minderwertiger Produkte; fehlende Konkurrenzfähigkeit beider Systeme.
– Finanzpolitische Notlage: Haushaltsdefizit und Zahlungsunfähigkeit, die durch Aufnahme ausländischer Kredite bzw. durch Aufhebung der Steuerbefreiung der Privilegierten beseitigt werden sollten.
– Fehlende politische Teilhabe (Partizipation) der Bevölkerungen.
– Überwindung der Krise: Planwirtschaft der DDR und Merkantilismus des Ancien Régime scheiterten an der Lösung der Wirtschaftskrise und steuerten in eine Revolution; Reformen kamen in beiden Fällen zu spät.

Unterschiede
– Verarmung der Bevölkerung: Während in Frankreich der gesamte Dritte Stand verarmte, gab es in der DDR keine Verarmung der Bevölkerung; Grundversorgung wurde staatlich gewährleistet (M 3).
– Ausschweifender Lebensstil der französischen Führungselite (1. und 2. Stand), hohe Ausgaben für Hof/Militär; für die SED-Führung trotz vieler Privilegien so nicht zu finden.
– Der Rechtfertigungszwang für die DDR-Planwirtschaft gegenüber der BRD existierte im absolutistischen Frankreich so nicht.

IMPERIALISMUS UND ERSTER WELTKRIEG

AUFGABE 1

Motive für eine Kolonialpolitik bei Lüderitz
Nach Adolf Lüderitz ist mit „Geld verdienen" pointiert das Hauptziel der Kolonialpolitik benannt. Er betont eindeutig die wirtschaftlichen Interessen der Nation, so benötige Deutschland Rohstoffquellen und Absatzgebiete.

Motive für eine Kolonialpolitik bei Bismarck
– Schwächung demokratischer Parteien: Spaltung der Nationalliberalen; Kampf gegen die einflussreichste Partei, die eine Demokratisierung der Reichsverfassung anstrebte; Isolation der „reichsfeindlichen" Sozialdemokratie;
– Sozialimperialismus: Versuch, innenpolitische Konflikte mit imperialistischer Politik zu lösen; Außenpolitik als Instrument Bismarcks, um seine innenpolitischen Gegner zu neutralisieren.

Bismarcks außenpolitische Grundkonzeption und seine Kolonialpolitik
Im Grundsatz vertrat Bismarck eine defensive Außenpolitik. Konflikte mit anderen europäischen Großmächten wollte er vermeiden. Nach der nationalen Einigung erklärte Bismarck das Deutsche Reich für saturiert. Bismarck zielte hauptsächlich auf die Erhaltung des Status quo des bestehenden außenpolitischen Systems. Jedoch förderte er die informelle Kolonialpolitik von privaten deutschen Unternehmen. Die internationale Afrikakonferenz (Kongokonferenz, 1884/85) in Berlin schuf die Grundlagen dafür, Afrika unter den europäischen Mächten aufzuteilen. Bismarck beabsichtigte auf der Konferenz v. a., mögliches internationales Konfliktpotenzial abzubauen.
Schlussfolgerung: Bismarcks Skepsis gegenüber einer deutschen Kolonialpolitik überwog. Seine Karte von Afrika liege – wie er betonte – in Europa. Koloniale Expansion passte nicht zu seiner außenpolitischen Konzeption. Auf dem Kontinent Einfluss zu behalten, war ihm ein wichtigeres Anliegen, als Kolonien zu gründen. Der Reichskanzler lehnte ein direktes weltpolitisches Engagement des Reiches ab, mitunter auch aus dem Grund, dass die wenigen Kolonien Verlustgeschäfte für das Reich darstellten.

AUFGABE 2

Friedrich von Holsteins Argumente gegen die deutsche Flottenpolitik um 1900 lauten:
1. Die gegen Großbritannien gerichtete Aufrüstung der Flotte fördere eine engere Verbindung zwischen dem Inselstaat und Frankreich;
2. der Aufbau einer deutsche Flotte, die der britischen gewachsen wäre, sei nicht finanzierbar;
3. bei einem möglichen Konflikt mit Frankreich sei eine Flotte nahezu unwichtig;
4. die ausdrücklich gegen Großbritannien gerichtete Aufrüstung der Flotte sei eine Bedrohung für England.

Holstein ist davon überzeugt, dass die Flottenrüstung ihr eigentliches Ziel, England zur See auf Augenhöhe gegenüberzustehen, nicht erreichen wird. Vielmehr mache man sich England unnötigerweise zum Feind. Deutschland solle dagegen seine ganze Kraft auf die Stärkung des Landheers richten. Holstein vermutet hinter der weitverbreiteten Flottenpropaganda weniger patriotische als vielmehr materielle Motive, da es beim Bau der Flotte „ungezählte Millionen" zu verdienen gebe.
Holsteins Überlegungen basieren auf einem möglichen Konflikt Deutschlands mit Frankreich, nicht aber auf weitergehenden deutschen Weltmachtplänen („Herrschaft auf dem Meere"). Deutschland solle sich also für eine Auseinandersetzung zu Lande rüsten. Gleichzeitig gelte es, einen Konflikt mit Großbritannien zu vermeiden. Nach Holsteins Meinung sollte Deutschland auf weitgehende Weltmachtansprüche verzichten. Diese erforderten nämlich eine große Flotte und seien zwangsläufig eine Gefahr für Großbritannien. Holstein steht also im klaren Gegensatz zur zeitgenössischen deutschen Weltmachtpolitik.

AUFGABE 3

Die Denkschrift stammt vom deutschen Generalstabschef Erich von Falkenhayn. Sie analysiert die militärischen Erfahrungen nach dem ersten Kriegsjahr und zieht daraus Schlüsse für die künftige strategische Ausrichtung der deutschen Kriegsführung. Ein Adressat wird nicht ausdrücklich genannt, vermutlich soll

die Denkschrift das neue strategische Konzept vor den politischen Entscheidungsträgern erläutern und rechtfertigen.
Falkenhayn bezieht sich in seiner Analyse darauf, dass nach den ersten Monaten des Bewegungskriegs die Fronten vor allem in Frankreich im Stellungskrieg erstarrt sind. Und diese Art der Kriegführung habe gezeigt, dass das massenhafte Anstürmen der Truppen gegen gut befestigte Verteidigungsanlagen bei einem „moralisch intakten, gut bewaffneten und zahlenmäßig nicht erheblich unterlegenen Feind" wenig Aussicht auf Erfolg verspreche.
Für die zukünftige Kriegsstrategie gegen Frankreich bedeute diese Erkenntnis Folgendes: Es komme nicht darauf an, die gegnerische Front mit riesigem Truppenaufwand zu durchbrechen, sondern den Gegner (vermutlich durch ständigen Artilleriebeschuss u. Ä.) immer weiter zu schwächen, bis sich „Frankreichs Kräfte verbluten". Frankreich sei dabei in einer Zwickmühle, da es entweder den Kürzeren ziehe, weil Deutschland dabei weiteres französisches Terrain einnehme oder, wenn das nicht gelinge, die französischen Truppen im Dauerfeuer der Deutschen zugrunde gingen. Dieser Erfolg könne auch „mit beschränkten Kräften" gelingen, sodass keine Truppen von anderen Fronten abgezogen werden müssten.
Aus dieser Neuausrichtung der deutschen Strategie ergab sich, dass der Krieg immer mehr zu einer Materialschlacht wurde. So war vorauszusehen, dass diejenige Partei den Sieg davontragen würde, die über die größten materiellen Ressourcen verfügte.

AUFGABE 4

Die deutsche Sozialdemokratie will sich im Sommer 1915 für einen baldigen Verständigungsfrieden einsetzen. Im August 1914 habe die Partei zwar den zur Kriegführung nötigen Krediten im Reichstag zugestimmt, sie sei dabei aber von der Überzeugung ausgegangen, dass der Krieg nur zur Verteidigung geführt werden sollte. Einen Eroberungskrieg dagegen habe sie nicht gutgeheißen, denn dieser entspreche nicht den Prinzipien der Sozialdemokratie und sei auch nicht mit den „materiellen und moralischen Interessen der arbeitenden Klassen Deutschlands" zu vereinbaren.
In dem Aufruf vom Sommer 1915 bezieht sich die SPD offensichtlich auf weitreichende Eroberungs- und Expansionsprogramme, die damals von bestimmten Verbänden, Körperschaften oder herausragenden Persönlichkeiten öffentlich verkündet wurden. Dagegen wendet sich die Partei in ihrem Aufruf mit folgender Begründung: Angesichts der zunehmenden Kriegsmüdigkeit in der Bevölkerung aller Länder sei es die Pflicht der SPD als „Partei des Friedens", sich energisch für einen raschen Verständigungsfrieden einzusetzen. Nur ein solcher Friede in „freier Vereinbarung" mit den Kriegsgegnern biete die Aussicht auf langfristige Dauer, während ein aufgezwungener Siegfrieden den Keim für neue Konflikte in sich trage. Auch die Schwesterparteien in den anderen Ländern sollten sich für dieses Ziel einsetzen.

AUFGABE 5

Sichtweise zur Zeit der Weimarer Republik
Die Sieger des Ersten Weltkriegs sahen eine alleinige deutsche Schuld, da Deutschland bewusst und zielstrebig den Ersten Weltkrieg begonnen hätte. Im Versailler Friedensvertrag wurde die deutsche Alleinschuld festgeschrieben. Die deutsche Politik nach 1919 versuchte dagegen, einen Freispruch vom Vorwurf der Kriegsschuld zu erwirken. Oberstes deutsches Ziel war die Revision des Friedensvertrages.

Sichtweise nach 1945
– Die deutschen Historiker anerkannten keine deutsche Alleinschuld. Man rekurrierte vielmehr auf die in den 1920er-Jahren gängige These, alle Mächte seien durch das Wettrüsten in den Krieg „hineingeschlittert".
– Fischer-Kontroverse (ab 1959): Nach Auffassung Fritz Fischers verschärfte Deutschlands Risikopolitik die Julikrise, das Deutsche Kaiserreich habe bereits vor dem Beginn des Ersten Weltkriegs die Hegemonie in Europa angestrebt und expansive Kriegsziele verfolgt. Deutschland trage damit eine große Verantwortung für den Ausbruch des Ersten Weltkriegs.
– Gegner Fischers wiesen die These, Deutschland habe eine überzogene Aggressions- und Machtpolitik verfolgt, zurück. Während Deutschlands Verhalten in der Julikrise zunächst als defensiv begriffen wurde, modifizierten einige Historiker im Verlauf der Kontroverse diese Position (Krieg wurde zwar nicht angestrebt, aber notfalls war man zur Offensive bereit).

Mögliche Sichtweise heute
Eine große Schuld lag bei Deutschland, dessen Führung den Kriegsausbruch mit einer riskanten diplomatischen Offensive, die den Bündnisring um Deutschland sprengen sollte, forcierte. Es war also eine hochgefährliche Konfliktstrategie, die den Krieg mit einkalkulierte. Weitere Gründe waren:
– Zwang europäischer Staatsführungen, sich innenpolitisch durch Erfolge in der Außenpolitik zu profilieren;
– Gefühl der Deutschen, stets zurückgesteckt zu haben;
– Krieg wurde immer mehr zum legitimen Mittel der Politik, um internationale Konflikte zu lösen; mögliche katastrophale Kriegsfolgen wurden nicht bedacht.

ZWEITER WELTKRIEG

AUFGABE 1

a) Flugblatt Seite 1
Das Material ist ein britisches Flugblatt, das in der ersten Phase des Zweiten Weltkrieges in den Monaten März und April 1940 verteilt wurde. Es richtet sich vor allem an deutsche Soldaten.

Sicht der Herausgeber auf den Charakter des Zweiten Weltkrieges
Mit dem Überfall auf Polen am 1. September 1939 und dem Einmarsch der sowjetischen Truppen in Ostpolen beginnt der Zweite Weltkrieg in Europa.
– Kritik an Art und Weise der Kriegsführung in Polen seit dem 1. September 1939

– Als Beispiel sind auf dem Plakat brennende Gebäude und Leichen zu sehen.
– Polen steht unter der Herrschaft der Gestapo (aus „Gestapo-Polen" wird „Gestapolen"), versinnbildlicht durch den gewaltbereiten, massigen Mann in der Bildmitte, der eine Uniform mit Hakenkreuzarmbinde trägt und in der einen Hand eine Pistole, in der anderen eine Peitsche hält.
– Der Begriff „Lebensraum" wird vom Zeichner mit dem Bild des Todes und der Verwüstung kontrastiert.

Zusammenhang von NS-Ideologie und Kriegsführung im Osten
– Die NS-Ideologie behauptete, dass der Lebensraum für die Deutschen zu knapp sei, und beabsichtigte, ihn durch Siedlungsgebiete im Osten zu erweitern (hier zunächst Polen).
– Sie ging von verschiedenen menschlichen „Rassen" aus und behauptete, die Arier (darunter die Deutschen) seien eine höherwertige „Rasse", die Slawen minderwertig.
– Diese Ideologie lag dem brutalen Vorgehen der Wehrmacht und SS in den ersten Kriegsmonaten in Polen zugrunde; Beispiele: Bombardierung Warschaus, rücksichtsloses Vorgehen gegen die Zivilbevölkerung, Juden als Opfer der NS-Rassentheorie.

Beabsichtigte Wirkung der ersten Seite
–„GESTAPOLEN" und „Ist das der Lebensraum, für den Ihr kämpft?" als hervorgehobene Aussagen oben und unten auf dem Flugblatt spielen auf die NS-Herrschaft in Polen und auf die NS-Ideologie an.
– Uniformierte Person im Zentrum der Darstellung, dahinter getötete Personen und verwüstetes Land weisen auf die grausame Realität hin.
– Soldaten, die das Flugblatt betrachten bzw. lesen, sollen sich mit den Zielen des Krieges und der Art und Weise der Kriegsführung auseinandersetzen; sie sollten verunsichert und zum Nachdenken gebracht werden.

b) Seite 2 des Flugblatts

Sicht der Herausgeber auf Parallelen zwischen beiden Weltkriegen
– Deutsche Annexionspolitik in Belgien 1914 am Anfang des Ersten Weltkrieges wiederholt sich 1939 in Böhmen und Polen.
– Kampf des britischen Weltreiches gegen die Annexionspolitik und Unterdrückung wird sich auch wiederholen „bis zum Endsieg!".

Fazit: Die Herausgeber dieses Flugblattes vergleichen die Anfangsphase beider Weltkriege miteinander, stellen den Charakter der Kriege dar und sagen einen ähnlichen Ausgang voraus.

Gemeinsamkeiten beider Friedensregelungen, u. a.
Nach den beiden Weltkriegen gab es zwei Friedensregelungen: 1919 den Versailler Vertrag und 1945 die Konferenz von Potsdam.
– Deutschland war militärisch besiegt worden.
– Friedensverhandlungen wurden ohne Deutschland geführt.
– Deutschland musste nach 1919 und nach 1945 Gebiete abtreten.
– Deutschland musste abrüsten.
– Für die entstandenen Schäden musste Deutschland Reparationen zahlen.

Unterschiede beider Friedensregelungen, u. a.
– 1919 verlor Deutschland seine Kolonien.
– 1919 blieb Deutschland ein eigenständiger Staat, während es 1945 besetzt wurde.
– Nach 1945 kam es zu sehr unterschiedlichen politischen und wirtschaftlichen Umgestaltungen der Besatzungszonen, da die vereinbarten Regelungen von Potsdam unterschiedlich auslegbar waren.
– 1945 kam es außerdem zu einer Umsiedlung von Millionen von Deutschen.

Charakter
– Der Versailler Vertrag von 1919 stellt eine verbindliche Regelung dar, die von der Mehrheit der Deutschen als „Diktatfrieden" angesehen wurde, aber als Friedensvertrag von einer deutschen Regierung unterschrieben wurde.
– Die Potsdamer Konferenz von 1945 vereinbarte lediglich eine Absprache der Besatzungsmächte, die in einem folgenden Friedensvertrag noch detaillierter ausgearbeitet werden sollte.
– Die Deutschen hatten keinerlei Einfluss auf wesentliche Inhalte der Friedensregelungen.

Fazit: Es gibt einige Gemeinsamkeiten, auf die sich die Sieger 1919 und 1945 einigten, aber hinsichtlich der Verbindlichkeit der Friedensregelungen treten gravierende Unterschiede auf.

AUFGABE 2

Die sinnlosen Durchhalteappelle der nationalsozialistischen Führung forderten in den letzten Kriegsmonaten auf allen Seiten unglaubliche Opferzahlen. Insgesamt starben im Zweiten Weltkrieg ungefähr 55 Mio. Menschen. Der Aufruf ist in den letzten Kriegstagen (15. 4. 1945!) verbreitet worden, als die Rote Armee unaufhaltsam auf Berlin (Einnahme Berlins am 2. 5. 1945) marschierte; Ostpreußen war schon im März 1945 erobert worden.

Adressaten
Der Appell des Flugblatts richtete sich an die Soldaten in Schlesien, da die Front Anfang April noch östlich von Görlitz verlief, also in Schlesien. Es ist zu vermuten, dass das Flugblatt bei den Kämpfen um Bautzen Mitte April 1945 verbreitet wurde, da es im Stadtarchiv Bautzen aufbewahrt wird.

AUFGABE 3

NS-Ideologie
Das auffälligste Merkmal der NS-Bewegung waren die ambivalente Mischung aus rückwärtsgewandten ideologischen Inhalten und der Versuch, diese mit Mitteln der modernen industriellen Massengesellschaft zu realisieren. Die Nationalsozialisten wollten die Gesellschaft in eine „rassisch reine", national und sozial kämpferische Volks- und Glaubensgemeinschaft umformen. Die Jugend wollte Hitler zu einem blindem Gehorsam erziehen, damit sie bereit war, ohne Skrupel Menschen und die Zivilisation zu vernichten.

Als Weltanschauung ist die nationalsozialistische Ideologie der Gegenpol zur Aufklärung:
– Sozialdarwinismus als vulgärphilosophische Grundlage: Im Kampf um das Dasein könne nur der Stärkere überleben („natürliche Selektion").
– Antiindividualismus: Der eigenständige Wert eines Menschen wird bestritten: Der Einzelne sollte in der „Volksgemeinschaft" aufgehen und diese „Volksgemeinschaft" musste nach dem „Führerprinzip" ausgerichtet sein. Die Gemeinschaft der „Volksgenossen" schloss von vornherein alle jüdischen Deutschen aus. Grenzziehung, Exklusion und Selektion waren die Mittel, um die Volksgemeinschaft herzustellen.
– Konstitutiv für das völkische, nationalsozialistische Denken war ein radikaler Antisemitismus, Rassismus, Nationalismus, Expansionismus. Humanität, Rationalität, Parlamentarismus, Demokratie und Pazifismus waren dem Nationalsozialismus ein Gräuel.

Rassenkampf, Lebensraumtheorie, rassistischer Antisemitismus und Antibolschewismus charakterisieren den Nationalsozialismus wesentlich:
– Slawen und Asiaten galten als „Kuli- und Fellachenrassen", die der „arisch-nordischen Herrenrasse" bestenfalls zu dienen hätten.
– Die Juden galten den Nationalsozialisten als „Gegenrasse", als das „negative Prinzip als solches" (Horkheimer/Adorno), ihre Besonderheit sei, dass sie zur Gründung eines eigenen Staates unfähig seien und eine „parasitäre Existenz in Wirtsvölkern" darstellten; sie strebten nach Herrschaft durch Unterwanderung und „biologische Schwächung der Wirtsvölker" durch Mischehen.
– Juden und Bolschewiki wurden gleichgesetzt, die Oktoberrevolution wurde als Durchbruch der „jüdischen Weltverschwörung" begriffen.

Nationalsozialistische Folgerungen
Im Überlebenskampf aller gegen alle müssten die Juden als Feinde der Menschheit ausgerottet werden. Das deutsche Herrenvolk dagegen finde den für seine Expansion nötigen Lebensraum am leichtesten in dem von Slawen besiedelten und von Kommunisten (= Juden) beherrschten Osten. Somit müsse schnellstmöglich der Krieg im Osten mit brutalster Gewalt vorbereitet werden. Das angestrebte Großreich sollte also im Osten errichtet werden, der bisher lediglich von „slawischen Untermenschen" bewohnt sei. Der Krieg im Osten wurde zum Weltanschauungskampf mit wirtschaftlichen Absichten. So verfolgte das NS-Regime in den eroberten Gebieten der Sowjetunion eine Ausbeutungs- und Vernichtungspolitik. Es sollten alle vernichtet werden, die aus Sicht der Nationalsozialisten der deutschen Herrschaft im Wege stehen konnten. Die Einwohner sollten als „Untermenschen" für deutsche Zwecke ausgebeutet und dezimiert werden. Das Kriegsvölkerrecht wurde gegenüber der Sowjetunion als nicht verbindlich angesehen.
Verschiedene, miteinander konkurrierende Gewalten halfen bei der Durchführung dieser Ideologie: Kriegsheer, SS, NS-Zivilverwaltung sowie besonders die Reichskommissariate und der Wirtschaftsführungsstab Ost unter Göring. Auch die Wehrmacht war an diesen Verbrechen beteiligt. Nach dem Kommissarbefehl z. B. sollten sog. sowjetische Politkommissare und Parteifunktionäre, die als Hauptträger des Bolschewismus angesehen wurden, sofort getötet werden. Die Einsatzgruppen ermordeten Hunderttausende von Menschen. Es starben mehr als drei Millionen sowjetische Kriegsgefangene in deutscher Gefangenschaft durch unmenschliche Behandlung. Das Aushungern der Bevölkerung, rücksichtsloses Vorgehen gegen oft nur vermeintlichen sowjetischen zivilen Widerstand und Terror wie die Strategie der „verbrannten Erde" beim Rückzug der Wehrmacht kosteten mindestens 15 Mio. Zivilisten das Leben.
Der Mord an den jüdischen Menschen der UdSSR war das wichtigste Ziel der deutschen Vernichtungspolitik. Über zwei Millionen starben bei Massenerschießungen, in den Gettos oder in den Vernichtungslagern.

AUFGABE 4

Formalanalyse
– Redner: Graf Schwerin von Krosigk, seit 1932 Finanzminister und seit 30. 4. 1945 außerdem Regierungschef und Außenminister
– Adressat: explizit die deutsche Bevölkerung, indirekt auch die Alliierten
– Die Rundfunkansprache wurde am 7. 5. 1945 gehalten anlässlich der deutschen Kapitulation, einen Tag vor deren Inkrafttreten.
– Quellengattung: Quelle, politische Rede
– Thema: die deutsche Kapitulation und die Zukunft des besiegten Deutschlands
– Intention: Der Redner will die Bevölkerung über die Kapitulation informieren und diese rechtfertigen, außerdem eine (positive) Zukunftsperspektive für die Nachkriegszeit entwickeln.

Inhalt und Argumentationsgang
– Schwerin von Krosigks Ansprache widmet sich zwei Themen: der deutschen Kapitulation und (darauf liegt der Schwerpunkt) der Zukunft Deutschlands.
Information über die bedingungslose Kapitulation und ihre Umstände:
– Weitere Opfer und Zerstörungen sollen verhindert werden; die Kraft Deutschlands sei erschöpft, die Gegner übermächtig.
– Würdigung der Leistungen der Deutschen im Krieg („heldenmütige[r] Kampf"; „Heldenkampf")
Zukunftsperspektiven für das Leben nach und mit der Niederlage:
– zu erwartende Härte der alliierten Maßnahmen gegenüber Deutschland: „Schwere", „Opfer"
– Versuch, den Zuhörern Mut zu machen
– Beschwörung von drei deutschen Leitwerten (3. Strophe des Deutschlandliedes): „Einigkeit und Recht und Freiheit", „Unterpfand")
1. Einigkeit: wie im vergangenen Krieg („Frontkameradschaft"), so sei Einigkeit auch für die Bewältigung der schweren Zukunft nötig (Beschwörung der „Volksgemeinschaft", Warnung vor innenpolitischen Kämpfen)
2. Recht und Gerechtigkeit: als oberste Prinzipien im Inneren und in der Außenpolitik; Hoffnung auf Versöhnung mit dem europäischen Ausland

3. Freiheit: scheint als Ergebnis der Versöhnung möglich
Schluss: Erinnerung an die positiven Traditionen und Kulturleistungen Deutschlands; Wille, als Glied der „christlich-abendländischen Kultur" einen Beitrag zum Frieden zu leisten; Bitte um Beistand und Segen Gottes

Historischer Kontext

Konkrete historische Sachverhalte, die vom Redner genannt werden:
– „bedingungslose Kapitulation" Deutschlands, Großadmiral von Dönitz, Überlegenheit der alliierten Streitkräfte, Dimensionen des Krieges („unvergleichliche Härte", „furchtbare Opfer"), schwere Friedensbedingungen

Einordnung mithilfe eigenen Hintergrundwissens:
– Kapitulation am 7. Mai bzw. 8. Mai gegenüber den Westalliierten in Reims und der Sowjetunion in Berlin; gut eine Woche zuvor waren nach Hitlers Selbstmord die Staatsführung und der Oberbefehl auf Großadmiral von Dönitz übergegangen.
– Das alliierte Kriegsziel „bedingungslose Kapitulation" Deutschlands und seiner Verbündeten bedeutete: keine vorzeitigen einseitigen Abmachungen mit Deutschland; Annullierung etwaiger deutscher Ansprüche nach Kriegsende.
– Die Anti-Hitler-Koalition entstand im Jahr 1941. Bis dahin hatte allein Großbritannien der deutschen Expansion in Europa erfolgreich getrotzt. Mit dem Angriff Deutschlands auf die Sowjetunion im Sommer 1941 und dem japanischen Angriff auf die US-Flottenbasis Pearl Harbour (Ende 1941) weitete sich der europäische Krieg zu einem Weltkrieg aus; Großbritannien, die USA und die ideologisch verfeindete und zuvor mit Deutschland verbündete Sowjetunion wurden Alliierte.
– Kriegskonferenzen der Alliierten seit 1943 in Casablanca, Teheran und Jalta (Anfang 1945); Absprachen über Kriegsstrategie, Neugestaltung Europas, Behandlung Deutschlands; wesentliche Entscheidungen wurden bereits hier getroffen; der Redner konnte recht genau wissen, was nach der Kapitulation auf Deutschland zukam.
Der militärische Zusammenbruch Deutschlands war eine Frage der Zeit:
– Anfang 1943: deutscher Vormarsch im Osten bei Stalingrad gestoppt
– Juni 1944: Landung der Westalliierten in der Normandie, Eröffnung der 2. Front
– Anfang 1945: Alliierte hatten im Westen und Osten deutschen Boden erreicht
– Als die neue Führung (von Dönitz, Schwerin von Krosigk) ihr Amt antrat, war der Krieg längst verloren. Dennoch wurde der Kampf gegen die Sowjetunion so lange wie möglich fortgesetzt, damit die Westmächte weiter vorrücken konnten und möglichst wenig Deutsche in die Hände der Roten Armee gerieten.

Schwerin von Krosigks Redestrategie

Ziele des Redners:
– Den Deutschen trotz Niederlage, Kriegsverbrechen und Diktatur eine Identifikation mit der Vergangenheit ermöglichen
– Die Bereitschaft erzeugen, die zu erwartenden schweren Kapitulationsbedingungen zu ertragen und konstruktiv damit umzugehen
– An die Versöhnungsbereitschaft der Siegermächte appellieren und Deutschland als verlässliches Mitglied der europäischen Wertegemeinschaft empfehlen

Dies erreicht er durch folgende Mittel:
– Hitler selbst, das NS-Regime und seine Verbrechen werden ebenso übergangen wie der wahre Charakter des Krieges als Eroberungskrieg.
– Einsatz im Krieg als „Heldenkampf" verklärt, eigene Opfer und eigenes Leid betont
– Deutschland wird nicht als Täter, sondern als Opfer gesehen: des Schicksals („tragisch", „Unglück"), des Krieges, des Auslands („des Hasses")
– Rettung des Nationalstolzes durch den Appell an die Idee der „Volksgemeinschaft", die er anscheinend nicht als diskreditiert ansieht; durch Rückgriff auf das Deutschlandlied und die Konstruktion eines „echten deutschen Wesens"; Anknüpfung an das 19. Jh. und das Kaiserreich
– Erzeugung eines Gefühls der Verbundenheit durch rhetorische Mittel wie Anaphern: „niemand", „wir müssen", „wir dürfen", „wir müssen"; häufige Verwendung der Pronomen „wir" und „unser"; gelegentliche Metaphorik zeigt das Pathos der Ansprache: „drei Sterne" leuchten durch das „Dunkel der Zukunft"
– Vorsichtige Selbstkritik (an die Siegermächte gerichtet): Recht, Gerechtigkeit und Vertragstreue müssten die Grundlage der inneren und äußeren Politik werden; unausgesprochen bleibt: in der Vergangenheit waren sie es nicht.

Beurteilung der Einschätzungen des Redners

Einschätzungen zur Vergangenheit Deutschlands:
– Schwerin von Krosigks Aussagen zum Zweiten Weltkrieg sind knapp und einseitig: Er betont den „heldenmütigen Kampf" der Deutschen, beklagt die (deutschen) Opfer; nicht erwähnt wird: deutscher Angriffskrieg gegen fast alle europäischen Nachbarn, deutsche Kriegsverbrechen.
– Angemessen erscheint sein Urteil: Krieg mit „unvergleichlicher Härte geführt; Deutschlands Niederlage in der Übermacht der Gegner begründet; nicht erwähnt wird: die beispiellose Gewalt, die von Deutschland ausging (totaler Krieg, Vernichtungskrieg im Osten, Kriegsverbrechen gegen die Zivilbevölkerung); Verantwortlichkeit der Deutschen für Krieg und Niederlage.
– Keine Stellungnahme zum NS-Regime, auch Hitler wird nicht erwähnt; Idee der „Volksgemeinschaft" (zentraler Begriff der NS-Ideologie) als richtungweisend auch für die Zukunft herausgestellt, dabei sowohl auf die Kriegssituation („Frontkameradschaft") als auch auf die Innenpolitik bezogen; Vorbehalte gegen eine pluralistische Demokratie, Parteien und Parlament werden sichtbar.
– Rückgriff auf angeblich zeitlose deutsche Werte: „Einigkeit und Recht und Freiheit"; Deutschland als Teil der „europäischen Völkerfamilie" und der „christlich-abendländischen Kultur" aufgrund „unvergänglicher" Kulturleistungen Deutschlands; kontinuierliche Geltung dieser Werte in der NS-Zeit wird behauptet.

Einschätzungen zur Zukunft Deutschlands:
– Erwartung harter Kapitulations- und Friedensbedingungen ist realistisch.
– Vorstellungen der Alliierten standen zum Zeitpunkt der Rede z. T. bereits fest (Jalta), z. T. wurden sie im Sommer 1945 ausgehandelt und formuliert (Potsdam): Verlust der Souveränität durch das Besatzungsstatut, Einteilung in vier Besatzungszonen, Entmilitarisierung, Entnazifizierung, Demokratisierung, Dezentralisierung, Gebietsverluste im Osten; Teilung Deutschlands war nicht vorhersehbar.
– Zukunftsvision: Rechtsstaatlichkeit als leitendes Prinzip im Inneren, Achtung des Rechts in der Außenpolitik, Versöhnung, Integration Deutschlands in die europäische Staatengemeinschaft: Erwartungen scheinen vermessen.
– Keinerlei Einsicht des Redners in Verantwortung oder Schuld Deutschlands ist zu erkennen.
– Keine Erwähnung, dass das NS-Regime das Recht in der Innen- und Außenpolitik aufs Gröbste verletzt hat; dass das NS-Regime die Völkergemeinschaft verlassen hat (z. B. Austritt aus dem Völkerbund, Verletzung zahlreicher Verträge, Angriffs- und Eroberungskriege, Völkermord).
– Kurswechsel eines führenden Funktionsträgers der NS-Diktatur aus Überzeugung scheint unglaubwürdig, eher Zeichen des guten Willens an die Siegermächte.
– Errichtung eines demokratischen Rechtsstaates in Westdeutschland sowie die wirtschaftliche, politische und militärische Integration der Bundesrepublik geschah nicht aufgrund der genannten Faktoren, sondern aufgrund des Ost-West-Konflikts (Antikommunismus als verbindende Idee bestimmte die Entwicklung Deutschlands).
– Entsprechendes gilt für die Integration der DDR in den Ostblock.

KALTER KRIEG

AUFGABE 1

Churchill schreibt unmittelbar nach dem Ende des Zweiten Weltkriegs an den amerikanischen Präsidenten Truman, der dem kurz zuvor verstorbenen Amtsvorgänger Roosevelt gefolgt war. Offensichtlich ist er von dem Vorgehen der sowjetrussischen Regierung unter Stalin in Osteuropa erheblich beunruhigt. Er meint damit vermutlich die Etablierung einer prosowjetischen Regierung in Polen, die Ausschaltung nicht kommunistischer Gruppen sowie die rasche Sowjetisierung in Rumänien, Bulgarien und Ungarn nach dem Einmarsch und der Machtübernahme der Roten Armee. Das alles ist nach Churchills Überzeugung nicht durch die gemeinsamen Beschlüsse von Jalta gedeckt und ein Indiz für den aggressiven und expansiven Charakter der sowjetischen Politik. Bei einer militärischen Entblößung Westeuropas drohe bei der Truppenüberlegenheit der Sowjets ein Vormarsch der Roten Armee bis an den Atlantik. Churchill will Truman auf die Bedrohung durch die UdSSR aufmerksam machen. Aus seiner Sicht der Dinge ergeben sich folgende Konsequenzen: (1) eine weitere enge Zusammenarbeit der USA und Großbritanniens über das Kriegsende hinaus; (2) ein Auseinanderbrechen der sogenannten Anti-Hitler-Koalition; (3) eine längerfristige starke militärische Präsenz der Westmächte, vor allem der USA, in Europa; (4) eine machtpolitische Absicherung des Gebiets westlich des „Eisernen Vorhangs" durch die Westmächte; (5) eine neue Frontstellung zwischen der UdSSR einerseits sowie den Westmächten andererseits; (6) langfristig die Spaltung Deutschlands.

AUFGABE 2

Sir Ivone Kirkpatrick, als Hoher Kommissar höchster Vertreter Großbritanniens in der Bundesrepublik, sprach im Herbst 1950 vor amerikanischen Offizieren in Frankfurt über eine mögliche Wiederbewaffnung der BRD. Man kann davon ausgehen, dass er damit die Haltung der britischen Regierung zum Ausdruck brachte. Hintergrund seiner Überlegungen war sicherlich der Koreakrieg, der im Juni des gleichen Jahres ausgebrochen war. Im damaligen Verständnis war dieser Krieg eine bewaffnete Eskalation der fundamentalen Systemauseinandersetzung zwischen westlichem und östlichem Lager und zeigte die angeblich expansionistischen Ziele der jeweils anderen Seite. Eine besondere Brisanz gewann der Konflikt in Korea wegen seiner Vergleichbarkeit mit der Lage in Mitteleuropa. Auch hier standen sich die beiden weltpolitischen Kontrahenten in einem geteilten Land gegenüber. Aus westlicher Sicht drohte also wie in Korea auch in Mitteleuropa ein Angriff der Kommunisten (UdSSR) auf das westliche Lager, repräsentiert durch die BRD.
Aus dieser Lagebeurteilung ergaben sich für die Briten klare Konsequenzen: Deutschland (gemeint ist die BRD) könne nicht neutral bleiben, da es dann wie eine Maus hilflos der (sowjetischen) Katze ausgeliefert sei. Es müsse, so wie ganz Westeuropa, durch Truppenverstärkungen und andere militärische Maßnahmen gegen einen möglichen Angriff aus dem Osten gewappnet werden. In diesem Zusammenhang nun forderten die Briten von den Deutschen einen Verteidigungsbeitrag. Die westlichen Alliierten (gemeint vor allem USA und Großbritannien) könnten die Lasten des militärischen Schutzes auf Dauer nicht alleine tragen. Außerdem sei es nicht hinzunehmen, dass die Westdeutschen die Vorteile der Zugehörigkeit zum westlichen Lager in Anspruch nähmen, sich aber vor den damit verbundenen Pflichten drückten.
Schließlich stellte Kirkpatrick gewissermaßen ein Ultimatum: Ohne die Bereitschaft zu einem Verteidigungsbeitrag könne die BRD nach britischer Überzeugung auch nicht voll und ganz ins westliche Lager aufgenommen werden. Diese „Drohung" hängt sicherlich damit zusammen, dass eine Wiederbewaffnung bei großen Teilen bundesdeutschen Politik und Öffentlichkeit 1950 noch äußerst unpopulär war.

AUFGABE 3

Der Brief Chruschtschows ist in dreierlei Hinsicht bemerkenswert. Zunächst einmal fällt die erstaunlich

zurückhaltende und sachliche Sprache auf, die auf Propagandafloskeln und Kampfbegriffe wie „Klassenfeind", „US-Imperialismus", „aggressive kapitalistische Unterdrücker" u. Ä. verzichtet, wie sie aufseiten der UdSSR bisher im öffentlichen Verkehr mit den Amerikanern üblich waren.
Zum anderen ist die am Ende des Textes deutlich werdende Kompromissbereitschaft Chruschtschows hervorzuheben („Lassen Sie uns eine Vereinbarung treffen ..."). Damit signalisierte er seinem Adressaten in Washington, dass es der von ihm vertretenen sowjetischen Seite nicht mehr um den vollständigen Sieg und eine gleichzeitige Niederlage der Amerikaner im Kalten Krieg ging.
Und schließlich ist das von Chruschtschow betonte beiderseitige Interesse an der Erhaltung des Friedens auffällig. All das lässt darauf schließen, dass die russische Seite nach den Erfahrungen der Kubakrise und nach der Stabilisierung der Lage in Mitteleuropa durch den Mauerbau in Berlin im Jahr zuvor die Zeit der aggressiven Systemauseinandersetzung beenden wollte. Für die Zukunft eröffnete Chruschtschow gleichzeitig die Möglichkeit eines weitgehend friedlichen Nebeneinanders der beiden rivalisierenden Lager in Ost und West. Insofern ist dieser Brief ein bedeutsames Dokument in der Geschichte des Kalten Krieges. Er markiert einen Wendepunkt von einer durch Kriegsdrohungen und aggressive Propaganda geprägten Zeit zu einer Periode der „friedlichen Koexistenz".

AUFGABE 4

Kissingers Sicht auf das amerikanisch-sowjetische Verhältnis
Nach Kissinger besteht die Herausforderung der Zeit darin, „die Realität der Konkurrenz mit dem Imperativ der Koexistenz zu vereinbaren". Mit dem Begriff der Koexistenz greift Kissinger eine außenpolitische Leitlinie der sowjetischen Politik auf, die Nikita Chruschtschow bereits 1956 zum Grundsatz seiner Politik erklärt hatte. Trotz seines Plädoyers für Koexistenz geht Kissinger aber nicht davon aus, dass die prinzipielle Rivalität zwischen den beiden Supermächten abgebaut werden könnte:
– Vielmehr besteht er darauf, den Unterschied zwischen „Freiheit und Tyrannei", zwischen westlicher Welt (Demokratie, Freiheit, Marktwirtschaft) und „Ostblock" (Einparteienherrschaft und Kommunismus), nicht zu leugnen. Die USA seien nicht neutral, sie stünden für Freiheit.
– Den „aggressiven Handlungen" der UdSSR müsse auch entgegengetreten werden, allerdings nicht leichtfertig, da die atomaren Gefahren bei einer eventuellen Eskalation zu groß sind, denn die Nationen hätten ein Interesse an (Selbst-)Erhaltung des menschlichen Lebens.

Fazit: Henry Kissinger spricht richtigerweise vom „Nuklearzeitalter". Zwischen den beiden Supermächten USA (Atomwaffenmacht seit 1945) und UdSSR (Atomwaffenmacht seit 1949) herrschte ein atomares Patt. Es existierten mehrfache Overkillkapazitäten, die der Abschreckung dienten, weswegen nach Kissinger „die Frage von Krieg und Frieden von einer bisher nie da gewesenen Dringlichkeit" geworden ist, denn es bestehe zum ersten Mal die Möglichkeit, „die Menschheit zu vernichten". Die Notwendigkeit, den Frieden zu erhalten, gebiete auch, die Grenzen anzuerkennen, die der freien Welt gesetzt seien, „innere Veränderungen in anderen Ländern zu bewirken". Kissinger formuliert in seiner Rede Grundsätze einer Entspannungspolitik. Diese implizierten auch, dass Oppositionsbewegungen in den kommunistischen Ländern nicht um jeden Preis unterstützt wurden, da die „Erhaltung des menschlichen Lebens" Vorrang genieße.

AUFGABE 5

Will man den Untergang der Sowjetunion und das Ende des Kalten Krieges ergründen, muss man die Geschichte und Entwicklung der UdSSR einerseits und die Politik der Westmächte unter Führung der USA andererseits berücksichtigen.
Es gab eine Reihe von internen Gründen, die für den Zerfall der UdSSR verantwortlich waren. Die Sowjetunion hatte aufgrund ihrer fast ständigen wirtschaftlichen Rückständigkeit ihren eigenen Anspruch, Vorbereiterin der Weltrevolution zu sein und den Westen ökonomisch und im Lebensstandard zu überflügeln, nicht einlösen können. Dadurch hatte sie ihre Anziehungskraft und Vorbildfunktion verloren, die sie kurz nach ihrer Gründung noch ausgezeichnet hatten. Noch abschreckender wirkte der repressive und brutale Druck, den Stalin in den 1930er-Jahren und seine Nachfolger nach dem Zweiten Weltkrieg zur Aufrechterhaltung ihrer Herrschaft und zur Sicherung ihres Machtbereichs ausgeübt haben. Insofern war die Zeit des Kalten Krieges durch einen ständigen mehr oder weniger starken Widerstand gegen Moskau und den Kommunismus innerhalb des sowjetischen Machtbereichs gekennzeichnet. Es war vorauszusehen, dass, sobald der von Moskau ausgeübte Druck nachließ bzw. nicht mehr aufrechterhalten werden konnte, das System mit großer Wahrscheinlichkeit zusammenbrechen würde, da die inneren Stabilisierungskräfte zu schwach und die Übereinstimmung der großen Mehrheit der Bevölkerung mit dem politischen und gesellschaftlichen System des Sozialismus sowjetischer Prägung zu gering war.
Aber auch die Politik des Westens trug zum Niedergang des Ostblocks bei. Vor allem amerikanische Politiker sind davon überzeugt, dass die „Politik der Stärke", wie sie zum Schluss noch einmal in der Ankündigung des SDI-Programms zum Ausdruck kam, letztlich zum Erfolg geführt hat. Dadurch sei die UdSSR in einen Rüstungswettlauf getrieben worden, der sie an ihre ökonomischen Grenzen stoßen ließ.
Auch das westliche Konzept einer friedlichen Annäherung, wie sie der US-Präsident Kennedy und der deutsche Politiker Egon Bahr mit seinem Programm eines „Wandels durch Annäherung" entwickelt hatten, trug zur Destabilisierung der UdSSR bei. Durch offenere Informations- und Handelspolitik und verbesserte menschliche Kontakte wurden die starren Grenzen des Ostblocks nach und nach aufgeweicht.

Will man zu einem abgewogenen Urteil kommen, so spricht vieles dafür, dass die aufgeführten internen und externen Faktoren in ihrem Zusammenwirken den Zusammenbruch der UdSSR bedingt haben. Die finanziellen Belastungen der UdSSR durch den Zwang zur Weiterrüstung, die wachsenden Konsumansprüche der Bevölkerung des Ostblocks und der steigende Wunsch nach persönlicher Freiheit und politischer Selbstbestimmung, wie er z. B. in der KSZE-Schlussakte von Helsinki festgehalten war, entwickelten eine Stoßkraft, der man auf sowjetischer Seite nur mit massiver Gewalt hätte begegnen können. Es ist sicherlich das historische Verdienst Gorbatschows, dass er diesen Weg nicht beschritten, sondern auf friedliche Reformen gesetzt hat. Dass er damit den Untergang der UdSSR und das Auseinanderfallen des Ostblocks bewirken würde, hat er sicher nicht vorausgesehen.

EUROPÄISCHE EINIGUNG

AUFGABE 1

In Churchills Vortrag zeichnen sich seine Vorstellungen der „Vereinigten Staaten von Europa" nur recht vage ab. Immerhin spricht er von einem gesamteuropäischen Patriotismus, einer gemeinsamen Staatsangehörigkeit und einem wie auch immer zusammengesetzten Europarat. Dieses vereinte Europa könne eine wichtige Rolle in der neu gegründeten UNO spielen. Diese könne nämlich nur gut funktionieren, wenn sie sich auf „zusammenhängende natürliche Gruppen" stütze. Dabei hat Churchill zum einen Großbritannien mit seinem „Commonwealth of Nations" im Auge, zum anderen die USA und die UdSSR. Er hält es für wünschenswert, dass sich dazu eine weitere Gruppe gesellt, nämlich die europäischen Länder unter Führung Frankreichs und Deutschlands. Er ist sich sicher, dass Großbritannien und die USA dieses Projekt unterstützen werden, und hofft sogar auf dessen Förderung durch die UdSSR. Für die UNO bedeute das, dass sie sich in Zukunft bei ihrer Arbeit auf diese vier „natürlichen" Großgruppen stützen könne.
Interessant ist, dass Churchill überhaupt keinen Gedanken an die Länder der Dritten Welt verschwendete; diese tauchen in seiner Zukunftsvision allenfalls als koloniale Anhängsel wie z. B. im britischen Commonwealth auf. Von einer Freigabe der Kolonien ist keine Rede, obwohl z. B. die indische Unabhängigkeit unmittelbar bevorstand. Insofern entwickelte Churchill zwar eine Zukunftsvision für Europa, zeigte aber eine gewisse weltpolitische Blindheit.

AUFGABE 2

Politische Motive: Friedenssicherung auf europäischer Ebene in einer durch Krieg gefährdeten Welt; besonders wichtig die Beilegung der Jahrhunderte alten deutsch-französischen Rivalität; Kontrolle der für eine mögliche deutsche Wiederaufrüstung nutzbaren Schwerindustrie.
Ökonomische Motive: Verbesserte Rahmenbedingungen für einen wirtschaftlichen Wiederaufbau nach dem Zweiten Weltkrieg; Schaffung einer europäischen Produktionsgemeinschaft zur Ankurbelung aller an dem Projekt beteiligten Volkswirtschaften.

AUFGABE 3

1. Der französische Präsident de Gaulle hat grundsätzliche Einwände gegen eine Mitgliedschaft Großbritanniens in der EWG. Das Land unterscheide sich grundlegend von den kontinentaleuropäischen Staaten. Der Inselstaat sei viel stärker mit überseeischen Märkten verflochten, sein wirtschaftlicher Schwerpunkt liege primär auf Industrie und Handel, weniger auf der Landwirtschaft und es habe eigene „Gewohnheiten und Traditionen".
All das erschwere eine Eingliederung Großbritanniens in die EWG. Besonders hebt de Gaulle die Einfuhr von Lebensmitteln aus Übersee und die Subventionierung der Landwirtschaft als mit den Prinzipien der EWG unvereinbar hervor. Diese untersagten nämlich Subventionen und regelten besonders den Agrarmarkt im Sinne ihrer Mitglieder dadurch, dass sie einen offenen agrarischen Binnenmarkt mit festgelegten Preisen organisierten und im Gegenzug Strafgelder auf die Einfuhr billiger Lebensmittel von außerhalb erhöben. Außerdem stünden die Vorzugszölle zwischen Großbritannien und dem Commonwealth sowie seine Mitgliedschaft in der europäischen Freihandelszone (EFTA) dem Beitritt zur EWG im Wege.
2. Die Bedenken de Gaulles sind symptomatisch für die Problematik, innerhalb der europäischen Gemeinschaft nationale Sonderinteressen mit den Gemeinschaftsinteressen in Einklang zu bringen. Bei einem überstaatlichen Zusammenschluss müssen zwangsläufig Kompromisse eingegangen werden. Diese Schwierigkeiten ziehen sich wie ein roter Faden durch den europäischen Einigungsprozess.

AUFGABE 4

Herzog und Gerken sehen die Hauptgründe dafür, dass die Völker bzw. die Regierungsvertreter der EU-Mitglieder die europäische Verfassung nur teilweise akzeptierten, in ihrem Kompromisscharakter. Sie habe nämlich versucht, zwei sich eigentlich ausschließende Europavorstellungen unter einen Hut zu bringen.
Die eine Seite favorisiere ein „Europa der Vaterländer", einen relativ losen Staatenbund, dessen Mitglieder auf möglichst wenige nationale Souveränitätsrechte verzichten müssten und nur wenige Befugnisse an die EU-Zentrale abzugeben hätten.
Die andere Seite denke dagegen eher an einen europäischen Bundesstaat mit effektiven staatlichen Organen, mit mehr demokratischer Transparenz sowie mit Strukturen, die den Prinzipien der Gewaltenteilung gehorchten. Das bedeute die Schaffung eines souveränen europäischen Parlaments mit einer nur von diesem abhängigen Regierung, die ihre Entscheidungen weitgehend unabhängig von den Regierungen der Mitgliedsländer treffen könne.